BRIGITTE REIMANN

DIE GELIEBTE, DIE VERFLUCHTE HOFFNUNG

Tagebücher und Briefe
1947–1972

Herausgegeben
von Elisabeth Elten-Krause
und Walter Lewerenz

LUCHTERHAND

Lektorat: Ingrid Krüger
Umschlag: Kalle Giese, Darmstadt
Umschlagfoto: Lydia Goguel
Herstellung: Ralf-Ingo Steimer

Lizenzausgabe mit Genehmigung des Verlages
Neues Leben, Berlin (DDR)

Originaltitel: »Brigitte Reimann in ihren Briefen
und Tagebüchern«
Gesamtherstellung bei der
Druck- und Verlags-Gesellschaft mbH, Darmstadt
ISBN 3-472-86588-1

Ich zittere immer, nur einen Seufzer
zu Papier gebracht zu haben,
wenn ich eine Wahrheit
vermerkt zu haben glaube.

Stendhal

Vorbemerkung

Ein Jahr nach ihrem Tod erschien ihr Roman »Franziska Linkerhand«; er fand, obwohl unvollendet, eine große Resonanz, und häufig wurde nach den Umständen seiner Entstehung gefragt, nach Leben und Persönlichkeit der Autorin.
Der Weg Brigitte Reimanns ist bei aller Vielfältigkeit ihres Engagements, bei aller Widersprüchlichkeit ihrer Auffassungen unverkennbar auf eines gerichtet: auf die literarische Arbeit. Nichts scheint ihr wichtiger, als den Beruf des Schriftstellers, für den sie sich früh entscheidet, ganz auszufüllen; nichts scheint sie mehr zu fürchten, als dem hohen Anspruch, den der Beruf setzt, nicht gewachsen zu sein. Ehrgeiz und Zweifel haben ihren Grund natürlich auch in der Tatsache, daß sie eine Frau ist, die, wie viele ihrer Generation, um innere und äußere Selbständigkeit ringt. Der Beruf ist nicht allein Mittel zum Gelderwerb; er ist die ihr gemäße Existenzweise, eine ständige Herausforderung ihres Leistungswillens. Dabei hört sie nie auf, Erfüllung auch in der Liebe zu suchen: Sie findet das Glück, sie verliert das Glück. Der Konflikt, in den sie gerät, beginnt früh, läßt sich für sie nicht lösen, in ihrem Leben nicht, auch in ihrem Schaffen nicht, diesem Versuch, die Liebes- und Lebenskonflikte zu bewältigen und zu bannen.
Ihr Leben läßt sich schwerlich trennen von dem, womit sie sich schreibend auseinandersetzte. Ihr Leben war ihre Arbeit, ihre Arbeit ihr Leben. Trotzdem: Das literarische Werk, die Welt der literarischen Figuren ist das eine – das andere, wie sie lebte, wie sie sich wehrte.
Falls es erreicht worden ist, ihren Lebensweg so widerzuspiegeln, daß nicht nur Information gegeben wird, sondern auch Anteilnahme entsteht, scheint uns der Sinn dieser Publikation erfüllt zu sein. Eine annähernd vollständige Sammlung der Briefe und eine umfassende Wiedergabe der Tagebucheintragungen wurde nicht angestrebt. Das Bemühen ging dahin, Wiederholungen weitgehend zu vermeiden; manches mußte

aus persönlichkeitsrechtlichen Gründen weggelassen werden; nicht alle Empfänger waren bereit, Briefe zur Verfügung zu stellen; schließlich sollte der Band einen bestimmten Umfang nicht überschreiten. In zwei Fällen haben wir Texte auszugsweise aufgenommen, die von der Autorin bereits publiziert worden waren; das betrifft einen in der Zeitung »Neues Deutschland« abgedruckten Brief und bestimmte Abschnitte aus dem in Tagebuchform gehaltenen Reisebericht »Das grüne Licht der Steppen«. Mitunter hat die Autorin statt der realen andere Vornamen gewählt; wir haben dann diese Namen durchgehend eingesetzt.
Allen, die uns bei der Erarbeitung des Buches unterstützten, besonders den Eltern der Autorin, sei hiermit ausdrücklich gedankt.

Dezember 1982 Die Herausgeber

Burg
1947-1959

Dezember 1947/Januar 1948

Ihr braucht Euch keine Sorgen um mich zu machen. Es geht mir soweit ganz gut. Die Schwestern sind sehr nett und das Essen gut und reichlich. Gleich als ich gestern gekommen bin, hat mir der Arzt das Rückenmark punktiert. Es hat zwar scheußlich weh getan, aber ich habe ordentlich die Zähne zusammengebissen. Entschuldigt die Kritzelklaue, mein rechter Arm ist so schwach. Es ist sehr einsam hier, aber der Junge nebenan hat ein Buch gekriegt. Ich frage auch mal. Ich liege allein in einem Zimmer, weil ich augenblicklich der einzige Fall von Kinderlähmung bin. Nun habt also keine Angst, ich werde mich schon durchbeißen.

Ihr wißt gar nicht, wie dankbar Ihr sein müßt für Eure gesunden Glieder. Ich muß immer wieder weinen, wenn die Schwester mich beim Bettenmachen fortträgt und meine Beine so kraftlos hinterherschleichen.

Wenn ich daran denke, daß ich hier vierzig von diesen Tagen durchmachen soll, dann könnte ich verrückt werden. Denkt Euch bloß, eventuell muß ich nach den sechs Wochen hier noch nach Magdeburg zur Ausheilung, die sich dann wochenlang hinzieht.
Schade, daß ich Euch nun keine Weihnachtsgeschenke machen kann, aber die werde ich nachholen. Schneidet mir

bitte immer schön meine Romanfortsetzungen aus! Hebt die Briefe bitte zum Andenken auf!

Bringt bloß Bücher mit! Die gibt es hier nicht. Macht Euch bloß keine Sorgen um mich. Ich bin wieder ganz fidel. Nur als Ihr weg wart, habe ich ein bißchen ins Kissen geweint. Aber ich denke, daß ich noch vor Ostern rauskomme. Wenn ich erst mal in meiner Schiene rumhumple, kann ich ja auch nach Hause zurückkommen, denn massiert werden kann ich ja auch da. Ich brauche immerzu Beschäftigung, damit ich keine Zeit zum Überlegen kriege, sonst werde ich bloß traurig. Bringt man noch Zeitungen, man weiß gar nicht, was in der Welt vorgeht.

*

7. 3. 53

Daß ich in den letzten Tagen so manche Träne geweint habe vor Enttäuschung, an der Autorentagung nicht teilnehmen zu können, auf die ich mich schon den ganzen Monat lang gefreut habe, brauche ich Ihnen wohl nicht zu versichern. Sie können es sich bestimmt vorstellen, daß nur zwingende Gründe mich zurückhalten.
Ich bin krank geworden, fehle schon seit einigen Tagen in der Schule, denn ich habe eine Hüftgelenkentzündung und kann buchstäblich keinen Schritt tun.
Ich weiß jetzt noch nicht, ob ich mit meiner Umarbeitung das Rechte getroffen habe. Ich will's hoffen und schicke meine »Denunziantin« mit tausend Segenswünschen auf die Reise.
Verzeihen Sie, bitte, die vielen Tippfehler – ich bin, beansprucht durch den Schuldienst, immer erst des Abends zum Schreiben gekommen und habe dann vor Übermüdung oft auf die falschen Tasten getippt.

25. 10. 53

Du weißt, daß ich in den letzten drei Monaten so gut wie gar nicht mehr zu arbeiten imstande war, und auch jetzt, wo es mir zeitweise etwas besser geht, gibt es nur ab und zu mal ein paar Abendstunden, an denen ich schreibfähig bin. (Und diesen meinem Gatten gestohlenen Stunden verdanke ich meinen ersten Ehekrach, stell Dir vor!)
Wenn Du mir nun sehr böse bist – ich werde ja auch tatsächlich immer unzuverlässiger –, dann mußt Du mich eben aus der Arbeitsgemeinschaft rausschmeißen. Sicher werde ich sowieso bald ausscheiden müssen, wenn mein künftiger Sohn mir weiterhin soviel Kummer macht, denn ich sehe völlig ein, daß der Schriftstellerverband es sich nicht leisten kann, ein so jämmerliches Mitglied noch länger mit durchzuschleifen. Vorläufig hoffe ich freilich noch das Beste.

13. 11. 53

Ich wende mich mit einer Bitte an Euch: Sprecht auf dieser Tagung über meinen – wenigstens zeitweiligen – Ausschluß aus der AG. Mehrere Gründe bewegen mich zu diesem Antrag. Ich werde mich in nächster Zeit eines schweren Disziplinverstoßes gegen die AG schuldig machen, indem ich ihren Befehl, bis zum 13. Dezember »Die Denunziantin« nach Eurem Geschmack umzuarbeiten, mißachten werde. Ich habe mehrmals erklärt, daß ich nicht daran denke, auch nur das Geringste an der Eva und ihrem Verhalten zu ändern – das geht einfach gegen mein Gewissen und würde mir das Mädchen gründlichst verekeln.
Zudem hat es mich tief getroffen, daß ich als einziges Mitglied der AG von den Rundfunksendungen ausgeschlossen worden bin. Ich fühle mich nicht so sehr zurückgesetzt, als vielmehr erschüttert durch diese Bestätigung meiner seit

Monaten gehegten Befürchtungen, daß es mit meiner Arbeit abwärts statt aufwärts geht. Ich bin auf einem Punkt des Stillstands angelangt, der es mir nicht mehr erlaubt, mich länger als Mitglied einer ernsthaft arbeitenden Autorengemeinschaft zu betrachten.
Außerdem – und das rundet das Bild meiner Gründe ab – haben mich die letzten Monate körperlich und seelisch derart zugrunde gerichtet, daß ich einfach nicht mehr fähig bin, Euren frohen Optimismus zu ertragen. Nennt es Egoismus, kleinlichen Neid – ich kann Euch meine Lage nicht schildern, um Euch Verständnis für meine Haltung abzuringen.
Wolf schrieb mir freilich, daß viele unserer bedeutendsten Dichter unter weit schlimmeren Verhältnissen gearbeitet haben – aber ich besitze nicht die Seelengröße eines Balzac, eines Schiller oder anderer. Täglich dasselbe Elend – Schmerzen, materielle Not, die Konflikte einer Ehe zwischen knapp Zwanzigjährigen machen mich allmählich mürbe. Ein solches Mitglied könnt und dürft Ihr nicht länger mitschleppen. Deshalb gehe ich lieber gleich freiwillig. Allerdings würde ich, wenn Ihr im Dezember in Burg tagt, sehr gern noch einmal teilnehmen, denn Ihr wißt ja, was mir – wie Euch allen – unsere Gemeinschaft bedeutet.

12. 1. 54

Laß mich in Kürze um Entschuldigung für mein neuerliches Fehlen bitten.
Ich hatte vorgestern – nach über sechzigstündigen entsetzlichen Wehen – eine Frühgeburt im sechsten Monat. Das Kind – es war ein Mädchen – ist gleich gestorben.
Ich bin sehr unglücklich. Ich habe nicht geahnt, daß man wahrhaft Mutter wird erst im Augenblick, da das Kind seinen ersten Schrei tut.
Nach diesem furchtbaren Schlag wird mich, menschlichem

Ermessen nach, kaum Schlimmeres treffen können. Ich wünsche sehr, an unserer nächsten Tagung teilnehmen zu können, obgleich ich noch für einige Wochen den strengsten Anordnungen meines Arztes unterworfen bin.

28. 1. 54

Bevor ich von unseren geschäftlichen Angelegenheiten spreche, muß ich Dir von einer großen Freude erzählen, die mir unsere Arbeitsgemeinschaft bereitet hat: Nachdem ich vor einigen Tagen schon einen sehr herzlichen Brief von Hans-Dieter erhalten hatte, besuchte mich gestern Irmgard und überbrachte mir Eure Grüße und guten Wünsche.
Ich kann Dir gar nicht schildern, wie glücklich ich war, einem solchen Beweis Eurer Anteilnahme zu begegnen, und Du kannst Dir vielleicht gar nicht vorstellen, was mir in meiner jetzigen, wahrlich nicht leichten Lage die Worte des Trostes bedeuteten, die Irmgard mir sagte. Ich weiß nicht, wie ich ihr dafür danken soll!
Der Tod meines Kindes hat mich tief getroffen, und ich quäle mich mit furchtbaren Selbstvorwürfen, habe ich ihm doch so oft während der Schwangerschaft geflucht, weil ich glaubte, es raube mir meine Zukunft. Und dann im ersten Augenblick, da man wirklich als Mutter fühlt, es sterben sehen zu müssen – das ist zuviel! Wie oft sehe ich des Nachts sein Gesichtchen vor mir, oder ich fahre aus dem Schlaf auf, weil ich seinen Schrei zu hören glaube . . . Ich habe in letzter Zeit nicht einmal mehr weinen dürfen, weil ich weiß, wie unglücklich ich damit G. mache.
Als gestern Irmgard zu mir kam, war ich zum erstenmal seit jenem Tag wieder froh – ja und stolz, weil Ihr noch an mich denkt. Von jetzt an, das verspreche ich Dir, werde ich alles daransetzen, unserer Arbeitsgemeinschaft keine Schande mehr zu machen. Bald werde ich wieder gesund und kräftig sein wie früher – und dann werde ich an die Arbeit gehen!

Die bösen Krisen in meiner Ehe scheinen auch vorüber zu sein.
Seit wir im Dezember nach einer abscheulichen Szene für kurze Zeit auseinandergegangen waren und ich einen Nervenzusammenbruch hatte, verstehen wir uns prächtig und wachsen allmählich zu einer wunderbaren Gemeinschaft zusammen.

23. 2. 54

Ich habe Dir Deinen kleinen Nasenstüber (von wegen »glatt an einer herrlichen Novelle vorbeigelatscht«) durchaus nicht übelgenommen – ich bin wieder robust genug, um öfter mal eine gehörige Kopfwäsche in Empfang zu nehmen. Ich glaube aber, Dir versprechen zu können, daß Ihr in Zukunft wieder ein bißchen mehr Freude an mir haben sollt – ich habe meine so oft verfluchte »Denunziantin« hervorgeholt und die Überarbeitung begonnen, die in erstaunlichem Tempo – und trotzdem gründlich, hoffe ich – vor sich geht.
Was die »Marienlegende« betrifft, so war ich erstaunt, daß sie überhaupt Anklang gefunden hat, denn sie entstand – was man an der Flüchtigkeit sehr wohl spürt – an einem Nachmittag tiefster Melancholie – genauer gesagt: nach einem heftigen Ehekrach. Ich befolge gern Euren Rat, sie umzuarbeiten – vielleicht kann wirklich etwas daraus werden.

7. 4. 54

Ich habe nach einem furchtbaren Ehestreit Gift genommen, und Du kannst Dir vielleicht vorstellen, was ich in den Wochen und Monaten vorher gelitten habe, daß ich mich zu solch einem Schritt entschlossen habe. Immer habe ich behauptet, ich sei glücklich in meiner Ehe – in Wahrheit bin

ich fast an ihr zugrunde gegangen. Die Gegensätze zwischen meinem Mann und mir sind beinahe unüberbrückbar – trotz alledem haben wir zwei uns sehr lieb, und nur unsere verschiedene Herkunft, deren Folgen uns immer noch anhaften, haben zu den schrecklichen Konflikten zwischen uns geführt.
Gestern nun hatte ich die erste Aussprache mit meinem Mann, und wir haben uns – wie konnte es anders sein! – wieder miteinander versöhnt.
Du kennst jetzt meine innerliche Verfassung – der Roman einer jungen Ehe ist bald fällig!

21. 6. 54

Ich kann nach reiflicher Überlegung nicht umhin, meinen Entschluß, aus der Arbeitsgemeinschaft – wenigstens bis auf weiteres – auszuscheiden, aufrechtzuerhalten. Ihr mögt sagen, ich sei kindisch und könne keine Kritik vertragen – gleichviel! –, die Kränkung, die Ihr mir zugefügt habt, kann ich nicht so schnell überwinden.
Du hast mir gesagt, um es in nackten Worten zu wiederholen, ich schriebe um des Geschäftes willen und aus einer gewissen Sucht, bekannt zu werden, und Ihr warft mir meine mangelnde Energie bei der Überarbeitung der »Denunziantin« vor.
Ich hätte Euch sehr vieles dazu sagen können, aber ich wußte, daß ich mich nicht beherrschen können und weinen würde – und dieses erbauliche Schauspiel wollte ich Euch denn doch nicht bieten.
Ich weiß, daß ich flatterhaft und energielos bin, daß mich einmal dieses, dann wieder jenes Thema reizt, an dem ich dann, ohne Rücksicht auf Wichtigeres, zu schreiben beginne, aber wenn ich, wie das auch jetzt wieder der Fall ist, von einem Stoff gefesselt bin, dann muß ich das eben niederschreiben – allen vernünftigen Erwägungen zum Trotz. Ich

habe im letzten Monat – das sagte ich nicht bei Deiner Umfrage für die Entwicklungskartei – an zwei Novellen gearbeitet, nicht, um damit ein Geschäft zu machen – ich habe nicht die Absicht, sie jemandem zu zeigen –, sondern weil es mir Freude machte und mich befriedigte.

Was Deinen Vorwurf betrifft, so gebe ich zu, zwei oder drei Kurzgeschichten bewußt geschrieben zu haben, damit sie veröffentlicht und bezahlt würden. Aber kennt Ihr, die Ihr das verwerft, denn meine Lage? Könnt Ihr verstehen, wie schwer es für mich ist, von meinem Mann abhängig zu sein, unsere bedrückenden Verhältnisse täglich mit ansehen zu müssen und doch nicht helfen zu können?

G. glaubt an mich, und es quält mich, ihm keine Erfolge zeigen zu können, die für ihn doch zunächst einmal darin beständen, daß er eine gedruckte Arbeit von mir sähe. Ich bin oft ungerecht gegen ihn, weine, wenn wir uns wieder einmal etwas versagen müssen, und er muß daraus einen Vorwurf spüren, daß er, der doch mit allen Kräften für uns beide arbeitet, nicht genug schafft. Wie oft habe ich ihn in solchen Stunden schon gebeten, er solle sich von mir trennen, weil ich allein meine Sorgen leichter tragen zu können glaube.

Du wirst sagen, ich könne ja schließlich einen Beruf ergreifen wie die anderen, aber dann wäre es entweder mit meiner Arbeit oder meiner Ehe vorbei. G. wird mir niemals die unerläßliche Nachtarbeit gestatten, weil er weiß, daß ich dabei über kurz oder lang kaputtgehe. Glaube mir, ich bin von ganzem Herzen Schriftsteller, aber noch kann ich mich nicht überwinden, um meiner Aufgabe willen mich von meinem Mann zu trennen, den ich über alles lieb habe. Die »Denunziantin« aber und erst recht die »Marienlegende« und die beiden letzten Novellen habe ich mit einer Leidenschaft geschrieben, der alle Berechnung fernlag. Ob Du das nun glaubst oder nicht, ist Deine Sache.

Was nun meine »Denunziantin« betrifft, so könnt Ihr Euch darüber erst recht kein Urteil erlauben, denn ich habe nicht

nur mit dem Stoff zu kämpfen, der für mein Alter wahrscheinlich zu schwer ist, sondern auch mit meinen ständigen Zweifeln, mit meinem Unvermögen, das auszudrücken, was ich sagen will.
Gerade deshalb foltert mich das Zusammensein mit Euch. Vielleicht sprecht Ihr nur nicht darüber, aber – zum Teufel! – kennt Ihr denn nicht diese Qual des Wollens, der das Können versagt ist? Eure verfluchte Sicherheit und Freudigkeit und Euer Glaube an Eure Arbeit machen mich verrückt. Ich bin niemals deprimierter, als wenn ich von einer Tagung zurückkomme. Ihr habt wenigstens schon etwas geschafft, mit dem Ihr Euer Talent bewiesen habt – und ich? Nichts, gar nichts!

12. 11. 54

Ich würde gerne arbeiten, aber erstens sträubt sich G. dagegen, und zweitens würde ich das auch gar nicht mehr aushalten. Ich bin den halben Tag im Kulturbund beschäftigt – ich bin Ortsvorsitzende –, habe meinen Haushalt und will außerdem schreiben. Wenn ich wieder mit Nachtarbeit anfange, bin ich über kurz oder lang völlig erledigt. Kannst Du ermessen, was es jetzt für mich bedeutete, wenn ich endlich einmal einen Erfolg in meiner Arbeit sähe?

3. 1. 55

Vielleicht ist dies überhaupt das einzig Positive, was ich 1954 erreicht habe – die Erkenntnis der Grenzen, die mir gezogen sind, die Erkenntnis, daß ich gleich zu Anfang mir zuviel zugetraut habe und allmählich erst über kleine Geschichten und Erzählungen zur großen Form finden kann. In den letzten Monaten habe ich eine Novelle »Kornblumen« geschrieben, die ich wegen ihrer starken Fabel und der

Stoffülle zu einer längeren Erzählung ausarbeiten will, und das erste Kapitel zu einer Erzählung »Die Frau am Pranger«. Ich selbst finde den Stoff sehr gut, und ich weiß auch, daß mich diese Geschichte nicht loslassen wird, ehe ich sie so gestaltet habe, daß sie jeder Kritik standhält.

26. 1. 55

Die Konflikte in meiner Erzählung bereiten mir große Schwierigkeiten. Vielleicht werde ich »Die Frau am Pranger« zur nächsten Arbeitstagung mitbringen, damit Du einen Eindruck gewinnst. Ich glaube, sie kann gelingen, und ich denke, daß auch Du Dich freuen wirst, einen kleinen Fortschritt bei mir festzustellen.
Oft muß ich mich zur Arbeit zwingen, aber ich erinnere mich gut eines Deiner Gebote für junge Autoren: jeden Tag mindestens drei Seiten schreiben. Das fällt schwer – ich habe zu viele gesellschaftliche Funktionen, denen ich mich widmen muß, nicht zuletzt die eines Betriebschronisten im VEB Maschinenbau Burg. Aber ich halte mich streng an Deine Forderung, und wenn man erst angefangen hat, packt es einen ja doch mit solcher Kraft, daß man sich immer tiefer versenken muß und weiterschreiben unter jenem inneren Zwang, von dem Ihr auf der letzten Tagung so viel – offen gestanden: für meinen Geschmack zu viel – gesprochen habt. Ihr fordert Besessenheit – ja, zum Teufel, trägt denn der auch nur ein winziges Fünkchen schriftstellerischen Feuers in sich, dem nicht diese Besessenheit ganz selbstverständlich erscheint? Noch nie hat mich eine Arbeit so gepeinigt und zugleich so froh gemacht wie diese, der ich mich jetzt widme. Dagegen ist der ganze Mist des vergangenen Jahres läppisches Strohfeuer.

22. 2. 55

Die Geschichte wird nicht gut ausgehen. Sie kann es nicht unter den Verhältnissen des Nazireiches. Tod und Schande sind den beiden Menschen gewiß. Ich glaube, das Ende der Geschichte wird stark werden, aber ich muß sparsam sein, sehr sparsam, damit ich nicht zu dick auftrage und Abscheu erwecke statt Erschütterung. Diese Gefahr liegt nahe, weil ich selbst so verknüpft bin mit dem Schicksal dieser Menschen, daß ihre Tragik mich in stillen Stunden bis zu Tränen rühren kann. Ich habe mich fast beängstigend tief in Kathrin und Alexej eingelebt, daß ich oft von ihnen und ihrem Ende träume. Ich weiß nicht, ob Du es gemerkt hast: Auch die Kathrin ist ein Stück von mir – ich bin innerlich sehr unsicher und hilflos und suche das durch Koketterie und übersteigertes Selbstvertrauen zu verdecken, um mich bestätigt zu finden. Ein tadelndes Wort, eine abfällige Bemerkung können mich tagelang ganz krank machen. Kathrins Wandlung ist mein eigener Versuch, mich zu festigen, innere Reife zu erlangen, mutiger zu werden.

3. 5. 55

Ich danke Dir recht herzlich für Dein Buch. Nicht nur deshalb, weil Du mir mit Deiner liebenswürdigen Widmung eine große Freude bereitet hast, sondern auch für das Erlebnis, das Du mir mit diesem Buch vermittelst. Man kommt davon nicht los, man liest bis in die Nacht und vergißt die eigene Arbeit darüber.

Es wäre natürlich läppisch, Dir jetzt allerlei Schmeichelhaftes über das Buch zu sagen – es ist genug darüber geschrieben und gesprochen worden, und so könnte ich all das nur mit anderen Worten wiederholen und unterstreichen.

Eines aber muß ich dennoch sagen, und ich kann es nicht genug bewundern: Deine unerhörten Kenntnisse auf diesem

Gebiet, die Fülle von Tatsachenmaterial, die Genauigkeit im kleinsten Detail – also, das ist einfach toll! Ich begreife nicht, wie Du in so relativ kurzer Zeit das alles zusammentragen, studieren, ausarbeiten konntest – diesen Fleiß, diese Energie würde ich niemals aufbringen! Wenn ich Dich nicht kennen würde, müßte ich annehmen, Du seiest ein alter Diplomat, ein ausgefuchster Politiker, ein Soldat, der von Anfang bis Ende das alles selbst erlebt hat. Diese Leistung wird mir immer ein Rätsel bleiben.
Nun fange ich doch an zu schwärmen, und ich glaube doch zu wissen, daß Du das gar nicht magst. Da muß ich Dir gleich etwas sagen, was mir absolut nicht gefallen hat. »Nicht gefallen« ist dafür überhaupt kein Wort. Warum, um Himmels willen, müssen der Oberleutnant Hartmann und seine kleine Irena solch ein schreckliches Schicksal erleiden? Warum läßt Du die beiden nicht zueinander finden und glücklich werden? Du bist zu hart, das hättest Du den beiden und mir nicht antun dürfen!
Ich weiß nicht, warum gerade diese beiden Menschen, die doch keine hundertprozentig »positiven« Helden sind, mein Herz so gewonnen haben. Irgend etwas in ihrer Liebesgeschichte hat mich so ganz besonders berührt, ja gerührt. Bis zuletzt habe ich gehofft, es möge noch alles gut ausgehen.
Ich schäme mich, daß ich Dir bis jetzt immer noch kein Buch von mir geben konnte. Aber bald werde ich mich revanchieren können – »Die Frau am Pranger« ist, glaube ich, gut. Eine Liebesgeschichte und im Kern mit dem gleichen Problem wie die Liebe zwischen Hartmann und Irena belastet: ein russischer Kriegsgefangener und eine deutsche Bäuerin.

10. 5. 55

Übrigens habe ich einen tollen Stoff für einen Roman, an den ich mich vorläufig freilich noch nicht heranwage. Im Betrieb meines Mannes arbeitet seit einiger Zeit ein Grieche, ehemaliger Partisan, mit dem haben wir uns befreundet. Das ist noch nicht einmal das richtige Wort; vielmehr ist er uns ein Bruder, wir haben vom ersten Tag an schon unser Herz an ihn verloren. Das ist ein Mensch, Du! Wenn man ihn erzählen hört, gehen einem die Augen über. Es geht fast über menschliches Begreifen, was dieser junge Bursche – er ist auch erst einundzwanzig – schon erlebt hat, und dabei ist er so heiter, so ausgeglichen und übt in jeder Beziehung auf uns einen guten Einfluß aus. Am tiefsten hat mich das Schicksal seiner Schwester Maria erschüttert. Das zu gestalten muß eine große, herrliche und unendlich schwere Aufgabe sein. Aber eines Tages werde ich damit beginnen, das weiß ich, weil es mich nicht mehr losläßt. Ich habe mir ein Buch angelegt, in das ich dies und jenes aus seinen Berichten niederschreibe, ich sammele Material und lerne Griechisch.

31. 8. 55

Nun bin ich wieder zu Hause – hinter mir liegt eine Woche reinsten Glückes, und ich wünschte nichts sehnlicher als eine Wiederholung dieser wunderbar schönen Zeit. Aber freilich – so etwas wird uns nur einmal beschert – eine Woche ungetrübter Wonne gibt es kein zweites Mal.
Nach einer langen Auseinandersetzung erlaubte mir G., auf drei Tage nach R. zu fahren. Ich will ja ehrlich sein: Trotz meiner Beteuerung, ich würde ihm während dieser drei Tage treu sein, erwartete ich den üblichen Flirt. Ach, es ist alles so ganz anders gekommen . . .
Ich landete nach einer mehr als zehnstündigen sehr beschwerlichen Fahrt mit Herzklopfen in R. Dort ist die Welt mit Brettern vernagelt: die Eisenbahnlinie endet hier, das Städtchen ist winzig und kulturlos und hat nichts vom Lärm anderer Städte.
Georg empfing mich an der Bahn und brachte mich zum HO-Hotel Ratskeller, dem einzigen Hotel von R., in dem

auch er sein Zimmer hatte. Ich war zuerst sehr befangen, und er brachte mich noch dazu beim Abendessen in arge Verlegenheit, weil er nicht gestatten wollte, daß ich für mich selbst bezahlte: ich sei sein Gast. Das lief mir gegen mein Selbstbewußtsein, aber er lachte mich aus: ich solle ruhig rot werden, aber zu bestimmen habe er hier. Ich fügte mich, obgleich es mir sehr peinlich war, ich bin in solchen Dingen sehr empfindlich und möchte um alles in der Welt mir nicht wie eine ausgehaltene Person vorkommen.

Wir gingen, bevor die Dämmerung hereinbrach, zum Schloß, das nur wenige Schritte von unserem Hotel entfernt ist – ein erster Bau Knobelsdorffs, von dem mir Georg in der Folge sehr viel erzählt hat. Wir besichtigten es nur von außen – die streng gegliederte Fassade, die schöne Kolonnade, die Kavaliershäuser und die Statue – Apollo mit den vier Elementen – auf dem Rasenplatz vor der Freitreppe. Dann wanderten wir durch den Park, den mir Georg ganz genau erklärte – er ist so klug, er weiß ungeheuer viel, und er ist erschrekkend sarkastisch und von geistvoller Ironie, daß ich ihm nicht immer zu folgen vermochte und stumm lauschte, erfüllt von Bewunderung für seine tiefen und reichen Kenntnisse.

Auf einer Erhöhung steht ein Obelisk. Man kann von hier aus über den See hinweg auf das Schloß schauen, zu beiden Seiten erstreckt sich der Park. Wir saßen auf einer Bank, es wurde dunkel, im Schloß flammten Lichter auf, Heimchen zirpten, und der Wind rauschte in den Bäumen. Wir sprachen über allerlei Privates, und im Nu glitten wir in eine ganz vertrauliche Unterhaltung hinein, die Georg mehr als einmal Gelegenheit bot, über meine naiven Ansichten zu lachen.

Als wir endlich aufbrachen, war schon ein ganz anderer vertrauter Ton in unseren Gesprächen, obgleich ich mich sehr zurückhielt. Es war inzwischen ganz finster geworden, und als in der düsteren Allee Georg plötzlich von Gespensterhunden zu sprechen begann, zitterte ich vor Angst. Ich war froh, als wir endlich den Park verlassen hatten, denn es

drohte noch anderes in diesen unheimlichen Gängen als nur ein »Gespensterhund«. Wir hätten ins Hotel gehen sollen, aber Georg überredete mich leicht, noch mit an den See hinunterzukommen. Ich war schon so in seinem Bann, daß ich ohne Widerspruch folgte.
Wir saßen im Boot am Ufer und sprachen über mein Buch. Georg hat rigoros gestrichen, aber er hat recht mit allem, er ist streng, ich habe sogar geweint. Er hat mich ausgelacht und mir die Tränen vom Gesicht geküßt, und er hat mir ganz genau erklärt, warum ich dies und jenes nicht schreiben dürfe in einer so strengen Novelle. Georg meint, ich könne, wenn ich den rechten Weg fände, eine zweite Seghers werden; ich könne aber auch, verfehlte ich den Weg, in glatter Mittelmäßigkeit landen.
Einmal fuhren wir mit einem Jagdwagen zum Stechlin. Es war wunderbar schön: die hohen lichten Wälder, das durchsichtig klare Wasser des Stechlin, die weite Heide, bedeckt mit violett blühender Erika... Wir hielten uns bei den Händen, und ich war glücklich, ich hätte so vieles ihm sagen mögen. Aber man kann nicht tragisch und sentimental werden in seiner Gegenwart.

1. 9. 55

G. sagt, er liebe mich noch immer. Ich will ihm nicht weh tun, ich empfinde tiefes Mitleid mit ihm – aber was soll ich denn machen in dieser unseligen Verstrickung? Wenn ich aus Burg fortgehen könnte, unter andere Menschen, unter denen ich das Vergessen lernen könnte!

Die »Junge Welt« druckt gegenwärtig meine Novelle »Tod der schönen Helena« ab. Das wurde Zeit – ich brauche dringend Geld, augenblicklich bin ich völlig mittellos. Das kratzt mich zwar wenig, aber sehr angenehm ist es auch nicht – ich habe bald mehr Schulden als Haare auf dem Kopf.

5. 9. 55

Kann man denn zwei Männer zugleich lieben? Ich glaube wohl, es soll ja berühmte Beispiele geben...
Ach, ich werde keine Entscheidung herbeiführen, ich werde mich vorwärts stoßen lassen, abwarten – diese verfluchte Trägheit. Ich bin ein Feigling – aber es ist so bequem, feige zu sein...

11. 9. 55

Im Verlag habe ich tüchtig gearbeitet. Der kleine Lewerenz war mit allen Kürzungen einverstanden, er glaubt an mein Buch und freut sich über die Energie, mit der ich es nun noch zu verbessern suche; freilich habe ich ihm hoch und heilig versprechen müssen, in den Fahnen nichts mehr zu streichen.
Wir verstehen uns beide sehr gut, wir sind in puncto neue Literatur einer Meinung – daß sie schlecht ist.

29. 9. 55

Wir fuhren nach Magdeburg, leider konnten wir an der Feier im Dom nicht teilnehmen. Dafür erklärte mir Georg den Dom, erzählte mir aus seiner Baugeschichte – ich bin so oft achtlos daran vorbeigegangen, erst durch Georg habe ich sehen gelernt. Plötzlich ist mir aufgegangen, daß Gebäude eigentlich wie Musik sind – oder wie Dramen –, nach ganz strengen Gesetzen gebaut. Man muß nur den Schlüssel finden, das Thema gewissermaßen, dann wird auf einmal alles klar und übersichtlich, und die Architektur, ihre Schönheit, ihre Klarheit, ihre Gesetze erschließen sich uns.
Georgs Zug fuhr einige Minuten vor meinem. Er wäre am

liebsten geblieben, es fiel ihm zu schwer, mich gerade jetzt allein lassen zu müssen. Aber was half's.
Ich fuhr mit all meinem Schmerz zur AG. Anfangs war ich überhaupt nicht zu gebrauchen, ich kriegte Tränen in die Augen, sobald mich nur einer ansprach. Am Abend erst wachte ich auf – man griff mich an (in provokatorischer bester Absicht, wie ich später erfuhr) und warf mir Snobismus vor – da bin ich aber doch explodiert! Ich tobte, ich hielt ein Referat aus dem Stegreif, ich war so marode, daß ich ohne jede Rücksicht meine Meinung sagte, ihnen vorwarf, sie machten Gebrauchsliteratur, sie würden niemals wirkliche Schriftsteller, ich jedenfalls wolle mich aus dieser Auftragsarbeit heraushalten, ich wolle nicht zum Konjunkturritter werden usw. Kurz, ich warf ihnen alles das an den Kopf, was so lange in mir gefressen hat – und das hat ihnen gefallen! Sie waren begeistert, daß ich endlich wieder mein früheres Feuer zeigte – haben sie denn gar nicht bemerkt, daß meine Anklage sie alle treffen sollte?
Immerhin hatte uns diese Eruption so aufgelockert, daß ich bereit war, an diesem Abend die tollsten Dummheiten anzustellen... So landeten wir in einer elenden Kneipe, tranken uns Mut an, stießen die Schlafmützen ab und stürmten mit dem kleinen Rest Unternehmungslustiger das »Dalmatia«. Da wurde es dann noch ganz lustig, und für Stunden drängte ich meinen Kummer zurück.
Freilich, am Sonntag kam alles wieder.

17. 10. 55

Heute ist unser Hochzeitstag, der zweite... Ich habe nicht geglaubt, daß wir ihn noch erleben werden, aber so wie die Dinge jetzt stehen, bringen wir auch die nächsten Hochzeitstage noch wohlgemut hinter uns.
Ich spüre von Tag zu Tag mehr, daß mir G. unentbehrlich ist. Vor seiner Liebe verbleichen Klugheit, gutes Aussehen,

Geld und Stellung anderer Männer. Wir gehören zusammen, da ist halt nix zu machen...
Manches ist besser geworden, und ich hoffe, es bleibt so: G. ist aufmerksamer, bemüht sich noch mehr um mich, und er nimmt jetzt an einem Meisterlehrgang teil, um zu lernen; ja, er liest viel, jeden Abend fast. Freilich quält er mich noch oft mit seiner Eifersucht.
Auch ich bin anders geworden – freilich nicht zu meinem Vorteil. Ich analysiere mich selbst, und ich erkenne klar meine Fehler, wenn ich sie auch nicht andern gegenüber zugebe. Ich bin launischer als je, ich tyrannisiere G. – meist im Scherz, oft aber auch ganz im Ernst, ich springe mit ihm um wie ein arrogantes Weib mit ihrem Anbeter. Ich bin ihm ja eine Nasenlänge voraus: er kämpft wieder um meine Liebe...
Dabei liebe ich ihn wieder, wirklich, ich bin entschlossen, bei ihm zu bleiben. Manchmal allerdings schweifen meine Gedanken doch wieder zu Georg, aber es tut nicht sehr weh.

Ist das nicht komisch – da ist man verheiratet und zu absoluter Treue verpflichtet, und dann gibt es ein paar Männer, die sich nach Kräften bemühen, den Gatten zu verdrängen, die ihre – manchmal recht beachtlichen – Qualitäten in die Waagschale werfen – und dann muß man stur und eiskalt bleiben.
Dabei tun sie einem leid, mir fällt es immer schwer, nein zu sagen...

21. 10. 55

Das Kulturministerium veranstaltete eine Tagung für Abenteuerschriftsteller, dazu war ich eingeladen worden.
Die Tagung war interessant, das vierstündige Referat von Frau Dr. Ludwig ausgezeichnet, die Diskussion um Karl May hat mich nicht befriedigt – man lehnte ihn fast einstim-

mig ab; das ist ungerecht – wahrscheinlich fürchtet man seine Konkurrenz.
Am Abend ging ich mit einem Kollegen aus; es war ziemlich fad. Solange er noch über Literatur sprach, war er erträglich, aber als er zu himmeln begann und Zärtlichkeiten wollte, ließ ich ihn stehen. Eigentlich macht es Spaß, die kalte Schulter zu zeigen.

24. 10. 55

Gestern war ich wieder in der Arbeitsgemeinschaft.
Am Sonnabend waren wir in einem HO-Café, wir waren wieder einmal herrlich ausgelassen und scherzten und lachten, daß ringsum alles aufmerksam wurde. Ich war Mittelpunkt, das gefällt mir immer, und wenn ich das spüre, verwandelt sich mein Wesen, ich werde sogar witzig und heimse mit Genuß Gelächter, Beifall und Komplimente ein. An diesem Abend fanden sich wieder zahlreiche Bewerber, die mich nach Hause begleiten wollten. Ich hatte indes meine Augen einem andern zugewandt: Da saßen an einem Tisch zwei junge Studenten, mit denen wir ins Gespräch kamen. Einer machte mir bald schöne Augen. Ich ihm auch. Nun, wie das halt so kommt: Der kleine Student (er war übrigens größer als G.) fing bald Feuer, er taute auf, hatte eine große Klappe, legte das Gebaren eines Gentlemans an den Tag und spielte den Casanova so gut, daß ich es ihm sogar glaubte. Er wollte mich unbedingt nach Hause bringen, und er bat so lange, bis ich zusagte. Ich schickte meine Kavaliere fort – eigentlich wollte ich den Jungen nur veralbern, wollte ihm eine Lektion erteilen, weil mich sein Draufgängertum ärgerte. Eine hübsche Überraschung habe ich erlebt!
Kaum waren wir allein, da verging ihm sein Selbstbewußtsein, und ein paar spöttische Worte verwandelten ihn im Nu in einen hilflosen kleinen Jungen. Ich kann natürlich unser

Gespräch nicht wiedergeben, aber es war wirklich psychologisch hochinteressant. Da ist so ein Bursche, der sich gibt, als habe er eine wunder wie tolle erotische Vergangenheit, und in Wahrheit hat er noch nie mit einer Frau geschlafen. Ich war geradezu gerührt – sein armes weiches und ach so leicht verwundbares Herz lag ganz offen vor mir, mit ein paar Zynismen hätte ich es einfach kaputtmachen können. Nun wieder fühlte ich mich in meine eigene Jugendzeit zurückversetzt, in der ich so hilflos der Schrecklichkeit dieser Welt gegenüberstand, so erschüttert war vom Erlebnis der Liebe und der Zertrümmerung meiner Ideale. Diese wunderbare Unschuld! Diese Unerfahrenheit...

24. 10. 55

Freilich, ich schreibe, ich werde von manchen schon als Schriftstellerin bezeichnet – aber ich selbst fühle mich noch als absolute Null hinsichtlich der Literatur. Aber ich will Gutes schaffen, will arbeiten, will mein ganzes Leben nur diesem einen Ziel widmen: auf dem Weg über die Literatur den Menschen helfen, ihren Verpflichtungen nachzukommen, die wir alle der Menschheit gegenüber haben.
Eine Zeitlang war ich so niedergedrückt, so pessimistisch, habe geglaubt, dieses Leben sei sinnlos, es lohne sich nicht, mühsam vorwärts zu kriechen auf ein Ziel zu, das wir doch nie erreichen. Sicherlich werde ich noch öfter solche Anwandlungen bekommen. Aber ich denke doch, ich habe meine Aufgabe gefunden, obgleich ich, das sei zugegeben, noch immer keinen rechten Sinn im menschlichen Dasein gefunden habe. Wohlverstanden, der Ursprung unseres Seins ist mir schleierhaft, aber wahrscheinlich sollte man darüber nicht grübeln, sonst endet man am Ende noch im Irrenhaus. Ich meine halt – das ist freilich eine primitive Philosophie, aber noch weiß ich's nicht besser –, da wir nun einmal aus unerfindlichen Gründen in die Welt gesetzt

worden sind, so sollte man zusehen, das Beste aus ihr zu machen, nicht nur um unserer selbst willen, sondern auch für die anderen – und das fällt am Ende auch auf uns zurück: die Befriedigung, wenn man sich wie ein positiver Held benommen hat. Der Wegweiser, den unsere neue Gesellschaft darstellt, ist eindeutig, ich meine, man könnte in dieser Richtung mit gutem Gewissen gehen, da ist nichts Verschwommenes, kein unklares Gefasel vom Paradies auf Erden, da ist vielmehr etwas Greifbares: Seht, so und so muß ich handeln, das also glauben und jenes bekämpfen – dann kann's nicht fehlen.

Wir müssen nur achtgeben, daß uns nicht Bürokraten die Idee verwässern, Fanatiker – die im Grunde Anarchisten sind – in Massenmorde hetzen (ich meine auch geistigen und seelischen Massenmord), wir müssen achtgeben, daß die Idee sauber bleibt und daß dem Menschen seine Grundrechte erhalten bleiben, Freiheit in jeder Hinsicht, auf jedem Gebiet, Freiheit im Geiste und im täglichen Leben, solange er nicht Krieg und Mord in irgendeiner Form propagiert. Das ist klar, da stimme ich überein mit unseren Gesetzen, die so manches Mal so gar nicht nach meiner Mütze sind – vielleicht deshalb, weil Theorie und Praxis nicht immer übereinstimmen. Aber das wird sich schon geben, dafür zu sorgen ist nicht zuletzt Sache des Schriftstellers – »Humanität« heißt unsere große Parole, »Humanität« ist ein Programm, darin erschöpft es sich in seiner grandiosen Unerschöpflichkeit. Das klingt wie ein Paradoxon, ich habe mich recht blöd ausgedrückt – ich meine: es ist allumfassend. Dafür stehe ich ein, dafür zu leiden bin ich bereit.

Ich habe einen guten, den besten Lehrmeister und Führer: Georg, von dem will ich lernen, dem vertraue ich, vielleicht zu sehr – ist es denn absolut sicher, daß er in allem recht hat, daß seine Wahrheit die Wahrheit schlechthin ist? Nun, das wird sich herausstellen, ich will, soweit mein ungeschulter Verstand das gestattet, prüfen und wägen und einstehen für das, was ich als richtig erkannt habe. Es mag sein, ja, es

erscheint mir als sicher, daß ich so manches Mal meine Meinung ändern werde. Wir alle sind Irrtümern unterworfen, auch der Größte ist nicht unfehlbar – Hauptsache, er folgt seinem Gewissen und wird nicht zum Heuchler. Habe ich geirrt, so will ich freimütig meinen Fehler bekennen und es in Zukunft besser machen – niemand aber wird mich zwingen können, etwas zu sagen, wovon ich nicht überzeugt bin. Geld und Ehre werde ich wahrscheinlich nicht sammeln, wenn ich meine guten Vorsätze konsequent verfolge. Schon jetzt stehe ich manches Mal im Widerspruch zur herrschenden Ansicht über diese oder jene Frage. Aber am Ende muß doch immer die Vernunft siegen, muß die Wahrheit und Menschlichkeit triumphieren. Es kann nicht anders sein; wollte man daran zweifeln, so wäre die Flucht ins Nirwana, die Abkehr von der Welt und ihren Geschäften, letzte Rettung.
G. unterbricht den hehren Flug meiner edlen Gedanken – komm auf den Teppich runter –, alsdann...

30. 10. 55

Mit dem Verlag des Ministeriums des Innern habe ich einen Vertrag über ein Abenteuerheft, »Der Tod der schönen Helena«, abgeschlossen. Es wird in nächster Zeit erscheinen. Gr. und E. waren ganz begeistert von der Arbeit und wollen mich für ihren Verlag gewinnen, dem es vorerst noch an guten Autoren gebricht.
Als ich davon im Neuen Leben erzählte, kriegten sie einen Schreck, denn sie wollen mich behalten. Als wenn ich diesen »meinen« Verlag verlassen könnte! Hier habe ich Verständnis, hier habe ich wirkliche Hilfe gefunden, mein Lektor bemüht sich in geradezu rührender Weise um mich beziehungsweise meine Arbeiten. Das NL will gleich einen Vertrag auf mein neues Buch machen (Arbeitstitel »Mädchen von Chronos«), obgleich sie es noch gar nicht kennen.

Ich bin vorerst nicht darauf eingegangen – wenn es nun nicht gut wird? So ein Vertrag auf Treu und Glauben käme von seiten des Autors beinahe einem Betrug gleich. Das habe ich Lewerenz auch geschrieben, und ich habe ihn gebeten, die Sache noch aufzuschieben. Zudem wurmt es mich, daß ich in den Plan für 1956 nicht mehr hineinkommen kann – was ist das für ein Blödsinn, ein fertiges Manuskript ein ganzes Jahr lang liegenzulassen? Einerseits schreien sie nach guten Jugendbüchern, andererseits aber klammern sie sich stur an ihren Plan..., ich will sie ein bißchen unter Druck setzen – vielleicht erreiche ich doch die Veröffentlichung meines Buches im Jahre 1956.
Ich arbeite jetzt wieder mit Leidenschaft am »Mädchen von Chronos«, dem die Fabel der »Schönen Helena« zugrunde liegt. Freilich hat mir Georg für die Lösung des Konfliktes einen guten Tip gegeben, den werde ich in der neuen Fassung verwerten: Helena wird nicht, wie ursprünglich vorgesehen, Costas nach seinem Verrat ins Gesicht speien, sondern sie wird, aus tiefer Liebe zu ihm, ebenfalls zum Verräter und geht mit ihm, das heißt, der Konflikt wird völlig ausgetragen. Und das tragische Moment: Erst nach ihrer Desertion muß Helena allmählich erkennen, welches Verbrechen sie beging – sie tötet Costas und kehrt freiwillig zurück zur Volksarmee, wo sie von den Partisanen gerichtet wird.
»Kampf zwischen Pflicht und Neigung« – wie der kleine Lewerenz das nennt. Ich glaube, das Buch kann gut werden, ich bin mit Begeisterung und aus ganzem Herzen dabei, meine Gestalten verfolgen mich bis in meine Träume, immer deutlicher sehe ich meine Helena und Costas, den ich trotz allem liebe...
Vor ein paar Tagen habe ich die Fahnen der »Frau am Pranger« korrigiert. Die Geschichte ist mir wieder so zu Herzen gegangen, daß ich bei dem unglückseligen Ende der Liebenden hätte weinen mögen. Wenn es meine Leser genauso ergriffe! Ich wäre nicht bange, daß sie mich nicht verstünden.

9. 11. 55

Jetzt bin ich schon wieder unzufrieden mit der »Frau am Pranger«, am liebsten möchte ich sie vom Verlag zurücknehmen. Der gibt sie natürlich nicht heraus, es ist ja auch äußerst blöde, immer wieder an seinen Arbeiten herumzukritzeln, vielleicht hat sie doch für andere Menschen Geltung, wenn man selbst auch nicht befriedigt ist.
Ich war drei Tage in Berlin und habe mit Berger die Fahnen durchgearbeitet. Er hatte noch einiges zu bemängeln an dem Buch, ich war sehr deprimiert, aber das geschieht mir schon recht: Ich habe mir zuviel eingebildet auf das Buch, habe alle Lobreden beglückt mit angehört und mir angemaßt, auf dieses Büchlein hin mich schon für eine Schriftstellerin zu halten. Verfluchte Eitelkeit!
Der kleine Lewerenz machte mich bange: Sein Chef Peterson habe getobt wegen des Abenteuerheftes, weil der Verlag es nicht bekommen hat. Ich war bei ihm – da war er sehr liebenswürdig, hat sich nach meinen Plänen erkundigt, und wir haben uns über das neue Buch »Mädchen von Chronos« (Arbeitstitel) unterhalten. Peterson warnte mich: Es sei ein diffiziles Thema, da die Meinungen über den griechischen Befreiungskampf geteilt seien, auch wisse man nicht, wie sich unsere Beziehungen zu Griechenland entwickeln werden etc. Das kratzte mich schon wieder: als ob Literatur von politischen Tagesfragen abhängig sei . . . Der Partisanenkampf war zu seiner Zeit gut und richtig, außerdem geht es mir um das Schicksal meiner Liebenden, ihren menschlichen Konflikt.
Jetzt weiß ich nicht recht, was ich tun soll: Ich habe große Lust, mit dem MdI zu arbeiten, es freut mich die unbürokratische Art, mit der man in diesem jungen Verlag vorgeht. Andererseits soll das NL mein Heimatverlag werden.

15. 11. 55

Georg schrieb, er habe sich gefreut über den sarkastisch-schnoddrigen Ton meines letzten Briefes, wenn ich mich so weiter entwickelte, sähe er rosiger für meine Zukunft. Ich habe mir diesen »schnoddrigen« Ton gar nicht einmal abgequält – vielleicht verdanke ich ihn meiner Fähigkeit, mich blitzschnell in andere Menschen hineinfinden zu können. Ich bin sentimental bei einem sentimentalen, zynisch (das gelingt schwach zwar) bei einem Zyniker. Bei Georg hat es länger gedauert, dazu war ich gleich zu Anfang zu heftig verliebt, aber allmählich finde ich mich in sein Wesen hinein. Und seltsam, mein Sarkasmus in Georgs Gegenwart ist genauso echt wie meine Gefühlsseligkeit in G.s Anwesenheit...
Vielleicht ist es auch eine Art Galgenhumor: Ich weiß, daß uns kein gemeinsames Glück beschieden ist, so bleibt mir der Spott, bleibt Resignation, die man hinwegzulachen sich bemüht.
Ach, Georg! Ich glaube, ich hätte an seiner Seite ein vollkommenes Glück gefunden... Ich begreife noch heute nicht, was er an mir findet, warum er, der mir tausendfach Überlegene, mich liebgewonnen hat. Das Leben und die Liebe sind eine verflucht verzwickte Angelegenheit, bei Gott!

Berlin, 19. 11. 55

Eben habe ich mit Georg gesprochen – freilich nur telefonisch. Er ist doch noch recht krank. Man hört es seiner Stimme an. Sie klang so verändert, daß ich plötzlich fürchtete, er sei es gar nicht und ich sagte meine zärtlichen Worte einem Fremden. Aber als er dann meinen Vertragsabschluß mit dem MdI eine Eselei schimpfte, war ich überzeugt.
Es ist bitter, in einer Großstadt zu sitzen, unter fremden

Menschen, in einem Hotelzimmer – und ihn nicht sehen zu dürfen. Mir hat das Herz bis zum Halse geschlagen eben, am Telefon, so glücklich und traurig war ich. Nun ist ein Telefon weiß Gott keine poetische Einrichtung und für Liebesworte denkbar ungeeignet, aber eine gute Einrichtung ist es doch – so habe ich wenigstens ein ganz klein bißchen von Georg gehabt.

Das MdI hat mich im Johannishof untergebracht, der mir allein schon durch die Tatsache sympathisch ist, daß mein angebeteter Gérard Philipe hier gewohnt hat. Aber auch ohne dies ist es das beste Hotel, das ich bisher kennengelernt habe: warm, gemütlich, beinahe vornehm, mit einem niedlichen Pagen und einem sehr wohnlichen Zimmer. Man kann sich in den Gängen verirren – eine tolle Sache. Und es wimmelt von Ausländern. Neben mir wohnen Chinesen, ich habe sie mehrmals getroffen, wagte sie aber nicht anzustarren, so gern ich es getan hätte, da alles Exotische mich unweigerlich fasziniert.

Manchmal glaube ich wieder an so etwas wie den lieben Gott, der den kleinen Mädchen auf die Finger sieht und mächtig draufklopft, wenn sie unartig sind . . . Ich bin jetzt überhaupt wieder sehr oft bedrückt. Und dabei habe ich neulich so strahlend behauptet, ich sei ein unverbesserlicher Optimist! Aber irgendwie genieße ich meine Depressionen, weil ich mir, wenn auch nur im Unterbewußtsein, einbilde, sie hülfen mir weiter. Wie kann auch ein Mensch Schriftsteller werden, der die Verzweiflung nicht kennt? Ich will ja nicht reden von der Verzweiflung über geplatzte Treffs oder unglückliche Liebe – erstere gibt es selten, letztere bis auf meine arme bittersüße Liebe zu Georg gar nicht –, aber wie viele Stunden habe ich schon durchgegrübelt wegen meiner Arbeit. Werde ich jemals etwas erreichen können? Und was will ich denn eigentlich erreichen? Die Menschen glücklich machen, ja, ihnen vielleicht vorwärtshelfen, gewiß, anklagen – sicherlich! Aber schiele ich nicht immer auch nach dem

Ruhm, nach Anerkennung? Beschmutzt dieser Hintergedanke nicht das reine Ziel? Schreibe ich letzten Endes aus Egoismus – eben weil ich geachtet sein will, mich erheben über die kleinlichen Menschen meiner Heimatstadt, oder weil mir das Schreiben eine ganz eigennützige Freude macht? Auch das ist es – eine Freude~~, selten~~ wird es so zur Qual, wie andere es mir schildern. Vielleicht wollen sie sich auch bloß wichtig machen mit ihren schöpferischen Geburtswehen . . . Aber es gibt Stunden, in denen ich sterben möchte. Was hält mich denn eigentlich zurück, zum Strick zu greifen? Ist es doch Optimismus, die Angst, mit der wir uns alle an unser armseliges Leben klammern, mag es uns auch noch so dreckig gehen?
Die alten Griechen hatten recht: Als aus der Büchse der Pandora alle Übel flohen, blieb am Rande nur die Hoffnung hängen. Die geliebte, die verfluchte Hoffnung! Nun warten wir darauf, daß es doch noch einmal gut wird und schön, und sehnen uns – und wissen meist nicht einmal, wonach wir uns denn so schmerzlich sehnen.

22. 11. 55

E. sagt, er sei auf dem besten Wege, mich richtig liebzugewinnen – für immer. Der Weg dazu führt – und das frappiert mich – über meine Arbeit. Ein richtiger Schriftsteller! Das lob ich mir: Da liebt einer eine Frau, wenn sie zu schreiben versteht... Geht nicht vom Äußerlichen aus, nicht vom Erotischen, nein, eben vom Beruf.

9. 12. 55

Ich muß mich wieder einmal zu einer Eintragung aufraffen. Ich sage: ich muß es – und das ist kein hohles Geschwätz. Mich bewegen vielerlei Probleme, und da ich Georg seit

Wochen nicht gesehen habe – durch eine Verkettung unglücklicher Umstände –, so habe ich niemanden als mich selbst, mit dem ich mich auseinandersetzen kann.
Ich habe France gelesen. Das will nicht viel besagen, schließlich ist mir France schon seit längerer Zeit bekannt, aber was habe ich gelesen! »Die Meinungen des Herrn Abbé Jérôme Coignard« haben eine schlimme Verwirrung in mir angerichtet. Nun sind mir die Lehren des Epikur nicht ganz unbekannt. Georg sprach mir oft davon, er färbte sie recht pessimistisch, was der Grundhaltung Epikurs freilich nicht zu entsprechen scheint, aber Georgs Sentenzen enthielten doch Wesentliches – und wie herrlich beredt, wie eindringlich und überzeugend finde ich sie bei France wieder!
Ich muß gestehen, daß ich nicht ganz begreife, warum man dieses Buch bei uns herausbringt, da es wie kein anderes geeignet ist, in den Köpfen junger Leser die tollsten Verwirrungen anzurichten. Freilich versucht I. I. Anissimow in seinem Nachwort recht geschickt die Ansicht Coignards zu widerlegen – und ich gebe in vielem ihm recht –, aber was vermag er gegen die bezwingende Wirkung dieses Buches!
Vielleicht ist mir der gute Abbé deshalb so schnell ans Herz gewachsen, weil ich immer wieder Georgs Stimme in ihm zu vernehmen glaube. Oh, ich habe mich während der Lektüre heftig mit Coignard–Georg gestritten, aber es sind doch so manche meiner Illusionen und scheinbar festgegründeten Ansichten über den Haufen geworfen worden. Doch wie könnte ich bei mir schon von gefestigten Ansichten reden.
Mein Geist ist noch so arm, daß mich jeder geschickte Sophist formen könnte wie Wachs. Da ich es mir jetzt recht überlege und mir meines erschreckend geringen Wissens bewußt bin, neige ich doch zu der Annahme, daß auch Epikur und France mich nur vorübergehend gewinnen können. Aber es ist schon etwas daran, diese wohlwollende Menschenverachtung, diese beinahe zärtliche Ironie, diese freundlich-überlegene Beschaulichkeit, die die Nichtigkeit alles irdischen Tuns kennt und Leid oder Glück für so gering

erachtet – fast möchte ich den beneiden, der sich dazu durchgerungen hat!
Und dennoch: Sind die Menschen wirklich, wie der Abbé meint, »boshaft und dumm«? Ich habe so an die Menschen geglaubt, an das Gute in ihnen, und bin so enttäuscht worden, gewiß, aber würde ich, schätzte ich die Menschen derart gering ein, nicht den Stab über mich selbst brechen und außerdem jeglichen Fortschritt leugnen, ja jede Bemühung um Fortschritt im kleinen schon zunichte machen?
Nein, keine himmelblauen Illusionen mehr! Georg wirft mir vor, meine Philosophie sei von Rousseauscher Primitivität – »kein Wunder, wenn man in der Wildnis lebt«, fügt er hinzu –, und es mag sein, daß Rousseaus Empfindsamkeit schöner und stärker ist als seine Logik, aber wie gut täte es uns, besäßen wir allesamt mehr Empfindsamkeit! Ich bin, scheint mir, doch nicht so bald zu heilen von meinem rosigen Idealismus, aber es gibt einige Dinge aus dem Buch von France, die ich mir aneignen sollte.
Ach, der arge Weg zur Erkenntnis! Wie schmerzhaft ist dieser Prozeß! Aber ich bin bequem, ich lasse mich loben und glaube, und ich beschimpfe Georg, wenn er mir bittere Wahrheiten sagt.
Warum eigentlich wehrt sich der Mensch so wild gegen das Gute, Richtige, selbst wenn er es schon als solches erkannt hat? Ist das Gesetz der Trägheit so stark in uns? Ich weiß, daß ich mein Buch beiseite legen sollte – vielleicht für immer, vielleicht für eine gewisse Zeitspanne – aber nein, ich kann mich nicht dazu entschließen! Ich habe Helena und Costas liebgewonnen, gewiß, aber ich kann nicht mehr mit ihnen weinen wie mit Alexej oder Kathrin, und das scheint mir ein schlimmes Zeichen. Oder ist es gut und vernünftig, wenn man über seinen Gestalten steht und sich nicht von ihnen gängeln läßt?
Ach, mein Kardinalfehler ist mein Ehrgeiz!
Übrigens hat das MdI einen Vorvertrag mit mir abgeschlossen, da das Neue Leben das Buch nicht mehr in seinen Plan

aufnehmen kann – aber fast wünschte ich, dem Gr. mißfiele die neue Fassung. Es würde mir irgendwie mein Gewissen entlasten, zerschlüge sich unser Vertrag.
Aber dann, wenn ich dieses Buch abgeschlossen habe, werde ich Liebesgeschichten schreiben, streng, sorgfältig, nach den besten Regeln unserer Meister. Ich brauche ja nur mit Georgs Augen meine Zeilen zu lesen, um zu wissen, ob sie gut oder schlecht sind. Die »Helena« wage ich ihm nicht zu zeigen – und das ist ein Todesurteil!
Meine Novellen sollen so sein, daß Georg sie lobt. Erst wenn ich in Gedanken an ihn nicht mehr zu erröten brauche, werde ich um sein Urteil bitten, das mir wichtiger ist als das eines Dutzend Lektoren.

16. 12. 55

Wir besuchten die Gemäldegalerie. Man sollte über die Bilder schweigen, um nicht in Ekstase zu verfallen – ich habe wohl eine Viertelstunde vor der Sixtina gestanden, und es war wie ein Gebet. Man könnte wieder fromm werden vor einem solchen Kunstwerk.
Wir haben nicht viel »geschafft« – Georg erklärte mir die Bilder, sprach über die Meister, die Entstehungszeit, kurz, wir konnten nur einige wenige Säle besuchen. Auf Giorgiones »Venus« mußte ich leider auch verzichten, denn um acht Uhr ist Schluß in der Galerie.
Ein Gauguin hat es mir angetan – Südseemädchen, in barbarischen Farben – toll!

14. 1. 56

Nach Weihnachten habe ich täglich mindestens zwölf Stunden an meinem Buch »Kinder von Hellas« gearbeitet. Der Erfolg war, daß ich immer häufiger Schwindelanfälle hatte,

mich erbrechen mußte und ernstlich krank wurde. Aber geschafft habe ich es doch zu dem Termin, den ich mir gestellt hatte! Natürlich bin ich nicht zufrieden mit der Arbeit. Ich weiß, wie es gemacht werden müßte – und kann es doch nicht. Der reinste Eunuch!
Am Schriftstellerkongreß konnte ich nun auch nicht teilnehmen, der Arzt prophezeite mir, ich würde, führe ich entgegen seinem Verbot, mir ein lebenslängliches Leiden zuziehen. Da half alles Weinen und Schimpfen nichts. Was es mich gekostet hat, zu Hause zu bleiben – ich hatte mich so unbändig auf den Kongreß gefreut – und auf Georg, das brauche ich nicht zu sagen.
Gestern bin ich zum erstenmal wieder aufgestanden. Heute habe ich wieder gearbeitet, habe den Rechenschaftsbericht für die AG geschrieben – ich war ehrlich und werde dementsprechend zusammengestaucht werden. Aber die Arbeit fällt mir noch schwer, ich leide ständig unter gräßlichen Kopfschmerzen. Trotzdem werde ich am Montag mit meinen »Liebesgeschichten« beginnen.
»Es ist allerdings eine verdammt schwere Arbeit. Aber ich möchte an keinem anderen Beruf zugrunde gehen«, sagt Michael Vierkant.
Meine »Helena« ist erschienen. Es war freilich nur ein Heft, aber ich habe erwartet, ich würde mehr empfinden von der Freude und dem Stolz des jungen Autors.

27. 2. 56

Manchmal bossele ich wochenlang an Nichtigkeiten herum und komme zu keinem Ende; plötzlich dann überfällt es mich, und ich schreibe in wenigen Tagen eine Unmenge mit leidenschaftlicher Begeisterung.
Meine Arbeitsgemeinschaft hat mich in die kollektive Leitung gewählt, und ich bin stolz auf ihr Vertrauen. Meine Funktion als Vorsitzende der Aufnahmekommission bedeu-

tet freilich eine zusätzliche Belastung, aber hier habe ich am besten Gelegenheit, die AG ein wenig nach meinen persönlichen Ansichten zu formen.
Mein Rechenschaftsbericht – ich war sehr aufrichtig, angreiferisch, schonungslos gegen mich wie gegen die andern – ist heftig diskutiert worden. Ich war einigermaßen verblüfft darüber, daß man mir in fast allem zustimmte.

1. 3. 56

Gestern kam endlich wieder einmal eine Nachricht vom NL, und sogar eine erfreuliche: Die BZ hat meine »Frau am Pranger« angenommen und bringt sie in Fortsetzungen. Die Abteilung Werbung bat um meine Genehmigung. Die freilich erübrigte sich: Am selben Tag schon wurde die Arbeit (als »Roman«) angekündigt und beginnt heute. Ich bin stolz – immerhin die BZ mit ihren vielen Lesern! Und außerdem habe ich in ihr meine literarische Defloration erlebt: Sie druckte vor ca. acht Jahren meine erste Kurzgeschichte, die ich heute allerdings bestenfalls als Skizze bezeichnen würde.
Ich überlege manchmal, ob ich denn damals schon geahnt oder gewußt oder gehofft habe, ich würde jemals einen Roman schreiben. Ich muß daraufhin doch einmal meine alten Tagebücher durchsehen, sie können doch nicht nur von meinen täglich wechselnden großen und kleinen Lieben gehandelt haben. Oder habe ich damals das Schreiben gar nicht ernst genommen, sondern als Nebenbeschäftigung gewertet? Schon möglich – ich wollte ja brennend gern Regisseur werden... Apropos Regisseur: Ich nehme meine eigenen Interessen nicht genügend wahr: Noch immer habe ich mich nicht mit der DEFA in Verbindung gesetzt. Einen Film müßte man schreiben! Ich würde es mir nicht nehmen lassen, endlich meinen alten Jugendtraum zu verwirklichen und – sei es auch nur auf Wochen – Regie zu

führen, das heißt, als Assistent ein bißchen herumzumurkeln. Denn richtig Regisseur sein – nein, davon wage ich längst nicht mehr zu träumen... Wozu auch? Ich habe ja eine herrliche, die herrlichste Arbeit der Welt!

8. 3. 56

Das Wichtigste habe ich fast vergessen. Mein Buch ist da! Auf der Leipziger Messe habe ich es zum erstenmal gesehen, und es war eine wunderliche Begegnung, so in der Öffentlichkeit. Eigentlich war es recht nüchtern, ich war enttäuscht, weil nichts da war von dem, was ich mir erträumt hatte, von der überströmenden Freude.
Die kam eigentlich erst, als der Verlag mir meine Exemplare schickte und ich allein war mit mir und meinem Buch. Es ist doch herrlich, und ich bin stolz und glücklich. Ich habe das Buch sogar noch einmal durchgelesen – irgendwie war es mir neu, beinahe fremd, ich war ordentlich gespannt auf den Fortgang der Handlung –, dabei hatte ich es so satt gehabt und gedacht, ich könnte das Buch nicht mehr anrühren, weil ich es schon fast auswendig wußte.
Meine Familie ist natürlich auch mächtig stolz.

15. 3. 56

Den ganzen Nachmittag habe ich mit Gr. im »Adlon« gesessen – es ist nicht leicht, mit ihm zu arbeiten, denn er läßt sich durch alles ablenken. Dafür läßt er mir auch freie Hand, ich kann mich in meinem Stil austoben, und er läßt sich leicht überzeugen, was allerdings auch eine Gefahr bedeutet, da ich an sich dann straffe Zügel brauche.
Ich hatte mittags im Verlag des MdI einen neuen Lektor kennengelernt, einen Oberleutnant S.: ein frischer temperamentvoller junger Bursche, eben ein Jahr älter als ich. Als

mich S. fragte, warum ich E. zu sprechen wünsche, sagte ich im Scherz, ich suche nur jemanden, mit dem ich heute abend ausgehen kann. Lachend erbot er sich, mich zu begleiten. Ich beschaute ihn mir, und er gefiel mir, und da ich keine Lust hatte, eine Berliner Nacht im Bett zu verbringen, nahm ich sein Anerbieten an.

Ich habe kein schlechtes Gewissen. Ich bin jung, ich bin sinnlich und rasch entflammt, und ich habe schreckliche Angst vor dem Altern. Warum soll ich denn nicht mein Leben genießen? In zehn oder zwanzig Jahren ist alles vorbei – wenn ich nicht sogar schon vorher sterbe.
Vielleicht ist es doch eine Gemeinheit, zumindest G. gegenüber, der mich so heftig liebt. Er hat mich so gequält mit seinen eifersüchtigen Fragen, und ich bin auch noch böse und arrogant geworden. Ich denke manchmal, ich bin doch ein schlechter Mensch. Ja, ich habe Gewissensbisse, ich bereue und bereue doch nicht. Es ist ein wunderliches Gemisch von Abscheu und Freude, von guter Erinnerung und Vorwürfen in mir.
Ich bin eben ein unheilbar leichtfertiger Mensch.

24. 3. 56

Im Grunde ist alles Lüge, was man sich so im Tagebuch bekennt – oder doch nur die halbe Wahrheit, und halbe Wahrheit ist eben auch Lüge.
Mich hat das, was man wahrscheinlich »Gewissen« nennen könnte, doch mehr geplagt, als ich mir zugeben wollte, und ich war sehr deprimiert: Ich habe während der letzten Tage viel über mich nachgedacht, und es ist so schrecklich, daß ich es nicht einmal niederschreiben kann.

Eben fällt mir ein, ich sollte mir das prächtige Heinewort über das Bett hängen:

»Schlage die Trommel und fürchte dich nicht und küsse die Marketenderin.«

24. 3. 56

Inzwischen habe ich zahlreiche Glückwünsche empfangen, habe ein dutzendmal auf meinen Erstling getrunken, habe erste Kritiken; eine Neuauflage wird noch in diesem Jahr erscheinen, die »Hamburger Volkszeitung« bringt das Buch ebenfalls in Fortsetzungen, und jetzt bin ich quälend unzufrieden und möchte es noch einmal ganz neu schreiben. Das heißt, möchte nicht, weil mich meine »Liebesgeschichten« in Anspruch nehmen, aber die »Frau« gefällt mir einfach nicht mehr. Es ist ein Kreuz! Ich wundere mich jetzt, was andere daran finden. Es ist doch ziemlich mies geschrieben und wirkt nur durch die Handlung (die mir übrigens eine Menge Kleinbürger sehr übelnehmen).
Vor allem plagt mich ein neues Buch, »Ein Stern fällt in ein Menschenherz«. Ich sehe die Martina, ich bin es selbst, es soll ein Bekenntnisbuch werden, in dem ich mich mit ihr auseinandersetze über all das Scheußliche und Schöne, was ich in den letzten Jahren erlebt habe – drinnen in mir, an die Außenwelt ist fast nichts davon gedrungen. Und Stefan ist Georg. Das weiß ich längst und bestreite es nicht mehr vor mir selbst. Das Erlebnis mit Georg ist tief gegangen, und ich bin noch heute nicht darüber hinweg, irgendwie, irgendwo und irgendwem muß ich davon erzählen, sonst zerspringe ich von dem, was sich in mir aufgestaut hat und mir das Herz abdrückt.
Ich glaube, ich bin unglücklich, und vielleicht stürze ich mich deshalb in immer neue Abenteuer und finde bei keinem Ruhe . . .
Manchmal könnte ich schreien vor Schmerz, und ich weiß doch nicht einmal recht, was micht so martert. Oft ist in mir eine solche Angst vor etwas Unbekanntem, daß ich fürch-

te, ich werde eines Tages wieder Gift schlucken – aber diesmal soll mir der G. nicht so früh dazwischenkommen!
Vielleicht macht mich der Frühling verrückt, und Georg würde eine zynische Anmerkung über die biologischen Ursachen meiner verzweifelten Stimmung machen. Ich muß das der Martina mitgeben, vielleicht hilft es, und es ist wie eine Beichte.

Berlin, 30. 8. 56

Heute bin ich den dritten Tag in Berlin, und zum erstenmal seit Monaten spüre ich wieder ein Leben, das lebenswert ist – wenigstens stundenweise. Ich habe zwei garstige Monate hinter mir – ohne Arbeit, ohne Alkohol, ohne Zigaretten. Ich war schwanger und habe sehr gelitten, sowohl unter der ständigen Übelkeit als auch – und vor allem – unter der verzehrenden Untätigkeit. Wieviel kostbare Arbeitszeit ist wieder verstrichen! Und es tut mir bitter leid um jede Minute, die ich nicht schreiben kann.
Ich habe in Westberlin einen Arzt gefunden, der einen Eingriff bei mir vornahm. Die Folgen sind nicht ganz überwunden, wahrscheinlich deshalb, weil ich, statt mich ins Bett zu legen, sofort wieder zu arbeiten begann – und überaus intensiv, weil ich meinen Vertrag mit der DEFA (über ein Filmexposé) termingerecht erfüllen wollte. Tatsächlich habe ich innerhalb von drei Tagen das Exposé geschrieben und damit – auch das ist nicht unwichtig – pro Tag 1250 Mark verdient, zweifellos ein sehr beachtliches Honorar, mit dem sich die Einkünfte aus der »ernsthaften literarischen Arbeit« nicht messen können. Trotzdem werde ich, sobald der Film fertig ist, mit meinem Buch beginnen, denn die untergeordnete Rolle des Autors in der Filmproduktion befriedigt meinen Ehrgeiz durchaus nicht.

Sacrow, 9. 11. 56

An mein Innerstes lasse ich keinen heran, ich will nicht, daß ein anderer mich besitzt. Joe weiß das, und es tut ihm weh. Er »hat« mich nicht, in den schönsten, innigsten Minuten nicht, irgendwo bleibt in mir eine unberührbare und unberührte Stelle. Er ist verzweifelt, wenn ich ihn verspotte; er sagt, ich sei einer wahren Liebe nicht fähig. Vielleicht hat er recht, vielleicht auch ist mir noch nicht der Mensch begegnet, an den ich mich ganz verschenken könnte. Ich will es aber auch nicht, ich will mich behalten. Ich bin der Egoist par excellence, und ich schäme mich dessen nicht einmal. Weil ich vom Leben nichts halte, nehme ich mir vom Leben, was ich nur erhaschen kann, und genieße auf Kosten anderer.
Ich werde auch immer mehr zur Männerfeindin; das mag paradox klingen angesichts meiner Liebesromanzen, und doch ist es wahr: Ich hasse das Besitzenwollen der Männer und ihre Jägerinstinkte, und wo ich kann, verwunde ich, um mir meine Selbständigkeit zu bewahren und zu beweisen.

Gestern nacht hat Joe geweint vor Glück. Daß immer gerade gute Menschen sich an mich verlieren müssen.
Das Leben ist – weiß der Teufel! – ein Panoptikum; man sollte es nicht so ernst nehmen.
Übrigens hat Joe meine Gegenwart zu einem entzückenden Lustspiel inspiriert. Da habe ich wenigstens einmal etwas Nützliches, wenn auch nur indirekt, geschaffen.

Sacrow, 15. 11. 56

Das Tennis ist meine neue Passion, und ich schikaniere sämtliche Männer mit meinem grausigen Dilettantismus.

Sacrow, 18. 11. 56

Gegen Abend wurde es wieder schlimm. Eine Stunde vor seiner Abfahrt sagte G. plötzlich, scheinbar ohne Zusammenhang, einen Satz – wortwörtlich aus meinem Tagebuch. Mir blieb das Herz stehen: Er hatte das Tagebuch gelesen und wußte alles. Er war nicht zornig oder böse, er war unendlich traurig – und er verzieh mir – zum wievielten Male?

Sacrow, 28. 11. 56

Sie sagen, ich sei schön. Sie sind blöd – oder sie meinen eine andere, höhere Form der Schönheit: Ich bin doch nicht einmal klug, ich habe bloß Phantasie und bin manchmal schlecht und manchmal gut. Warum sagen sie, ich täte alles, Gutes wie Böses, in tiefer Unschuld?
Jerry sagt, ich sei tausend Jahre alt. Wir haben uns getroffen, schon oft getroffen: in der Steppe Asiens und am Hofe eines französischen Bischofs . . .

10. 12. 56

Nun bin ich also wieder zu Hause. Zu Hause . . ., als hätte ich ein Zuhause. Ich stecke im Alltagskram und strample, um mich nicht unterkriegen zu lassen.

31. 12. 56

Keine Rückschau – beileibe nicht. So erfreulich wäre die Bilanz nicht. Oder doch, ich will nicht ungerecht sein: Zwei Bücher sind erschienen, ich habe einen Filmvertrag, und ich bin, nach mancherlei Irrungen, zu G. zurückgekehrt.

Ich bin Mitglied des Schriftstellerverbandes geworden, und das ist schon was Rechtes.
Für das neue Jahr wünsche ich dem Frosch und mir viel Glück, viel Liebe und schriftstellerischen Erfolg – und Frieden auf Erden!

25. 9. 57

Ich habe mir ziemlich oft vorgenommen, mich mal wieder meinem Tagebuch zu widmen, aber ich habe doch kein rechtes Verhältnis mehr dazu; das Ganze erscheint mir etwas backfischhaft.
Was mich wirklich bewegt und erregt, schreibe ich ja doch nicht – vielleicht weil es sich so schwer in Worte fassen läßt; vielleicht weil ich weiß, daß es nicht lohnt, dieses zum größten Teil unausgegorene Zeug in Worte zu fassen; vielleicht auch bin ich einfach zu faul, mich schriftlich auseinanderzusetzen mit einer Unmasse von Problemen – ziemlich politischer Art –, über die ich eh genug nachdenken und diskutieren muß.
Vorhin habe ich in diesem Tagebuch gelesen. Lieber Gott, welch ein Geschwätz. Wir müssen damals total verrückt gewesen sein. Wir waren es. Nein, ich sollte nicht darüber lachen. »Der Narben lacht, wer Wunden nie gefühlt.«
Ich bin kälter geworden und böse – im Ursinn des Wortes böse; zuweilen weine ich noch, aber wie selten, und auch an diesen wenigen Tränen ist nicht echte Rührung schuld, sondern Nervosität und Überarbeitung.
Wo sind die Gefühle – ein Überschwang an Gefühlen –, die Ideale und schönen Vorsätze meiner Jugend? Ich hab sie abgestreift wie eine Schlange ihre alte Haut, und es hat verdammt weh getan – aber nun hab ich bald meine neue Haut, und sie ist bunter und zäher als die alte.
Manchmal bin ich in der Stimmung, diesen Jugendidealen nachzutrauern, und in der Tat war ich damals ein »besserer

Mensch«. Aber die Welt braucht keine guten Menschen – warum sollte ich auf Edelmut und christliche Nächstenliebe machen?
Übrigens merke ich einmal mehr, daß es unsinnig ist, einem Tagebuch mehr zu erzählen als ein paar Fakten; ich bringe die Geduld nicht auf, meine Seele zu zerpflücken. Von meinen beiden ersten Büchern bin ich abgerückt; ich habe sie verstoßen wie mißratene Kinder. Zwei weitere sind mir abgelehnt. »Die Denunziantin« unterstütze angeblich – ich habe es mir schriftlich geben lassen – die Tendenzen der Leute, die die kapitalistische Ordnung bei uns wieder aufrichten wollen. Das zweite, »Joe und das Mädchen auf der Lotosblume«, kam ebenfalls zurück, etikettiert mit Bemerkungen wie: dekadent, morbid, skurril etc.
Es war ein verflucht harter Schlag, und es hat lange gedauert, ehe ich mich davon erholt habe.

28. 9. 57

Mit Joe wechselte ich ein paar Briefe, aber für uns gab es ja so oder so keinen Ausweg. Vielleicht war er wirklich der Mann, der einem nur einmal im Leben begegnet, für den man bestimmt ist – der eine in Jahrhunderten. Aber sein Ideal heiratet man nicht. Ideale in Hausschuhen und bei ehelich geregeltem Geschlechtsverkehr verlieren ohnehin dann ihren Glanz.

Einen neuen Roman habe ich begonnen. In der Tat, die ersten Kapitel sind recht gut. Mein Stil hat sich auch völlig geändert, ich schreibe kühler, sachlicher, distanzierter, ohne Sentimentalitäten, ich sitze gleichsam in der Loge und sehe dem Schauspiel zu. Freilich habe ich das leidenschaftliche Interesse an meinen Gestalten verloren, ich lasse unbarmherzig sterben, ohne – wie damals bei der »Frau am Pranger« – Tränen zu vergießen, und ich leuchte tiefer in die

Menschen und damit in mich selbst hinein, und ich spreche Dinge aus, die ich früher kaum zu denken, geschweige denn niederzuschreiben wagte. Ich habe keine Illusionen mehr – jedenfalls nicht jene himmelblauen Illusionen der letzten Jahre – und bemühe mich, sie auch dem Leser zu nehmen.

17. 10. 57

Ich lebe in krankhafter Angst vor dem Alter. Ich will, ich muß leben und genießen, mich bestätigt fühlen, wissen, daß ich noch jung und begehrenswert bin. Meine Liebesgeschichten arten immer mehr zu egoistischen Vergnügungen aus, einer Art Rauschmittel, die der Sucht nach Bestätigung dienen. Ein Beweis mehr, scheint mir, daß ich geistig noch recht unterentwickelt bin und mein Selbstbewußtsein brüchig ist.

1. 1. 58

Es ist zwei Minuten nach null Uhr, und die Glocken läuten das neue Jahr ein, und Feuerwerkskörper knallen auf die Straße, und irgendwelche Leute schreien »Prosit«, und ich sitze und weine und tue das einzige, womit ein Schriftsteller sich trösten kann; ich schreibe.

Petzow, 21. 3. 58

Warum, zum Teufel! bin ich nur eine Frau geworden? Ich bin verdammt, allein durch mein Geschlecht, niemals eine Freundschaft zu finden, weil kein Mann imstande ist, die Seele vom Körper zu trennen, weil nicht einer versteht, daß ich geliebt werden will um meines Geistes, meiner Begabung willen, um noch einmal das Wort zu gebrauchen, meiner Seele willen.

Warum wird es einer Frau so schwer gemacht, anständig zu bleiben?

Petzow, 29. 3. 58

Ich liebe. Gott, ja, ich liebe wieder, und mir ist angst. Es gibt einen Menschen hier, der mich vom ersten Tag beunruhigt hat, weil ich in seinen Augen unsere Verwandtschaft gefunden habe. Und welch eine große Begabung.

6. 4. 58

Einmal zählte er auf, was alles er an mir liebt, und es traf mich mitten ins Herz, als er sagte, er liebe meinen Gang, der süß und aufregend sei. Das hat mir noch niemand gesagt. Ein Mann findet meinen Gang schön! Lieber Himmel! Wie wird das Sehendwerden nach einer solchen Blindheit sein?
Wir haben nächtelang zusammengesessen und uns ausgemalt, wie es sein wird, wenn wir geschieden worden sind und uns heiraten und miteinander leben dürfen, und wie wir Bücher schreiben werden und uns ergänzen und zusammen Filme schreiben und berühmt werden . . . Unsere wundervollen Träume – und dahinter die gräßliche Furcht, daß nichts, nichts davon in Erfüllung gehen wird. Was soll aus G. werden? Ich kann ihm doch nicht davonlaufen, ich kann es ihm nicht antun. Es wäre das ganz große Glück, aber es gibt kein Glück – nicht für uns Verlorene.

13. 4. 58

Ich mag nicht mehr schreiben. Es ist spät in der Nacht, und jetzt kommen wieder die schwarzen Gedanken, die, wollte ich sie zu Ende denken, mich um den Verstand bringen würden. Verlöre ich Dan oder G. – ich würde sterben, oder wenigstens würde irgend etwas in mir sterben und für alle Zeit mich unheilbar krank machen.

Petzow, 3. 5. 58

Wir haben hier eine wunderbare Freundin gewonnen, die Maria R., eine Frau von fast sechzig Jahren, gescheit und einfühlsam und überaus großzügig. Sie sagte einmal von sich selbst, sie laufe als personifizierte Ermunterung durch die Welt, und genau das ist richtig. Sie ist Genossin und Sozialistin von dem Format, wie ich es mir von allen Sozialisten wünschte. Zuerst haben wir uns vor ihr gefürchtet; sie ist meine Zimmernachbarin, und die dünnen Wände tragen jedes Wort zu ihr – aber dann haben wir gemerkt, daß sie unser Verhältnis toleriert, wie übrigens jeder im Hause. Es gibt keine Stichelreden, keine Moralschnüffelei, man nimmt unsere Liebe mit einer schönen Selbstverständlichkeit hin, und wir haben uns längst abgewöhnt, irgend etwas zu verheimlichen und zu heucheln.

Dan arbeitet sehr langsam, und er hat immerfort Krisen, und er ist weder körperlich noch seelisch gesund – aber er wird ein paar gute Bücher schreiben, wirkliche Literatur, dessen bin ich sicher. Und er gesundet ja schon unter meinem Einfluß; er arbeitet mehr als jemals zuvor, er ist glücklich – und er schreibt alles mir zu, und nur mir räumt er das Recht ein, ihm auf den Fersen zu sitzen und ihn anzutreiben, eben weil ich selbst schreibe und schreiben kann. Zum Teufel, ja, ich bin stolz darauf, und ich betrachte seine Arbeit, als sei es meine eigene, und manchmal denke ich, es sei für mich wichtiger als alles andere auf der Welt, dem Dan ein paar gute Bücher abzuzwingen. Aber natürlich muß ich selbst schreiben und Erfolg haben, das ist die unumstößliche Bedingung für mich, sonst verliere ich vor mir selbst das Recht, Dans Gefährtin zu sein.

Maria mochte uns vom ersten Tag, und sie analysiert uns, mit Gefühl und Verstandesschärfe zugleich, und manchmal frage ich mich erschrocken, ob all das wirklich in mir ist. Von mir sagt sie, ich besäße einen ausgeprägt männlichen Geist und einen ausgeprägt weiblichen Körper – und deshalb eben sei ich die ideale Gefährtin für Dan, der so sehr der Kraft eines andern bedarf.
Caspar, der Lektor des Aufbau-Verlages, war gestern bei uns; er arbeitet mit Dan und wird, wenn ich Glück habe, auch mit mir arbeiten. C. schien sehr angetan, obgleich er nicht lobt noch tadelt. Er verbessert und streicht auch nicht – er schlägt nur vor und stellt dem Autor anheim. Er liebt Hemingway, und diese Liebe hat schon eine Verbindung von ihm zu mir geschaffen; Dan sagte, er habe geäußert, die Reimann ist eine hochinteressante Frau – und das will viel heißen bei C.

Petzow, 6. 5. 58

Frau R. ist abgereist, nicht ohne uns beim Abschied das Anerbieten zu machen, wir möchten sie in Leipzig besuchen und bei ihr wohnen; auch könnten wir zu jeder Zeit mit unseren Sorgen zu ihr kommen und dürften gewiß sein, daß wir wohlwollendes Verständnis und Rat bei ihr finden werden. Es ist blöd – aber wir waren einfach gerührt. Nein, es ist natürlich nicht blöd; Maria gehört zu dieser Sorte Menschen, die uns jugendliche Pessimisten lehren können, wieder an das Gute zu glauben. Es ist ein fast bestürzend köstliches Gefühl, zu wissen, daß es irgendwo einen klugen und reifen Menschen gibt, der an uns Anteil nimmt und für uns da ist und uns Asyl bietet in unserem Umhergetriebensein.
Mit Dan arbeite ich wunderbar zusammen. Er kommt mit jeder neuen Seite zu mir. Wir sprechen stundenlang darüber, und ich bin ihm eine strenge, ja harte Kritikerin. In der

Tat lege ich bei ihm höhere Maßstäbe an als bei mir selbst; und ich lasse ihm nichts und gar nichts durchgehen – eben weil ich solch Vertrauen setze in sein Talent.
Er weiß selbst, daß er sich immer mehr in die Abhängigkeit von mir begibt, aber es ist eine freiwillige und freudige Abhängigkeit, die zugleich auch mich an ihn fesselt. Und wie entfalte ich selbst mich unter seinem Einfluß! Es ist ein gegenseitiges Geben und Nehmen.

Mühlhausen, 15. 5. 58

Ich glaube jetzt, ich war sexuell ganz verkorkst, ganz dumm und unerfahren und verbogen – und weiß erst seit ein paar Wochen, was alles zwei Menschen sich Gutes tun können. Und wenn ich sage »sich Gutes tun«, so bezieht sich das nicht nur auf das Miteinanderschlafen, sondern – ewiger Kreislauf – auf das Ineinander der Gedanken und Empfindungen und auf die Arbeit. Früher glaubte ich, man könnte oder müßte das Körperliche vom Seelischen trennen. Jetzt weiß ich, daß es eine untrennbare Einheit ist.

Mühlhausen, 29. 5. 58

Wir haben keinen Pfennig mehr. Was soll werden? Vielleicht müssen wir hungern, aber das ist nicht das Schlimmste; eine Zeitlang kann man schon von trocken Brot leben. Ich halte es bestimmt aus, nur um Dan mache ich mir Sorgen; er ist eh so mager und müßte sehr gut essen. Hol's der Teufel, es wird eine scheußliche Zeit werden. Wenn wir darüber sprechen, sind wir immer für fünf Minuten niedergeschlagen, und dann lachen wir: Wenn wir nur zusammen sind, läßt sich das alles ertragen. Wir sind beide überaus wurstig in Finanzfragen – und außerdem sind wir Optimisten: Der liebe Gott verläßt einen braven Schriftsteller nicht.

21. 7. 58

Eigentlich wollte ich arbeiten, um das neue Vierteljahrhundert würdig zu beginnen, aber ich habe noch zuviel auf dem Herzen. Vor mir auf dem Arbeitstisch stehen fünfundzwanzig dunkelrote Rosen von Dan. An der linken Hand trage ich einen goldenen Ring mit einem wunderhübsch gewölbten Lapis. Heute nacht um zwölf hat Dan ihn mir geschenkt, als eine Art Verlobungsring.

22. 11. 58

Vorige Woche war mein erster Scheidungstermin. Ich hatte mich vorher mit G. geeinigt; er benahm sich vortrefflich, und die ganze Prozedur dauerte keine volle Stunde; zudem schien der Richter recht scheidungsfreudig, er quälte uns nicht mit Fragen nach intimen Vorgängen.
Ich hatte mir eine Scheidung sehr interessant, dramatisch und tränenreich vorgestellt, aber nun fand ich das Ganze recht trivial und langweilig.
Wir gingen in die Gerichtsschenke, tranken einen Schnaps und unterhielten uns noch eine Weile. Mir ist niemals so bewußt geworden, wie weit ich mich von G. schon entfernt habe. Worüber, um Gottes willen, haben wir früher überhaupt gesprochen. Dieser Trautes-Heim-Glück-allein-Standpunkt ist wahrhaft beklemmend.
Ich fühle mich jetzt wie jener Mann nach seinem Ritt über den Bodensee . . .
Wir haben uns verabschiedet wie gute Bekannte nach einer zufälligen Begegnung auf der Straße. Wenn ich G. wiedersehe, werde ich vielleicht noch erschrecken, sekundenlang Herzklopfen haben – aber ich werde kein Bedauern verspüren, keine Andeutung von Zurückverlangen, dessen bin ich sicher, ein für allemal.
Ruhe jetzt, kein Wort mehr über früher und damals, endlich

Frieden – und endlich, endlich Freiheit. Mein Gott, ich bin frei für Dan, für Dan, für Dan!

31. 12. 58

Zum erstenmal bereitet mir der Gedanke, ein ganzes Leben mit demselben Mann zubringen zu müssen (nein, zu dürfen!) kein Unbehagen mehr. Wer könnte schöner, klüger, gütiger, sanfter und stärker sein als Dan. Ich habe alle fremden Umarmungen vergessen.
Nein, es gibt nichts mehr außer ihm; ich gehöre ihm mit einer Ausschließlichkeit, zu der ich früher einfach nicht bereit gewesen bin. Ich zittere vor einem unglückseligen Zufall, der ihn mir wegnehmen könnte.
Ich habe dieses Jahr nicht einmal gute Vorsätze für das nächste Jahr. Mit Dan zusammen muß ohnehin alles gut und schön werden.
Ich beschließe jetzt für mich dieses letzte Jahr, das mein schlimmstes und herrlichstes war – und alles, was herrlich daran war, kam von Dan. Ich habe gefunden, was ich suchte – was will ich mehr?
Die Bilanz schließt mit Überschuß auf der Habenseite.

Petzow, 5. 2. 59

Wir arbeiten viel, zäh und unter Schmerzen. Unsere gelegentlichen erbitterten Streitigkeiten kommen aus der Arbeit: wenn Dan sich auflehnt gegen meine Antreiberei oder wenn ich ihn, in meinem krankhaften Emanzipationsdrang, bezichtige, er wolle mich unterdrücken, kleinkriegen – Hirngespinste, die zuweilen meine Vernunft überwuchern.
Ich habe die wertvollste, bewegendste Bekanntschaft seit Jahren gemacht: Bodo Uhse. Ein faszinierender Mann, still,

sehr kultiviert, voll schwermütiger Ironie. Dan, der vorzeiten als Uhses Protegé galt, schwärmte oft von ihm. Jetzt begreife ich ihn. Wir haben während der drei Tage manche Stunde zusammengesessen, wenig sprechend.
Gestern abend waren wir in der Kneipe an der Landstraße. Dan gab ihm ein Kapitel meines Romans, und heute morgen sprachen wir darüber. Uhse sagte, es gäbe nichts auszusetzen, ich schriebe mit erstaunlicher Kraft und Sicherheit. Das Thema sei so schwer, daß er sich nicht daranwagen würde, aber er sei überzeugt, ich werde es schaffen. Wir haben bei diesem Thema – der uralten Frage nach der Schuld – lange verweilt, so erfolglos wie alle vor uns, die die Frage nicht zu beantworten wußten. Schließlich neigte er – entgegen Caspar und Dan – meiner Ansicht zu, daß ich die Schuld Hendriks nicht verwässern dürfe durch Zufall, nur Befehlsausführung etc.
Als sein Wagen kam, gab er mir seine Adresse: er wolle uns wiedersehen, von meiner Arbeit erfahren, er erwarte auch Briefe. Kurz bevor er ging, sagte er: »Die Begegnung mit euch war sehr schmerzlich für mich. Ihr habt die Kraft, alles das zu schaffen, wofür mir die Kraft fehlt.«

22. 2. 59

Die Trauung im Standesamt Werder war denkbar schlicht, ohne sentimentale Rede. Dan schenkte mir einen wunderschönen rosa Nelkenstrauß und zwei Prachtbände vom Decamerone, ich ihm die Gesamtausgabe von Heines Werk. Von den Gästen im Heim bekamen wir Kleists Werke in einer alten Ausgabe... Überhaupt waren alle Leute schrecklich nett zu uns, bloß weil wir heirateten. Leider fühlte sich alles bemüßigt, uns von schiefgegangenen Ehen zu erzählen (jeder im Heim ist mindestens einmal geschieden), und Frau Marchlewska – eine prachtvolle höchst kultivierte Frau, mit der wir uns befreundet haben –

diskutierte mit uns am Abend vorher die freie Liebe und die »Ehe als Lüge«.
Heute habe ich zum erstenmal daran gedacht, meinen Namen aufzugeben und Dans Namen anzunehmen. Ich möchte ihm ein Opfer bringen – und es ist ein Opfer, das ich selbst niemals von mir erwartet hätte, erschien mir das Beibehalten meines Namens doch als Zeichen meiner Unabhängigkeit. Jetzt bin ich also im Begriff, sie – wenigstens formal – aufzugeben. Unbegreiflicher Gedanke. Dan ist so froh, und ich bin ein bißchen gekränkt durch meinen eigenen Entschluß, und zugleich bin ich fröhlich. Aber bin ich nicht ein neuer Mensch, seit ich ihn kenne! Warum soll ich nicht auch als Schriftstellerin neu beginnen unter anderem Namen, da ich längst über meine ersten Bücher hinausgewachsen bin? Ich muß es mir noch einmal durch den Kopf gehen lassen; es fällt mir tatsächlich schwer.

22. 6. 59

Ich weiß nicht, ob ich nach der Hochzeit das Tagebuch aufgeben wollte oder ob mich nur die Arbeit am Eintragen gehindert hat. In der Tat haben wir während der vergangenen vier Monate wild und verbissen geschuftet, und ich fürchte – ohne Erfolg.
Wir sind in der scheußlichsten und verzwicktesten Situation. Nicht genug, daß wir kein Geld haben (an diesen Zustand permanenter Armut gewöhnt man sich); neuestem Vernehmen nach laufen unsere Bücher schief. Wir sind zerschmettert, niedergeschlagen, am Boden zerstört. Wir fragen uns nach dem Sinn unserer Arbeit in einer Zeit, die anscheinend von Literatur (was wir unter Literatur verstehen) nichts mehr wissen will.
Ein sonderbarer, zerstörerischer Frühling! Seit Wochen herrscht schreckliche Dürre, die Felder verdursten, und die staubtrockene Erde reißt. Unsere schönen Gartenblumen,

die uns so viel Mühe gekostet haben, vertrocknen. Die Genfer Konferenz, von der wir uns so viel versprochen haben, ist ergebnislos abgebrochen worden. Wir marschieren weiter am Abgrund eines Krieges, systematisch in Unsicherheit und Angst gehalten.
Wir leben sehr glücklich miteinander. Wir streiten uns ganz selten, und das beständig uns verfolgende Unglück schmiedet uns immer fester zusammen. Ohne Dan wäre mir das Leben unerträglich.
Dan ist ein schwerer Schlag versetzt worden. Bei einer öffentlichen Diskussion über die »harte Schreibweise« ist sein Buch als warnendes Beispiel zitiert und diffamiert worden. Wir können beide nicht weiterarbeiten.

4. 7. 59

Vorige Woche haben wir mit Strittmatter gesprochen; er hat Dans Manuskript mitgenommen, und vielleicht wird sich endlich die unglückselige Situation klären.
Heute habe ich mir mein Buch wieder mal vorgenommen. Ich finde es gut, ich kann mir nicht helfen, und ich werde es zu Ende schreiben, ganz gleich, wann und wie. Und es wird rauskommen, und wenn ich von einem Verlag zum anderen hausieren gehen muß. Ich brauche auch Erfolg.
Vorhin ist mir eingefallen, daß ich in diesem Monat sechsundzwanzig Jahre alt werde. Freilich habe ich heute noch nicht am neuen Kapitel schreiben können; ich bin immer noch wie gelähmt. Irgendwie werde ich über diese verfluchte Lähmung hinwegkommen.

3. 8. 59 abends

Ich muß Dir unbedingt heute abend noch ein paar Zeilen schreiben, weil ich Dich morgen nicht sehen darf. Ich komme um vor Sehnsucht nach Dir, und in jeder Minute des Tages sind meine Gedanken bei Dir und nur bei Dir. Ich bin unglücklich und erschüttert, mein Liebster – nicht, weil Du das getan hast, sondern weil Du es ohne mich getan hast und weil Du zu glauben scheinst, Du dürftest mich nicht mit Dir, mit Deinen Sorgen und Deiner Verzweiflung belasten. Als wären es nicht auch meine Sorgen und meine Verzweiflung! Sind wir nicht immer ein Ganzes gewesen, in gleicher Weise beteiligt an jedem Glück und jedem Unglück, das wir hatten? Nun hat sich ein Teil gelöst und will sich aufgeben – und glaubt bei alledem auch noch, der andere Teil könne allein für sich lebensfähig bleiben ... Du weißt, Du solltest wissen, daß Du mich zum Tode verurteilst, wenn Du stirbst.

Zum erstenmal in unserem gemeinsamen Leben spüre ich einen schmerzlichen Riß zwischen uns. Warum bin ich nicht in der Nacht aufgeschreckt, warum habe ich nicht gefühlt, daß Du im Begriff bist, Dich allein auf jenen Weg zu machen? Bittere Erkenntnis, daß in seinen letzten Entschlüssen auch der nächste, geliebteste Mensch allein ist. Versteh mich recht, Dan: Ich bin weit entfernt davon, Dir auch nur den geringsten Vorwurf zu machen; ich verstehe Dich, und ich liebe Dich – wenn dies überhaupt möglich ist – mehr denn je zuvor.

Wenn ich Dir doch nur ein Jota Ermutigung geben könnte, ein Jota Glauben an Dich selbst, an Deine Zukunft! Ich habe heute wieder im Internatsbuch gelesen und es hat mir einmal mehr bestätigt, daß Du ein großer Dichter bist, hundertmal begabter als ich, und daß es nicht Liebesblindheit ist, wenn ich für die Zukunft alles von Dir erwarte. Was tut's, wenn noch ein paar Jahre darüber vergehen, ehe Du Dich durchgesetzt hast? Du bist jung, und ich will gewiß alles tun, Dir die Ruhe und Sicherheit zu verschaffen, die Du für Deine Arbeit brauchst. Ich flehe Dich an: Faß wieder Mut, laß Dich nicht treiben und laß mich um Gotteswillen nicht allein! Du bist meine Seele und mein Leben, meine Zuversicht und mein Halt, und ohne Dich ist nichts.

Du mußt Dich bemühen, recht schnell gesund zu werden. Wenn Du wiederkommst, werden wir verreisen, wir werden unsere Co-Produktion beginnen, und Du wirst wieder Zutrauen zu Dir haben, wenn – und dessen bin ich sicher – Dein Part um vieles schöner, klüger und stärker wird als meiner.
Ach, ich bin trotz allem so unendlich glücklich, einfach weil Du noch da bist.

Wernigerode, 12. 8. 59

Dan ist am vergangenen Sonnabend aus dem Krankenhaus entlassen worden, wo er eine Woche lag. Er hatte auf dem Bahnhof eine tödliche Dosis Tabletten genommen. Vati fuhr sofort zum Arzt und ließ einen Krankenwagen kommen.
Der Magen wurde ihm ausgepumpt, gegen Morgen war er außer Lebensgefahr.
Ich schrieb an Strittmatter und bat ihn, zu kommen und mit Dan zu sprechen.
Jene Aussprache in Berlin nämlich war denkbar unglücklich verlaufen. Sie war ein glatter Totschlag, ein Verriß von Dans Buch. Unqualifizierte Angriffe gegen den Helden, den sie als Kleinbürger abstempelten; gegen seine inneren Auseinandersetzungen, die sie Wehwehchen eines Intelektuellen nannten; sie verurteilten das Buch als »nichtsozialistisch« und wußten überhaupt viel besser als der ehemalige Betonarbeiter, wie es in der Schwarzen Pumpe zugeht. Man mußte wirklich den Eindruck gewinnen, daß das Buch nicht mehr zu retten sei. Strittmatter, der kein Theoretiker ist, sprach wenig. Immerhin bescheinigte er Dan eine große Begabung und rühmte seine Landschaftsschilderungen.
Und bei alledem glaubten diese Leute mit schöner Sicherheit, sie hätten dem Kollegen Schriftsteller den richtigen Weg gewiesen und ihm geholfen. Ach, diese schulterklopfende Helfergeste, diese nachsichtige Überlegenheit von

engstirnigen Kritikern, die natürlich alles viel besser wissen. Diese Kritik hat Dan, der ohnehin zermürbt war durch unsere permanente Notlage, den Rest gegeben.
Ich kann gewiß verstehen, daß er verzweifelt und unglücklich war; ich kann auch seinen Entschluß verstehen – niemals aber, daß er ihn ohne mich faßte, daß er mich allein lassen wollte und sogar noch glaubte, ich würde mich ohne ihn schneller durchsetzen.
Ich schrieb also Strittmatter, obgleich ich die leise Furcht hatte, er würde diesen Schritt Dans nicht begreifen, ihn lächerlich oder verächtlich finden. Nichts dergleichen. Zwei Tage später kam Strittmatter zu mir, wir sprachen uns aus und fuhren dann zusammen ins Krankenhaus. Strittmatter hat sich fabelhaft benommen. Er tat alles, Dan aufzurichten und zur Weiterarbeit am Buch zu ermuntern. Und ich glaube, es ist uns gelungen. Dan hat wieder Mut gefaßt. Und obgleich er sein Buch vorerst beiseite gelegt hat, ist er entschlossen, eines Tages wieder mit der Arbeit zu beginnen. Auch materiell hat uns Strittmatter geholfen, er hat uns Geld dagelassen und ein Stipendium versprochen, das uns über die schlimmste Not hinweghelfen wird. Auch unseren Umzug nach Hoyerswerda (wo wir uns nächste Woche vorstellen werden) bezahlt der Verband. Die drückendsten Sorgen sind wir los. Ich denke, Strittmatter erwartet einiges von Dan und auch von mir, sonst hätte er uns nicht einen ganzen Tag seiner kostbaren Zeit geopfert. Wir haben den besten Eindruck von ihm gewonnen: Er ist feinfühlig und kein Dogmatiker, und er sorgt sich ehrlich und teilnehmend um seine Mitglieder, zu deren jüngsten wir gehören.

22. 8. 59

Vor ein paar Tagen haben wir begonnen, zusammen ein Hörspiel zu schreiben, eigentlich eine ganz belanglose undramatische Geschichte, die während einer Nacht in der

Schwarzen Pumpe spielt. Es macht uns Freude, gemeinsam zu arbeiten, die Geschichte gefällt uns – aber wir sind sehr skeptisch geworden und planen einen Mißerfolg gleich ein.

12. 9. 59

Vorige Woche waren wir in Hoyerswerda, wir fuhren auf gut Glück, um dem albernen und fruchtlosen Briefwechsel ein Ende zu machen. H. ist überwältigt, das Kombinat von einer Großartigkeit, daß ich den ganzen Tag wie besoffen herumlief. Beschreibung will ich mir hier versagen; H. und das Kombinat werden noch oft genug – falls dies literarisch überhaupt zu bewältigen ist – in Erzählungen oder sogar einem Roman auftauchen.

Wir wurden überaus freundlich aufgenommen, wir bewohnten im Hotel »Glück auf« ein ganzes Appartement und fanden unbürokratische Hilfe bei der Kaderleitung und der Gewerkschaft. Mit einem Posten in der Kultur ist es freilich nichts; wir haben zusammen eine Planstelle in der Produktion bekommen, als Laborarbeiter. Stundenlohn: 1,56. Dazu gibt uns die Gewerkschaft zweihundert Mark monatlich, und dafür machen wir Buchbesprechungen usw. Wir können uns also recht gut unsern Lebensunterhalt verdienen. Zum Schreiben bleibt uns allerdings nicht allzuviel Zeit.

Unser Laborchef ist von erfrischend ruppiger Ehrlichkeit; ich glaube, er verspricht sich nicht allzu gewaltige Produktionsleistungen von den spinnerten Schriftstellern.

Ich habe Angst, ganz jämmerlich Angst, zu versagen und das Gespött oder auch Mitleid der andern herauszufordern, wenn ich körperlich schlappmache. Es fällt mir so schwer, stundenlang zu stehen oder herumzulaufen. Natürlich wird mir diese Schwäche niemand zum Vorwurf machen, aber der Gedanke ist mir schrecklich, daß ich vielleicht nach kurzer Zeit schon um andere Arbeit bitten muß. Man fuhr uns den ganzen Morgen in der Neustadt herum; ich war

bezaubert von den bunten Wohnblocks, von dem gewaltigen Bauvorhaben begeistert. Eine schöne, moderne Stadt wächst hier, und ich werde ihr beim Wachsen zusehen. Eine optimistische Landschaft – vielleicht kann ich hier gesund werden. An die entgegengesetzte Möglichkeit mag ich gar nicht erst denken.
Das Neue Leben will »Die Frau am Pranger« in einer Taschenbuchausgabe bringen, das Honorar aber erst im nächsten Jahr zahlen. Es ist so demütigend, überall um Geld kämpfen zu müssen...
Ich bin so traurig, wenn ich an den Abschied von Burg und von Vati und Mutti denke. Gewiß, wir gehen einem schönen, aufregenden und produktiven Abenteuer entgegen, und ich werde auch niemandem sagen, wie mir ums Herz ist und daß ich feige bin und vor allem, allem schreckliche Angst habe. Dan ist glücklich. Ist das nichts?

4. 10. 59

Unsere chronischen Geldsorgen sind – auf wie lange Zeit? – behoben. Vorige Woche waren wir in Berlin. Caspar hat sich für mich verwendet (wie so oft schon!) und einen neuen, sehr anständigen Vertrag für »Das Geständnis« gegeben. Die erste Rate wurde uns sofort bar ausgezahlt – lieber Himmel, war das ein Gefühl, endlich wieder ein paar Hundertmarkscheine in der Tasche zu haben, Schulden abzahlen zu können und nicht mehr wie ein Häufchen Garnichts an den Schaufenstern vorbeischleichen zu müssen. Dan hat mich mit Geschenken überschüttet; für sich selbst verlangt er nichts, und ich mußte ihm lange zureden, ehe er sich wenigstens ein Paar Schuhe kaufte, die er nötig braucht.
C. hat mir zum erstenmal Talent bescheinigt – eine Art Routinetalent freilich, wie er es nannte; er glaube, ich sei faul und alles fliege mir von selbst zu. Ein Jota Wahrheit ist

schon daran, aber was weiß der Caspar von meinen inneren Quälereien, von den durchgrübelten Abenden und den Stunden der Depression... Er hatte früher entschieden abgelehnt (nicht ohne Grund, denn er ist stark belastet), richtig eingehend mit mir zu arbeiten; diesmal zeigte er sich dem Vorschlag, ein paar Tage systematisch Seite für Seite durchzuarbeiten, zugänglicher: Er verlangt noch zwei Jahre Arbeit von mir, dann, meint er, wird er mir wirkliche Literatur abgezwungen haben. Ich hielt dagegen, daß mein künstlerisches Vermögen noch nicht ausreicht, aber das wollte er nicht glauben und bezichtigte mich der Koketterie. Dabei weiß ich genau, daß ich noch nicht so viel kann, wie er von mir erwartet; soweit kann ich mich und meine künstlerischen Grenzen schon einschätzen.

11. 11. 59

Eben habe ich meine Tagebücher aus den Jahren 1947 bis 1953 verbrannt – wohl zwanzig Stück –, und jetzt tut mir das Herz weh, als hätte ich etwas Lebendiges vernichtet, irgendein Teil von mir selbst. Die vielen hundert Seiten, bedeckt mit einer kindlich krakeligen und später einer affektiert schwungvollen Handschrift..., die vielen tausend Stunden meiner Schülerleiden, alle die winzigen und gewichtigen Erlebnisse, Tag für Tag gewissenhaft aufgezeichnet..., ich könnte jetzt alle die Tränen weinen, die über diesen Tagebüchern geweint worden sind. Warum tut es mir nur so verdammt weh? Drei Bücher über meine erste richtige Liebe, die süßen und schmerzlichen Erfahrungen..., meine unausgereiften Philosophien, feurige Wünsche (wollte ich nicht Negermissionar werden?!), meine überströmend begeisterten Bekenntnisse – doch, jetzt weine ich. Ich habe meine Kindheit und Jugend verbrannt, meine Erinnerungen, an die ich nicht mehr erinnert werden will.
Wären die Tagebücher nur wenig sachlicher und nüchterner

(wann werde ich wirklich jemals nüchtern?), so hätten sie wenigstens einigen dokumentarischen Wert, berichtete ich doch sehr ausführlich über politische Ereignisse, über unsere ideologischen Kämpfe in der Schule, über meine Arbeit als FDJ-Multifunktionärin, über meine Lehrerinnenzeit und meine lieben kleinen Schülerinnen (die heute junge Damen, viele von bemerkenswerter Schönheit, sind), über unsere Kulturgruppe und dergleichen. Jedoch ist das alles verquickt mit meinen ewigen Liebesgeschichten, und ich lese heute mit Beschämung von meinen hundert Liaisons; von Freunden, die ich nicht mehr kenne; einem Verlobten, dessen ich mich kaum erinnere; von meiner nahezu krankhaften Unstäte und immer neuer Entflammung... Was für eine unangenehme Frühreife spricht aus den ersten Büchern, was für ein unduldsamer Geist aus späteren! Schöne, mit Glut vorgetragene Bekenntnisse stehen neben boshaften oder sogar bösartigen Bemerkungen, abgeschmacktes Gestammel neben Gedanken der ernsthaften und aufrichtigen Auseinandersetzung mit den Erscheinungen der Umwelt.
Ich glaube, ich bedaure, dies alles in den Ofen geworfen zu haben. Freilich ist es auch Ballast, und letztlich geschah es Dans wegen, daß ich endlich mit jenen Rudimenten der Vergangenheit aufräumte.

12. 11. 59

Als ich heute früh die Asche aus dem Ofen nahm – feine, schneeweiße zartblättrige Asche –, war ich töricht genug, zu staunen. Als hätte ich nicht damit gerechnet, daß sich die Zeugnisse von zehn Jahren während weniger Minuten in Asche verwandeln könnten... Heute früh habe ich das Vernichtungswerk fortgesetzt: Briefe, Hunderte von Briefen, Zeitungsausschnitte, Bilder und alte Manuskripte. Einige wenige Reliquien habe ich aufgehoben.
Ich bin so verwirrt, erfüllt von traumhaft-unwirklichen

Empfindungen. Wie werde ich heute zu meiner Arbeit zurückfinden können? Ich hätte diesen ganzen Plunder nicht noch einmal lesen sollen. Nur die letzten Seiten im Tagebuch von 1958: ein junger und schöner Mensch mit herrlichen Augen, mit mageren nervösen Händen . . ., eine Begegnung wie keine andere zuvor; meine Furcht, auch dieser Traum werde wieder zerrinnen; die Ahnung von einem ungeheuren Ausmaß an Glück und Schmerzen; die immer wiederkehrende Frage: Und wann wird es zu Ende sein?
Wenn ich nachts aufwache, liegt sein Kopf an meiner Schulter. Dan ist wirklich – mein Gott, wem soll ich dafür danken?

7. 12. 59

Mein Hörspiel habe ich in vierzehn Tagen geschrieben; eine sündhaft kurze Zeit, aber ich habe wirklich bis zur Erschöpfung gearbeitet. Hoffentlich nimmt es der Rundfunk. Vorher haben wir gemeinsam ein Hörspiel geschrieben und zum Wettbewerb eingesandt. Anfangs ist uns die Kollektivarbeit verdammt schwergefallen, und wir haben erst über erbitterte und unfruchtbare Streitigkeiten einen Weg der Verständigung gefunden. Am Ende fanden wir das Spiel recht blöd und primitiv, und wir waren sehr erstaunt, als Caspar, der es gelesen hat, uns schrieb, er halte es für eine runde gute Sache und er sei froh, daß wir einmal von unserer Manieriertheit gelassen haben. Sollten wir wirklich ein so unzuverlässiges eigenes Urteil haben?
Ich habe einen Vorschuß auf »Die Frau am Pranger« und das Honorar für meine Erzählungen »Das Geständnis« bekommen. Sie werden im Frühjahr im Aufbau-Verlag erscheinen. Ich habe sie nach einem Bericht von Staatsanwalt K. geschrieben, den ich wegen einer Rechtsfrage in meinem Roman konsultiert hatte. Caspar hat sich geärgert:

Er hält »Das Geständnis« für einen Beweis, daß ich ein Routinetalent habe, das es mir gestattet, in vier Wochen eine anständige Erzählung zu schreiben – und für eine Herausforderung: ich hätte ihm damit nur zeigen wollen, daß ich auch einen Arbeiter zum Mittelpunkt eines Buches machen kann. Übrigens hat er nicht ganz unrecht – aber warum mußte er mir auch vorwerfen, ich könne nur über Kleinbürger und Intellektuelle schreiben?

11. 12. 59

Seit drei oder vier Tagen sitze ich entmutigt vor einer weißen Heftseite und versuche den Handlungsfaden meines Romans da wieder anzuknüpfen, wo er vor mehr als einem Vierteljahr abgerissen ist. Freilich bin ich jetzt gerade an einem neuralgischen Punkt – Hendriks Erzählung von seinen Verbrechen in der SU –, und das macht die Anknüpfung noch um einiges schwieriger. Der Stoff ist mir nicht mehr so nah, und ich muß meine Person wieder kennenlernen wie Freunde, die man lange Zeit aus den Augen verloren hatte. Ich habe mich nun doch entschlossen – nach endlosen Streitereien mit Caspar und nervenaufreibenden inneren Auseinandersetzungen –, den ersten Teil des Buches »Johanna« noch einmal ganz neu zu schreiben. Dieses bunte, traurige und doch ein wenig verrückte Frauenzimmer wird dadurch zwar langweiliger, aber wenigstens entwicklungsfähiger, und ich hoffe, man wird ihr – in der neuen Konzeption – ihre Entscheidungen bereitwilliger glauben als jetzt.

13. 12. 59

Heute morgen, am dritten Adventssonntag, ist ein Eilbrief vom Kombinat gekommen: Die Wohnungen sind fertig, wir können umziehen.

Ich weiß nicht, wie ich ohne meine prächtige, immer fidele, immer hilfsbereite Mutti auskommen soll.

18. 12. 59

Wir übersiedeln erst am 6. Januar; früher können wir keinen Möbelwagen bekommen. Auch gut, so verleben wir Weihnachten noch zu Hause.

27. 12. 59

Dan sagt, ich sei ein Arbeitstier. Und in der Tat, wenn ich zwei oder drei Tage nicht zum Schreiben gekommen bin – durch irgendwelche läppischen und zeitfressenden Haushaltsgeschäfte –, werde ich krank und hysterisch. Ich brauche die Arbeit wie – wirklich beinahe wie ein Rauschmittel; sie ist einfach ein Glück, eine Selbstbefriedigung, ein zugleich egoistisches und altruistisches Vergnügen ... Abgesehen von jenen Schriftstellern, die für Geld oder zur bloßen Information und Tatsachenvermittlung schreiben, habe ich noch keinen ernsthaften und ernstzunehmenden Autor gefunden, der die Stirn hatte, zu behaupten, er schriebe in Gedanken an den Leser; für jeden ist die Arbeit eine Auseinandersetzung mit sich selbst, und vermutlich besteht die Kunst eben darin, diese Selbstverständigung allgemein interessant und für einen möglichst großen Leserkreis nachempfindbar zu machen.

31. 12. 59

Jetzt hören wir – wie jedes Jahr am letzten Tag – die Neunte Sinfonie, und ich glaube, ich höre sie heute nicht mehr mit dem konventionellen Enthusiasmus wie früher; durch Dan

habe ich ein neues oder, besser, überhaupt erst ein bescheidenes Verhältnis zur Musik gewonnen.
Der Heilige Abend war noch sehr schön. Dan hat sogar etwas für mich gebastelt: ein aus einer Silberplatte gesägtes Lesezeichen, die Silhouette unserer Schwarzen Pumpe darstellend, mit den drei Schornsteinen und Kühltürmen. Aber sosehr man sich auch bemüht, etwas von den süßen Schauern der Kindheit zurückzuholen – es will nicht mehr recht gelingen. Es gibt noch kurze Augenblicke dieser versunkenen Seligkeit, aber der goldene Glanz ist weg und nicht zurückzuzaubern. Vielleicht werden wir wieder einen Hauch davon verspüren, wenn wir ein Kind haben...
Der Schlußchor aus der Neunten... Großer Gott, noch ein paar Zeilen bei dieser überirdischen Musik, und ich fange doch noch an, Veredelungsbeschlüsse für die Zukunft zu fassen. Dabei bin ich überzeugt, daß das nächste Jahr so schwer, arbeitsreich und sicher sehr oft niederdrückend und erfolglos sein wird wie kaum eines zuvor. Das Abenteuer Schwarze Pumpe rückt uns auf die Haut, und ich fürchte, wir sind ihm nicht gewachsen.

Hoyerswerda 1960-1968

8. 1. 60

Wir sind so gut wie ohne Bruch hier gelandet, und vorläufig finde ich es noch gräßlich hier. Gestern habe ich den ganzen Tag geheult vor Heimweh. Es ist schwer, sich an so ein Riesenhaus zu gewöhnen, wo in jeder Wohnung gelärmt wird und irgendwelche Bälger brüllen. So schön wie bei uns zu Hause ist es nicht – trotz unserer eigenen Wohnung, die zwar sehr hübsch und ganz geräumig, aber furchtbar verdreckt ist. Bis jetzt haben wir bei allem Fleiß erst die Küche so halbwegs bewältigt; mein Zimmer ist noch ein Schlachtfeld und Dans Zimmer eine Rumpelkammer.

12. 1. 60

Heute sieht es schon recht sauber und gemütlich bei uns aus. Wir mußten uns auch über allerhand Pfuschereien und Fehler ärgern: die Badewanne lief, in Dans Zimmer war Putz von der Decke gefallen, Lampenfassungen und Steckdosen funktionierten nicht und dergleichen. Zum Glück hat Dan schon Beziehungen zu einem Meister von der Bau-Union, der uns bevorzugt und sofort Reparaturleute geschickt hat.
Jetzt fühlen wir uns schon ein bißchen besser hier; man gewöhnt sich ja so rasch an eine neue Umgebung, und

unsere Wohnung ist wirklich sehr hübsch (wenn sie in Burg wäre, fände ich sie einfach ideal), und am angenehmsten ist die Fernheizung. Der Umzug hat übrigens vorzüglich geklappt, unsere Träger waren nette und sorgsame Leute. Mit dem Wetter haben wir auch Glück gehabt; jetzt herrscht eine Hundekälte, es hat geschneit, und hier draußen, wo überall offenes Gelände ist, pfeift ständig ein eisiger Wind.
Von unserem Küchenfenster aus können wir eine Straße entlangblicken und zusehen, wie das Haus am Ende der Straße buchstäblich von einem zum anderen um ein Stockwerk wächst. (Natürlich wird nur mit Großplatten und Kränen gearbeitet.) Es ist schon eine tolle Stadt – wenn sie bloß nicht so weit weg wäre von B.
Ich kann mich wirklich für H. begeistern – aber zu Hause werde ich mich hier nie fühlen, glaube ich. Eigentlich betrachte ich H. nur als eine Art Durchgangsstation, selbst wenn wir mehrere Jahre hierbleiben sollten. Richtig gernhaben werde ich H. wahrscheinlich erst viel später, wenn ich mal darüber schreibe und längst woanders wohne – aber das sind Spekulationen, die man heute noch nicht anstellen sollte. Wenn es dunkel wird, ist H. am romantischsten mit den vielen erleuchteten Fenstern und den Lampen in den breiten Straßen. (Gepflasterte Straßen gibt es kaum; unsere liegt noch voller Baugerümpel und Sandhaufen – aber in gewisser Weise ist auch diese Unaufgeräumtheit romantisch.)
Eben ist Dan hereingekommen, und wir haben beide festgestellt, daß uns übel ist. Wahrscheinlich bekommt uns der bescheidene Ruhetag nicht, den wir heute mal eingeschoben haben; vorher haben wir uns trotz – oder vielleicht gerade wegen – der angestrengten körperlichen Arbeit sehr wohl gefühlt. Wir haben ordentlich grobe Hände bekommen bei der Schinderei.
Dan ist ein fabelhafter Hausvater. Ohne ihn wäre ich niemals mit der Wohnung zurechtgekommen und sicherlich am zweiten Tag schon ausgerückt. Wenn es überhaupt Idealmänner gibt, dann ist Dan einer.

Wir haben uns schrecklich gefreut, daß wir schon Grüße und sogar ein Päckchen aus der Neuendorfer Straße bekommen haben; Ihr könnt Euch gar nicht vorstellen, wie sehr wir Euch alle vermissen: daß man einfach nicht ein Stockwerk höher steigen und mit euch schwatzen kann, und daß Du, liebe Mu, nicht mehr mittags bei uns reinschaust. Es ist scheußlich, so allein in einer fremden Stadt und in einem Riesenhaus zu sein. Aber Ihr dürft Euch keine Sorgen machen, wir werden uns schon durchboxen, und sicherlich ist es gut, daß wir hier auf eigenen Füßen stehen und mit allem fertig werden müssen.
Morgen fahren wir ins Kombinat und melden uns an, und vielleicht wird es auch im Labor nicht so schlimm werden; wir merken schon hier im Haus, daß wir als Schriftsteller freundlich und höflich behandelt werden. Solange wir uns nicht affig benehmen – und das werden wir bestimmt nicht –, wird man uns das Leben nicht schwermachen.

13. 1. 60

Ein paar Nachrichten in Schlagzeilen:
Dans Geld von der Wochenpost – hundertvierzig Mark – ist endlich eingetroffen. (Lest Ihr übrigens meine Erzählung mit? Hier im Haus wird sie auch gelesen, und bei der Familie unseres Hausvertrauensmannes bin ich schon »unsere Brigitte Reimann«.)
Nächstens fotografieren wir unsere Wohung. Dan ist so stolz auf sie und möchte die Bilder an seine Eltern und Geschwister schicken, damit sie sich überzeugen können, daß man nicht nur im Westen modern baut, sondern auch das »arme Reich des Ostens« – wie sein Bruder es nennt – was zu bieten hat.
Heute kommt hoffentlich der Mann mit dem Nagel-Colt, um uns die Haken für Bilder und Spiegel in die Wände zu schießen. Bis jetzt haben wir noch nichts aufhängen können,

kleinere Nägel will Dan selbst eindübeln, und er wird es bestimmt schaffen.
Dan hat sich durch die Arbeit wieder die Handgelenke ruiniert. Wir beschimpfen uns jeden Tag wegen der blödsinnigen Idee, als armselige kleine Wracks in einen industriellen Schwerpunkt zu marschieren. Ihr müßtet mal die Tiefbau-Athletinnen sehen, die in unserer Straße schippen! Die pusten uns glatt um.
Gestern abend hatten wir zum erstenmal Gäste. Die S.s waren da, sie wünschten uns sehr herzlich Glück und Erfolg in der neuen Umgebung. Es war wirklich ein netter Abend mit den beiden, obgleich wir altersmäßig so weit auseinander sind, und wir wollen uns so oft wie möglich mit ihnen treffen. Wenn Besuch da ist und getrunken und laut gesprochen und gelacht oder über Literatur gestritten wird, fühlt man sich wenigstens nicht so einsam und verlassen. S. hat es auch nicht leicht (obgleich er durch seinen Vertrag mit dem Kombinat gut verdient), und gemeinsame Ärgernisse und Enttäuschungen verbinden ja immer. Vielleicht finden wir nach und nach noch ein paar Leute, mit denen zu verkehren sich lohnt und einem ein bißchen Freude macht.
Du schreibst, wir könnten ja jederzeit nach B. fahren – das ist vor allem, zur Zeit jedenfalls, eine Finanzfrage. Wir müssen sparen, unser Geld ist kläglich zusammengeschnurrt.
Wir lernen endlich den Ernst des Lebens kennen (zum hundertstenmal seit der Konfirmation) und ich habe ein bißchen Existenzangst. Eigentlich dürfte ich das nicht schreiben; wenn Dan nachher den Brief liest, wird er sich ärgern oder bekümmert sein, und er wird behaupten, ich machte wieder in Panik – aber er selbst kann sich auch kein Geld aus den Ärmeln schütteln.
Übrigens, habt Ihr schon meine Bilder abgeholt? Ich brauche welche. Vor einigen Tagen bekam ich einen Brief aus der Ukraine, in dem ich von einem russischen Leser um ein Bild gebeten wurde. Ulkig, was? Natürlich bin ich auch

stolz, daß »Die Frau am Pranger« in der SU gefallen hat, und vielleicht ergibt sich später mal eine Gelegenheit, nach Kiew zu reisen.

21. 1. 60

Die ersten Tage waren schlimm. Ich war krank vor Heimweh und habe stundenlang geweint. Wie ein eigensinniges Kind habe ich nach Mutti gejammert. (Ich bin sechsundzwanzig, du lieber Himmel!)
Zuerst habe ich dieses Haus verabscheut, das einer Riesenbienenwabe gleicht, vollgestopft mit bedrohlich fremden Menschen und stets von Lärm erfüllt; ich hatte misanthropische Regungen, die nur entschuldbar sind, wenn man die idyllische Ruhe bedenkt, die unser Stadtrandhaus umgab, und das immerwährende Zusammensein mit vertrauten geliebten Menschen. Diese ganze Stadt H. war mir unsympathisch in ihrer aufdringlichen Neuheit (obgleich ich recht gut weiß, was die schönen, komfortablen Wohnungen für unsere junge Stadt und für die Bewohner bedeuten, die zum größten Teil aus engen und beengenden Verhältnissen kommen); sie hat keine Tradition, keine Atmosphäre, sie ist nur modern. Gewiß ist dies nicht ohne Romantik – aber es ist *ein* Ding, für einen Tag schwärmerisch besichtigend durch die von Balken und Bauschutt unebenen Straßen zu wandeln, und es ist ein *ander* Ding, selbst in dieser Stadt zu wohnen, als einer unter Tausenden.

3. 2. 60

Wir denken jetzt oft an das arme, beneidenswerte Gretchen, das Tag für Tag auf seinen Krümel wartet. Einen schönen Gruß! Sie muß froh und glücklich sein, daß sie ein Baby haben darf, und wir beneiden sie sehr. Wir haben auch mächtigen Appetit auf ein Baby; unser Hausbuchmann (der

Kakteenzüchter, von dem wir inzwischen sogar eine »Königin der Nacht« bekommen haben, die er sich unter Qualen vom Herzen gerissen hat) hat vier Jungen, und der Jüngste ist öfter mal bei uns oben. Eine furchtbar komische Nudel, kugelrund, drei Jahre alt und mit riesigen braunen Augen und krummen Beinen, er kann noch kaum sprechen und nuschelt bloß so ulkiges Zeug.

Du fragst, ob wir auch regelmäßig kochen. Jawohl! Das Küchenregiment ist auf mich übergegangen, ich koche jeden Tag und sogar gut. Dan ist begeistert von meinen Künsten, es schmeckt ihm fabelhaft. In den beiden letzten Wochen war es gar nicht einfach, mit den überaus bescheidenen Zutaten noch etwas Anständiges auf den Tisch zu bringen, aber ich habe es geschafft und bin stolz darauf. Ich habe Deinen Rat befolgt und richte es immer so ein, daß ich aus dem Essen vom vorigen Tag – mit ein paar neuen delikaten Zutaten – am nächsten noch mal was Originelles basteln kann. Trotzdem frißt die Küchenarbeit eine Menge Zeit.

Ob Caspar schon im Februar kommt, wissen wir noch nicht, vorläufig hat er mein Manuskript nicht mal lesen können, weil er – wie gewöhnlich – bis über die Ohren in Arbeit steckt. Aber das macht nichts, dadurch haben wir desto mehr Zeit, noch an meinem Mädchenbuch (»Ankunft im Alltag«) zu schreiben. Wenn es gelingt, werde ich dem Verlag Neues Leben einen Vertrag aus den Rippen leiern, der sich gewaschen hat, noch einmal lasse ich mich nicht so übers Ohr hauen wie mit der Taschenbuchausgabe der »Frau am Pranger«. Wenn ich nach Hause komme, werde ich Euch ein Serbisches Reisfleisch kochen, nach dem Ihr Euch die Finger ablecken sollt.

Von Rundfunks haben wir noch nichts wieder gehört. Dabei haben wir noch ein anderes Hörspiel auf Lager und wollen es, wenn es unsere Zeit erlaubt, bald zu Ende schreiben. (Wir haben nämlich, auch wenn es unmoralisch ist, die feste Absicht, hier eine Masse Geld zu verdienen, damit wir endlich, endlich mal die Romane schreiben können, auf die

wir Appetit haben.) Aus dem Labor werden wir flüchten, sobald es geht – es ist wirklich Quatsch, unsere kostbare Zeit dort zu vertrödeln, wo unsere Arbeit ohne wirklichen Nutzen für das Kombinat und für uns ist. Lieber arbeite ich gelegentlich in einer Brigade mit, über die ich nachher schreiben kann. Für mein Mädchenbuch brauche ich sowieso die Verbindung zu einer Jugendbrigade, aber solange wir im Labor sind, bleibt keine Stunde für diese wichtigere Aufgabe frei. Na ja, das wird sich schon alles einrenken.
Wenn hier bloß nicht immer so weite Wege zurückzulegen wären! Die Entfernungen vom Kombinat zur Neustadt und gar erst zur Altstadt, das ewige Warten auf einen Bus (manchmal fahren sie einfach vorbei, und man kann eine Stunde lang stehen) – das ist alles verlorene Zeit.

8. 2. 60

Gestern habe ich das erste weiße Haar bei Dan entdeckt und ausgerissen; ich war so erschrocken – feierlich erschrocken –, daß ich einen Wodka darauf trinken mußte. Vorige Woche schlossen wir den Vertrag mit dem Kombinat. Sie hatten den bedeutenden Akt recht würdig vorbereitet, mit gutem Wein und belegten Brötchen (ich glaube, sie halten Schriftsteller für immer hungrige Leute), und sie waren recht sauer, als wir gegen den Vertrag Einwände erhoben und betonten, daß auch unser Verband ein Wort dabei mitzureden hat. Fast hätte es Streit gegeben, und ich mußte mit einiger Schärfe erklären, daß wir keineswegs als Privatpersonen hier sitzen und daß hinter uns genausogut eine starke Gewerkschaft steht wie hinter den Kombinatsvertretern. So einigten wir uns schließlich und unterzeichneten in tiefstem Frieden den Vertrag.
Übrigens haben wir auch wegen der praktischen Arbeit eine bessere Lösung gefunden: Wir werden, jeder für sich, eine sozialistische Brigade übernehmen – wir brauchen diesen Kontakt.

11. 2. 60

Seit einer Woche führe ich ein Haushaltsbuch, um mal zu testen, wieviel wir durchschnittlich im Monat brauchen. Obgleich wir selbst bescheiden leben, kommt immer eine ganz hübsche Summe zusammen (das sind die kleinen Nachteile, die unsere Gastfreundschaft so mit sich bringt – aber wir bedauern sie nicht, denn wir ziehen daraus moralischen Gewinn); allein das Fahrgeld frißt einen großen Teil der bescheidenen Zuwendung vom Kombinat.

(Große Pause)

Vorhin habe ich mich unterbrechen müssen und kann jetzt den zweiten Teil mit einer guten Nachricht beginnen. Dan hatte eine Erzählung von zwölf Seiten an die »Wochenpost« geschickt, und heute nachmittag kam die Redakteurin aus Berlin zu uns, um noch einige winzige Änderungen mit ihm zu besprechen. Vor allem wollte sie wohl sehen, wie wir leben. Sie sagte mir, Dan sei ein unerhört begabter Junge und könnte noch sehr viel erreichen. Ich war blödsinnig stolz (und ein bißchen neidisch – das läßt sich nicht vermeiden unter Kollegen); der Besuch bei uns war ja auch ein Beweis, wieviel der Redaktion an Dan – und auch ein wenig an mir – gelegen ist.

Wir sollen möglichst viel für die Wochenpost schreiben – einen festen Auftrag für den ersten Mai hat Dan schon bekommen. Es wäre natürlich großartig, wenn man dort so eine Art Hausautor werden könnte.

14. 2. 60

Wieder – oder immer noch – verstimmt, nervös, aufgbracht gegen jeden und alles. Verfluche das Nest und die Idee, hierherzukommen – und weiß dabei, daß ich übermorgen oder nächste Woche wieder beglückt sein werde, durch irgendein nichtiges Erlebnis, die Begegnung mit einem Menschen, der mir gefällt.

Vorige Woche hat sich der Zirkel schreibender Arbeiter konstituiert. Wir lesen Manuskripte, empfangen schreibende Arbeiter, stundenlange Diskussionen.

15. 2. 60

Nachts Alpträume, jede Nacht Mord und Totschlag und das große weiße Gespensterpferd, das mit bleckenden Zähnen lacht. Morgens wache ich schweißüberströmt auf.
Ich lese jetzt – mit Eifersucht, Empörung, Neid und Anteilnahme – das verrückte Tagebuch der Gräfin zu Reventlow... Mein Gott, wie hat sie sich ausgelebt! Und wie verlogen ist sie, wie wild, wie lasterhaft und begabt – ein Vollweib. (Das ist ein dummes und abscheuliches Wort, aber es bezeichnet die Gräfin am besten.) Ich fühle mich ihr ein wenig verwandt.

16. 2. 60

Nachts wieder Träume von Atomexplosionen, Rauchpilze in verbrannter Landschaft. Ich habe Hiroshima ein dutzendmal im Traum erlebt.

17. 2. 60

Leider muß ich Dir mit der Hand schreiben; es ist schon ziemlich spät, und wenn ich die Schreibmaschine nehme, hört mich der ganze Block tippen.
Du fragst nach meinem Jugendbuch. Ich arbeite sehr angestrengt daran, denn ich will spätestens nächste Woche die beiden ersten Kapitel an das Neue Leben schicken – obgleich ich eine Stinkwut auf diese geizigen Brüder habe. Aber wenn es ihnen gefällt und sie Appetit drauf kriegen, müssen sie auch dafür bluten... Die Pest über das ganze Pack!
Ich werde Dir einen Durchschlag mitbringen. Dein Urteil interessiert mich sehr, denn das Buch wird vor allem für

Mädchen in Deinem Alter und von Deiner Schulbildung geschrieben. Es ist die Geschichte von drei Oberschülern – einem Mädchen und zwei Jungs –, die ihr praktisches Jahr im Kombinat machen und dabei natürlich eine Menge Schwierigkeiten zu überwinden haben. Klar, daß auch eine Brigade mitspielt, und ich möchte »meine« Schweißerbrigade als eine Art Modell nehmen. Hier passieren wirklich viele spannende Sachen. Bloß – offen gestanden: Ich weiß noch gar nicht, wie mein Buch eigentlich weitergehen soll; bis jetzt kenne ich nur meine drei Hauptpersonen und stelle sie im ersten Kapitel vor. Aber was sie erleben sollen – keine Ahnung! Das klingt ganz gewissenlos oder mindestens leichtsinnig, nicht wahr? Aber manchmal werden gerade die Bücher am besten, bei denen der Schriftsteller am Anfang noch gar nicht weiß, was aus seinen Helden mal werden soll. Und außerdem gehe ich ja deshalb in eine Brigade. Nächsten Mittwoch lerne ich sie kennen; es sind Schweißer und Rohrleger – achtzehn Männer und fünf Frauen. Vielleicht findet sich dort ein leichter Job für mich; schließlich muß ich ja auch mal mitarbeiten.
Nun zu Deinem Berufswunsch: Hast Du Dir das auch gut überlegt? Natürlich ist es in Ordnung, wenn Du schneidern lernst, bevor Du das Studium beginnst – aber soviel ich weiß, sind Berufe wie Modezeichnerin (wofür Du noch dazu ein ausgeprägtes Zeichentalent brauchst) und Kunstgewerblerin ziemlich überlaufen, und man wird wohl auch nicht besonders bezahlt. Du mußt Dir das noch gründlich durch den Kopf gehen lassen, ehe Du Dich entscheidest. Ich glaube, als Textilingenieur oder so was hast Du mehr Chancen.

7. 3. 60

Auf mein erstes Kapitel vom Jugendbuch ist der Verlag anscheinend angesprungen; eine richtige Nachricht habe ich zwar noch nicht, dafür aber eine dringliche Einladung zur Jugendbuchkonferenz, die ich leider absagen muß, denn ich würde – da sie in Prieros stattfindet – für Hin- und Rückfahrt zwei Tage brauchen, und außerdem fällt sie zusammen mit der Kulturkonferenz im Kombinat, an der ich unbedingt teilnehmen muß. Wenn ich meinen Terminkalender ansehe, wird mir schlecht; ich hasse dieses Herumsitzen auf Konferenzen, bei denen ja doch nichts sensationell Neues herauskommt.

Am Mittwoch war der Cheflektor vom »Morgen«-Verlag bei uns; er möchte gern Arbeiten von uns haben. Vorerst müssen wir bedauern, obgleich der Chef einen guten Eindruck macht und sehr gescheite Ansichten über Literatur hat. Falls Caspar, der sich zu meinem Roman immer noch nicht geäußert hat, das Buch nicht haben will, gehe ich damit versuchsweise zum »Morgen«; sie suchen Bücher für den Mittelstand (es ist der Verlag der LDPD), und mein Roman spielt ja in bürgerlichen Kreisen, und dieser Umstand, der beim »Aufbau« geradezu belastend wirkt, wäre also ein Vorteil beim »Morgen«.

Für Sonnabend sind wir per Telegramm zu einer Aussprache in den Verband eingeladen worden. Unterzeichnet ist das Telegramm von unserem alten Feind, der damals Dans Buch zerschmettert hat, und natürlich sind wir einigermaßen in Unruhe, weil wir neue Verwicklungen und neuen Ärger befürchten. Wenn ich das schon höre: Aussprache . . . Meistens ist es etwas Unangenehmes. Allerdings kann es sich diesmal um unseren Vertrag mit dem Kombinat handeln, den ich neulich an Strittmatter geschickt habe. Na, wir werden abwarten; wenn man uns wieder wegen irgendwelcher Verfehlungen (ich bin mir zwar keiner Schuld bewußt) angreifen will, werde ich verdammt sauer reagieren. Noch einmal lasse ich uns nicht für Monate die Lust an der Arbeit vermiesen.

17. 3. 60

Gestern habe ich mein zweites Kapitel abgetippt, und Dan hat es abends noch nach Hoy. zur Post gebracht und per

Eilbrief abgeschickt. Am Sonnabend kommt nämlich der kleine Lewerenz (Ihr erinnert Euch: er war damals schon, bei der »Frau am Pranger«, mein Lektor), und er soll vorher noch das zweite Kapitel lesen.
Ihr könnt Euch vorstellen, wie ich geschuftet habe, und jetzt bin ich ganz schön nervös – zum Glück äußert sich diese Nervosität nur in schrecklicher Albernheit.
L. hat das erste Kapitel meines Jugendbuches gelesen und mit einer Lobeshymne geantwortet. Wenn er am Sonnabend kommt, wollen wir über das Buch sprechen. Wenn der Verlag die weitere Handlung akzeptieren kann, werde ich einen Vertrag bekommen. Falls die Auflage gleich mit 20 000 angesetzt wird – und das ist bei diesem wichtigen Thema schon möglich –, wird natürlich mit der ersten Rate allerlei für mich rausspringen. Hoffentlich schaffe ich das Buch und bleibe nicht wieder auf halbem Wege stecken! Mit meinem Roman sieht es düster aus. Caspar hat ihn gelesen und einen ausführlichen Brief dazu geschrieben. Ich werde den Roman stark kürzen und umarbeiten müssen. Eigentlich macht mich das nicht wütend oder bekümmert, ich bin gern bereit, noch zwei Jahre an das Buch zu hängen, wenn dann am Ende ein ansehnliches Stück Literatur rauskommt – nur, wovon sollen wir solange leben?
Die Aussprache in Berlin hat nicht stattgefunden. Ein paar Tage vorher bekamen wir ein Telegramm: Aussprache hat sich erübrigt. Wir wissen bis heute nicht, was da eigentlich wieder angerührt worden ist. Na, pfeif drauf! Was Angenehmes war es bestimmt nicht.

27. 3. 60

Wie, seit Wochen keine Eintragung? Und bei solcher Fülle von Erlebnissen! Begeistert vom Kombinat, begeistert von meiner Brigade. (Noch verdächtige ich mich der unverbindlichen Schwärmerei des Außenstehenden.) Vor drei Wochen erste Buchlesung in der Brigade »10. Jahrestag«,

dreißig Rohrleger und Schweißer; anschließend großes Besäufnis im Gasthaus »Schwarze Pumpe«. Die jungen Leute machten mir den Hof, mein Buch hat Anklang gefunden – ein Jugendbuch, das in meiner Brigade spielen wird. Sie sind stolz, hoffen, sich porträtiert zu finden. (Aber ich muß doch abstrahieren; das ihnen zu erklären ist schwierig.) Vielleicht verstehe ich wirklich mit andern – und gerade mit den sogenannten einfachen Menschen – umzugehen, fand herzlichste Aufnahme, Anteilnahme an meinen Helden, wir haben lange diskutiert und viel gelacht.
Sie wollen daß Curt, der Werkleitersohn, zugrunde geht, sie mögen nicht die ewigen Happy-End- und Kollektivgeschichten. Sie widerlegen sich selbst: ihr Bemühen um Außenseiter, ihre Auseinandersetzung mit einzelnen Kollegen – nein, ihr Leben, das Leben widerlegt ihre und meine Ansichten über Schematismus.
Meister Hanke, ein großartiger Mann. Klug, gut, scharfsinnig. Ein Tüftler, der ein paar gewichtige Verbesserungsvorschläge auf der Pfanne hat. (Regeneration von Altöl. Leuna fordert pro Tonne zweitausend Mark. Hanke hat Anlage entwickelt, die dem Kombinat eigene Regeneration ermöglicht. Pro Tonne dreihundert Mark. Versuche mit DDR-Elektroden. Bisher nur Westelektroden für hochlegierte Stähle. Hanke will auch Fachbuch für Rohrleger schreiben.)
Hanke ist sechsunddreißig. Ich habe ihn auf fünfzig geschätzt, er ist sehr korpulent, fast kahlköpfig. Ein Bursche von unendlichem Humor. Er ist der positive Held schlechthin. Vorige Woche ist er stundenlang mit mir durch die Hallen gewandert, hat alles erklärt und geduldig auf meine Fragen geantwortet. (Ich bin einfach ein technischer Trottel.) Ich finde ihn wunderbar, und ich glaube, er mag mich auch. Übermorgen fahre ich meine erste Schicht. Habe mächtige Angst, aber Hanke wird mir die Angst schon nehmen. Die Brigade freut sich schon darauf, mich in Arbeitsklamotten und mit schmutzigen Pfoten zu sehen. Sie

wollen Fotografen bestellen. Habe entsetzt abgewehrt – so was riecht nach Vorschußlorbeeren.
Diese Woche drei Tage in Berlin respektive in Prieros zur Autorenkonferenz vom NL. Interessante Tagung, lebhafte Diskussionen, recht mutige Ansichten. Neuer Kurs scheint sich abzuzeichnen. Erfrischend junge Schriftsteller. Es wurde nicht allzuviel leeres Stroh gedroschen, ich fühlte mich ermutigt. Später laute und feurige Einzelgespräche am Abendbrottisch (Schematismus, positiver Held – oh, es gibt so viele positive Helden, daß mir eine Diskussion darüber jetzt recht läppisch und überflüssig erscheint).

2. 4. 60

Verflucht wenig Zeit zum Schreiben. Kulturkonferenz, FDJ-Versammlungen mit großen Plänen: Habe die jungen Leute in meiner Brigade angestachelt, unsern zwei Schwererziehbaren zu helfen, moralisch und bei der Arbeit. Anfangs Gleichgültigkeit, ja Gefühllosigkeit, plötzlich Begeisterung für die Aufgabe. Ich bin ordentlich stolz.
Am Mittwoch erster Produktionstag. Ventile angeschliffen, nicht mal ungeschickt. Habe ganz schön geschafft (am nächsten Tag ein kleiner Muskelkater). Brigade ist sehr freundlich zu mir, sucht immerfort Bewerbchen, um sich neben meinen Schraubstock stellen und mit mir schwatzen zu können. Schriftsteller scheinen eine Art Beichtväter für andere Menschen zu sein.
Fühlte mich großartig stark in Arbeitsklamotten und mit dreckigen Händen – irgendeine neue etwas überschwengliche Gefühlsqualität...

10. 4. 60

Eine Stunde lang mit Hanke in der Brikettfabrik herumgestiefelt und negerschwarz zurückgekommen. Seine geduldige Güte, sein nie versiegender Humor..., ich hielt ihn für einen Genossen, hörte jetzt, daß er in der NDPD ist. Sonderbarer erfreulicher Bewußtseinswandel bei mir: Weil ein Mensch gut und klug und geduldig ist, halte ich ihn für einen Genossen . . . Ich bin schwärmerisch verliebt in Hanke, erfuhr, daß er wegen irgendeiner Weibergeschichte vor längerer Zeit gemaßregelt worden ist, und war beinahe erleichtert: endlich ein trüber Fleck auf dem strahlenden Bild, ein kleines Anzeichen menschlicher Unzulänglichkeit, das mir Hanke noch lieber macht. Erinnert mich oft an Hans Garbe, dessen starke Persönlichkeit mein Bild von einem guten Kommunisten geprägt hat.

Berlin, 29. 4. 60

Sitze im Pressecafé und warte auf Dan. Gestern Verlag Neues Leben, abends Diskussion im Jugendklub über mein neues Buch. Erfolg. Lewerenz las vor: Ich war selbst erstaunt, wie gut das erste Kapitel geschrieben ist (hörte mit Abstand, als handelte es sich um einen fremden Autor). Bis zwölf mit L. im Café Budapest, Wein getrunken, Diskussion über Thomas Mann und Büchners »Dantons Tod«.
Großer Jubel: Wir haben das beste Hörspiel in der nationalen Runde des internationalen Hörspielwettbewerbs geschrieben. Unsere erste Kollektivarbeit. Als das Telegramm mit den Glückwünschen kam, tobten wir herum wie Irre, lachten und weinten. Endlich ein Lohn, endlich ein Ausblick nach so langer Zeit der Zweifel und Entmutigungen und Entbehrungen. Viertausend Mark. Wir können jetzt Dans Zimmer einrichten, und ein Autochen ist keine Utopie mehr. (Nächste Woche bekomme ich meinen Vertrag vom NL.)
Lutz ist mit Gretchen und dem Krümel in den Westen gegangen. (Er ist eben jetzt – vielleicht nur zwei oder drei Kilometer entfernt und dennoch unerreichbar – im Flüchtlingslager Marienfelde.) Spüre zum erstenmal schmerzlich – und nicht nur mit dem Verstand – die Tragödie unserer zwei

Deutschland. Die zerrissenen Familien, das Gegeneinander von Bruder und Schwester – welch ein literarisches Thema! Warum wird es von keinem gestaltet, warum schreibt niemand ein gültiges Buch? Furcht, Unvermögen? Ich weiß nicht. Lutz ist ein Wirrkopf. Er wollte vor der Partei nicht katzbuckeln – er wird es vor seinen Kapitalisten machen müssen. Er wird, sagt er, immer dafür eintreten, daß das Großkapital enteignet wird; er glaubt an den Sieg des Sozialismus – und trotzdem geht er. Es gibt eine Menge Entschuldigungen für ihn, sicher: Er ist politisch falsch angefaßt worden; eine schlechte und, glaube ich, ungerechte Beurteilung der Parteigruppe hängt ihm an; eine Stellung, die den Fähigkeiten nicht angemessen ist; keine geringste Aussicht auf eine Wohnung – und trotzdem..., er sagt, er gehe nicht sorglos und mit gutem Gewissen, und es wäre ihm lieber, wenn ich ihn verurteilte. Im Prinzip verurteile ich sein Handeln – aber Lutz ist mein Bruder, ich liebe ihn, wir haben uns viele Jahre lang gut verstanden. Ich bin sehr traurig. Aber man sollte sich doch allmählich mit dem Gedanken vertraut machen, daß Familien auseinanderfallen, Kinder das Elternhaus verlassen, Geschwister einander ferner rücken, neue Kreise, neue Menschen finden.
Im Kombinat viel Arbeit. Seit zwei Wochen keine Zeile an meinem Buch geschrieben.

14. 5. 60

Zu Lutz möchte ich lieber nichts sagen – schließlich ist er mein Bruder. Wenn Ihr irgend etwas von ihm hört, schreibt es uns gleich, ja? Sei nicht so traurig wegen Krümel – eines Tages legen wir einen kleinen Sohn in das Kinderbettchen; der läuft Dir bestimmt nicht in den Westen davon, sondern wird ein kühner Pumpenschwengel.
Der Empfang bei Rundfunks war ganz interessant. Neue Linie: kein Alkohol. Es gab nur Kaffee und Konfekt. Dafür

verschönte die Anwesenheit Professor Leys die kleine Feier; er ist der Vorsitzende des Staatlichen Rundfunkkomitees. Er war sehr leutselig und ganz undogmatisch und hatte eine Menge guter Ideen für die Verbesserung unserer Rundfunkerei. »Ans Weltniveau, ans teure, schließ dich an!«
Leider war ich gar nicht in Form, hatte andauernd Herzbeschwerden, so daß ich außerstande war, meinen ganzen Charme spielen zu lassen. So hockten wir wie zwei schüchterne Hühnchen herum. Na, vielleicht hat gerade das einen guten Eindruck gemacht – denn immerhin haben wir ja nicht nur den 2. Preis gewonnen, sondern das beste Hörspiel geschrieben. Edle Einfalt, stille Größe.
Am Dienstag kommt das Neue Leben in die Pumpe gerauscht: der Verlagsleiter, die Cheflektorin und mein kleiner Lewerenz. Ich habe mit Hanke schon ein Programm gemacht: Er spielt den Bärenführer und wird unsere lieben Gäste recht ausführlich durch die dreckigsten Objekte – Brikettfabrik, und dergleichen – schleppen; hoffentlich hat die Chefdame nicht gerade ein weißes Kleid an. Anschließend gehen wir ins Gasthaus »Schwarze Pumpe«, damit die Lektoren das frohe Jugendleben bei uns kennenlernen. Hanke hat mir die ganze Organisation abgenommen – und was er in die Hände nimmt, das klappt. Er ist wirklich ein wunderbarer Mensch! Vielleicht bekommt er dieses Jahr noch – als erster im Kombinat – den Orden »Banner der Arbeit«. Na, dann ist der Affe los! Ich muß unbedingt mal über ihn schreiben. Neulich war ich bei ihm im Wohnlager; er hatte einen ganzen Tag und eine Nacht gearbeitet und war so frisch und lustig, als hätt er gerade vierzehn Tage Urlaub hinter sich. Er sagt kein böses oder nur lautes Wort – und trotzdem gehorcht ihm jeder, und wenn er vierzig Stunden auf den Beinen war, macht er noch Witze, um die anderen wachzuhalten. Er ist eben rundherum ein positiver Held.
Ich werde jetzt Schluß machen, um noch an meinem verdammten Kapitel zu arbeiten, mit dem ich jeden Tag um ganze fünf Zeilen vorwärtskomme. Ist das eine Schinderei!

Wir verdienen unser Brot wirklich schwer genug – aber wenigstens sind wir jetzt schon so weit, daß wir uns auch die Butter auf dem Brot verdienen. Wenn wir Zeit haben, essen wir ganz ordentlich. Wieso wir trotzdem immer magerer werden, verstehe ich auch nicht.

22. 5. 60

Suche krampfhaft nach Fehlern bei Hanke. Kann mich weder über seine Beleibtheit noch über seine Glatze lustig machen – und dabei ist die Entdeckung gewisser Lächerlichkeiten am Objekt meiner Verehrung das sicherste Mittel, mich abzukühlen. Schlechte Charaktereigenschaften – wenn sie nur einem starken Gefühl entspringen oder im Dienst eines beachtenswerten Ziels stehen – stoßen mich nicht ab. Mein Held darf böse sein, aber nicht kleinlich; unmoralisch, wenn seine Unmoral Format hat. (Lewerenz, der mich so gern analysiert, sagt, ich sei der Ästhet par excellence – Ästhetizismus sei zutiefst unmoralisch. Meine Lieblinge Julien Sorel und Raskolnikow...)

27. 5. 60

Produktionstag. Spannende Arbeit: lädierter Schieber aus dem Kraftwerk, eilige Reparatur. Keil festgefressen; versuchten erst, Gehäuse mit Schweißflammen (Azetylen plus Sauerstoff) zu erwärmen und gleichzeitig ihn zu vereisen, damit der Keil sich zusammenzieht. Zwei Leute droschen mit dem Vorschlaghammer; einem brach der Schaft, und der Hammer (fünfundzwanzig Pfund schwer) krachte neben ihm nieder. Hanke vereiste und erfror sich fast die Hand dabei.

Die Taktik verfing nicht, man mußte schneiden. Keiner wollte heran, schließlich nahm Hanke selbst den Schneidbrenner, stand aufmerksam und unbewegt im Funkenregen, der aus dem Gehäuse sprühte (und ich dachte, es seien kalte

Funken, weil er keine Miene verzog). Begriff erst, als die Kollegen ihm gratulierten, was er da geleistet hatte: glatter Schnitt, ohne den Dichtungsring zu verletzen. War sehr stolz auf meinen tüchtigen Meister: Was er in die Hände nimmt, gelingt. Habe schwitzend mit der Rohrzange gewirtschaftet, Schrauben am Gehäuse festgezogen.

18. 6. 60

Am Dienstag Besuch von Potemkin, Verlagsleiter des Komsomolverlags in Moskau, und Gurnow, Korrespondent der »Komsomolskaja Prawda«. Hanke führte unsere Gäste durchs Kombinat, habe ihn zum erstenmal abgespannt gesehen, mit tiefen Falten wie ein Fünfzigjähriger: Er hatte zwei oder drei Nächte nicht geschlafen; Havarie am laufenden Band.
Nachmittags bei uns, angeregte Diskussion trotz sprachlicher Schwierigkeiten. Potemkin interessiert sich für »Ankunft im Alltag«, möchte sich rechtzeitig Übersetzung und Nachdruck sichern. Bezaubernder Gesellschafter, sehr russisch (so wie ich mir Russen, nach der Lektüre ihrer Bücher, vorgestellt habe), laut, lebhaft, überaus herzlich und von überirdischer Höflichkeit, wodkatrinkend, undogmatisch. (Mein Gott, was sind wir für verbohrte Pachulken!) Statt mit abstrakten Theorien operierend, mit Anekdoten und Sprichwörtern. Amüsierten uns köstlich über Gurnow, der Erlaubnis zum Fotografieren hatte und dessen Journalistenleidenschaft vor nichts haltmachte: Er lag trotz unserer entsetzten Warnschreie auf den Schienen, um eine heranfahrende E-Lok zu knipsen, kletterte auf Pfeiler und hüpfte im Wald – dem letzten Stück auf dem Kombinatsgelände – herum.
Beim Abschied endloses Händeschütteln, tausend Danksagungen (für die eigentlich so selbstverständliche Gastfreundschaft) und viele gute Wünsche für mein Buch... »Wenn Gott will und Sie nicht krank werden...«

25. 6. 60

Wir haben kein Privatleben mehr. Alles dreht sich um das Kombinat und um die Arbeit. Zu allem Unglück haben wir von Rundfunks eine neue Aufgabe bekommen – und wir waren verrückt genug, anzubeißen. Zur Woche des Gegenwartshörspiels sollen wir noch ein Stück schreiben; das bedeutet also, wir müssen im September spätestens abliefern. Die Fabel steht noch nicht fest, vorläufig hat der Rundfunk (der Chefdramaturg selbst war bei uns – ein reizender Bursche!) nur verschwommene Ideen von einem jungen Meister, der sich in seiner Brigade durchsetzen muß. Das Schwerste – eine handfeste Geschichte daraus zu bauen – ist unsere Sache, und dann beginnt erst das Schreiben. Das Ganze kostet uns mindestens einen Monat, und ich weiß noch nicht, wie ich das meinem kleinen Lewerenz schonend beibringen kann, denn natürlich verzögert sich dadurch der Termin für mein Buch, auf das der Verlag so dringend wartet. Andererseits muß man dabei auch sehen, daß wir durch das Hörspiel wieder ein Klümpchen Geld verdienen würden, das es uns ermöglicht, ohne finanzielle Sorgen eine Zeitlang zu schreiben. Es läuft also beinahe auf ein moralisches Problem hinaus.

Unser Hörspiel wird in der Woche vom 1. bis 6. August gesendet, den genauen Termin kann man aus dem Programm in der Zeitung erfahren. Vorher kommt der Rundfunk mit einem Band hierher nach Pumpe, und wir geben eine kleine Vorstellung, eine Art Uraufführung mit anschließender Diskussion. Das hebt unser Ansehen, denke ich.

Außerdem wird das Hörspiel jetzt zum Theaterstück umgebaut (aber nicht von uns), und im Oktober wird das Arbeitertheater der Schwarzen Pumpe mit unserem Stück eröffnet. Natürlich haben wir es kostenlos zur Verfügung gestellt.

Eben denke ich an Lutz. Habt Ihr immer noch kein Lebenszeichen von den beiden? Ich mache mir ziemliche Sorgen, nicht zuletzt wegen des süßen Krümels.

Neulich hat Sonja Marchlewska wieder geschrieben, und wir waren froh über ihren Brief. Sonja ist jetzt in Zoppot zur Kur. Hoffentlich kommt sie bald mal – diese Frau mit ihren klugen, vernünftigen, toleranten Ansichten ist eine Erholung, wenn man tagaus, tagein soviel Affenscheiße über sich ergehen lassen muß.

10. 7. 60

Der Brief wird niemals fertig, wenn ich nicht diesen friedlichen Sonntagmorgen benütze (friedlich..., in der Zwischenbelegung röhren die Tonbänder, arbeitsame Väter verprügeln ihre Sprößlinge für alle in der Woche begangenen Schandtaten, und auf dem Kinderspielplatz – direkt unter den Fenstern unserer Arbeitszimmer – schlagen sich die jüngsten Pumpenkumpels...).
Unser Kollege S., sagte ich, hat versucht, uns eines seiner fetten Beinchen in den Weg zu stellen, und ist dabei in der belustigendsten Weise auf die Fresse gefallen.
Zuerst kam ich mir wie Kohlhaas vor (ach, und ich fühle mich allzuoft sogar wohl in dieser Rolle des verkannten Streiters für Recht und Gerechtigkeit), aber es weht doch ein anderer Wind als vor zwei Jahren: Krach mit der Kreisleitung, Aussprache im Sekretariat des Verbandes, wo man S. gewaltig unter Feuer nahm.
»Du benutzt dein Parteiabzeichen als Schild für deine Machenschaften –«, so daß er sichtlich zusammenschrumpfte und sich schließlich an die Sakkobrust schlug und den obligaten Eimer Asche aufs Haupt streute...
Vorige Woche: Diskussion über sein Buch. Mein Zirkel zerpflückte gewisse stilistische Eigentümlichkeiten des Autors. (Jedoch ist es Vermessenheit, in diesem Zusammenhang überhaupt das Wort Stil zu bemühen.) Gebrüll des Parteisekretärs: »Hier wird nicht über Form diskutiert! Hier wird nur über den Inhalt gesprochen!« Seit wie vielen Jahren sprechen wir über die Einheit von Form und Inhalt? Leere

Worte, wirkungslos vorbeigerauscht an den Ohren eben der Leute, die sich als erste ins Gipfelbuch der Kulturhöhen eintragen sollten. Unsere Kritik war ein Stich ins Wespennest, und da wir schon eine ganze Anzahl aufrichtiger Freunde gewonnen haben, erfahren wir eine Menge Einzelheiten über diese aufschwirrenden Wespen – Stoff genug für ein Buch, das, bewältigt man es nicht als Roman, in der Manier des mutigen Owetschkin geschrieben werden müßte. Vetternwirtschaft, schlechte Arbeit mit den Menschen, Materialverschwendung (Dummheit oder Sabotage – das ist hier die Frage), eine Prämienordnung, die mir nicht immer gerecht zu sein scheint – kurz, hundert Anlässe zur Kritik. Erfreulich und ermutigend ist die Basis nur in ihrem tiefsten Fundament, bei den Brigaden, und dort auch fühlen wir uns am wohlsten. Nicht unter dem Motto »Seht, wir Wilden sind doch bessere Menschen«, sondern in der Erkenntnis, daß hier die Wurzeln einer noch längst nicht ausgeschöpften Kraft sind. Wir gehen fast jede Woche arbeiten; in meine Brigade habe ich mich ohne Schwierigkeiten eingefügt.
An solchen Menschen richtet man sich auf, und da es deren eine Menge gibt, kann man sich getrost darauf verlassen, daß die Schmarotzer und Dummköpfe irgendwann einmal im Müllkasten der Geschichte landen.
Unbeschadet dessen bleibt dies, was wir das Unbehagen an der Literatur nennen, wohlgemerkt, an einer nur auf das Zweckmäßige, auf das Prinzip der platten Nützlichkeit gestellten Literatur. Man erstickt hier im Provinzialismus.
Ich lese wieder Thomas Manns Novellen, erschüttert von der Erkenntnis, wie weit sich unser Jahrzehnt von der Literatur entfernt hat. Sicher, wir können es nicht einmal, aber wenn wir es könnten?
Keine Jeremiaden! Da man nun einmal nicht existieren kann ohne das Schreiben, so sollte man eben schreiben und zu schaffen versuchen innerhalb der einem gesteckten, mehr oder weniger engen Grenzen. Glücklich wird man so oder so nicht.

Widme uns eine Minute teilnahmsvollen Gedenkens! Unser Urlaub in diesem Jahr besteht darin, daß wir uns fest einschließen und ein Schild an die Tür heften: Terminarbeiten! Klingeln zwecklos! Eine unfreundliche, aber leider nötige Maßnahme.

15. 7. 60

Heute will ich Euch von unserer glanzvollen Uraufführung erzählen, die vor zwei Tagen hier im Kombinat stattgefunden hat, im Funkstudio. Fast alle Leute, die wir eingeladen hatten, waren erschienen, und der Raum war voll.
Von Dans Brigade waren einige gekommen, nur meine Brigade konnte nicht teilnehmen, weil sie im Endspurt bei der Reparatur im Pressenkeller stehen; sie arbeiten momentan zwölf Stunden täglich. Nicht mal mein lieber Meister konnte kommen. Wir machen dafür aber eine Extraaufführung für meine Brigade, denn die schlauen Funk-Piraten vom Kombinat haben beim Abspielen gleich mitgeschnitten und besitzen nun ein eigenes Band.
Wir hatten natürlich schreckliches Lampenfieber, und als die ersten Worte aus dem Lautsprecher kamen, konnte ich sie vor Herzklopfen kaum hören. Es ist wirklich sehr eigenartig, selbstgeschriebene Worte aus dem Munde anderer zu hören... Bei einigen Szenen war ich etwas schokkiert, weil ich sie mir anders vorgestellt hatte (aber die Auslegungen vom Autor und vom Regisseur stimmen eben nicht immer überein), bei anderen Szenen war ich ganz begeistert und beinahe gerührt – so, als stammte das Stück von jemand anders. Nach der ersten Viertelstunde konnte ich schon ziemlich objektiv und kritisch zuhören, und Dan ist es sicher genauso gegangen. Man gewinnt gerade als Autor rasch den nötigen Abstand und läßt sich nicht verblenden. Wir haben gemerkt – und das ist das Wichtigste für uns –, was man aus einem Hörspiel rausholen kann, wie man

es bauen muß, um es funktechnisch wirksam zu machen, und ich hoffe, unser nächstes Stück wird noch besser. Am Ende schluchzten die Frauen vor Rührung (keine Angst, es geht nicht traurig aus!), und es gab herrlichen Beifall. Nach einer Pause wurde dann diskutiert, und wir wurden mit Lobeshymnen überschüttet. Das Stück hat allen ausgezeichnet gefallen, und am meisten freute mich, daß unsere Freunde von der Partei dabei waren. Alle rühmten die schöne Sprache in dem Stück und daß der politische Inhalt so dezent verpackt ist – also genau das, was wir bei der Buchdiskussion von einem Schriftsteller forderten. Der Kultursekretär gratulierte uns – und ich glaube, er meinte es ehrlich. Vielleicht hat er jetzt begriffen, was ich meinte, wenn ich ihm sagte, Form und Inhalt müßten übereinstimmen, und die beste politische Aussage bleibt wirkungslos, wenn sie in einer schlechten und unliterarischen Form vorgetragen wird. Kurzum, es war ein großer Erfolg, und unser Prestige im Kombinat ist sichtbar gestiegen. Hinterher machten wir noch eine kleine Premierenfeier mit Rundfunks und der Partei, und wir sind uns, wie es scheint, dadurch auch menschlich nähergekommen.

24. 7. 60

Ich hätte Euch schon eher geschrieben, aber ich sitze an einem Kapitel, das mir viel Spaß macht – trotz aller Mühsal –, und ich mußte es erst mal runterschreiben.
Lutz' Brief schicke ich wieder mit. Er hat mich ziemlich mitgenommen... Manche Stellen darin – zum Beispiel über die Freiheit – gleichen fast wörtlich denen, die mein L. im Hörspiel sagt, nachdem er sich eine Zeitlang im Westen herumgetrieben und die goldenen Berge nicht gefunden hat.

4. 8. 60

Bei uns war in der letzten Zeit ein unheimlicher Trubel, es ging zu wie bei Prominenten, die Reporter gaben einander die Klinke in die Hand... Habt Ihr unser Hörspiel gehört? Hoffentlich hat es Euch gefallen.
Gestern war unser Rentzsch da, und wir haben miteinander an dem Hörspiel herumgedoktert. Nachmittags kam ein Pressefotograf, der für die Rundfunkzeitung eine Bildreportage über uns macht (vor dem Radio, hinterm Briefkasten, auf der Couch, unter der Couch, schreibend, lesend, diskutierend, junges Schriftstellerglück etc. pp).
Vorige Woche war die NBI hier und hat ebenfalls Aufnahmen gemacht, und K., der Chefknipser von der NBI, hat sich so in meinen roten Latzrock verliebt, daß er von mir ein Titelfoto, bunt natürlich, machen will, und dazu soll ein Interview mit uns erscheinen. Ich verstehe auch nicht, warum auf einmal alle möglichen Leute ihr Herz für uns entdecken – aber es ist gut so.

Sayda, 17. 8. 60

Ferienplatz vom Kombinat, Erzgebirge. Hübsche Gegend (für meinen Geschmack zu lieblich – ich bin nicht für Mittelgebirge wie für die unverbindlich »netten« Leute). Kalter August, regnerisch; heute zum erstenmal wieder Sonnenschein. Haben die obligaten zweihundert Ansichtskarten geschrieben.
Heute Beginn unserer Koproduktion »Der junge Meister«. Auftrag von Funks, von dem viel abhängt: Wenn das Stück gefällt, bekommen wir für nächstes Jahr einen Vertrag, der uns ein – für unsere Verhältnisse – ganz stattliches Monatseinkommen sichert. (Sendegebühren werden extra bezahlt.) Dafür sind zwei Hörspiele zu liefern. Kulante Bedingung alles in allem, und ich glaube, man kann sich darauf

einlassen, ohne Angst um seine unsterbliche Seele haben zu müssen.
Dramaturg Rentzsch war mehrmals bei uns; wir kommen sehr gut miteinander aus. Ein reizender Bursche, begabt, witzig, mit Esprit; Piratenprofil. Gespräche mit R. sind eine Erholung vom Provinzmief. Dieses herrliche Kombinat – und die Enge in den Köpfen..., ein Jahrzehnt der Widersprüche.

Sayda, 18. 8. 60

Plötzlich grauenhafte Laune, keine Lust zum Hörspiel: spüre nur den Auftrag, keine innere Anteilnahme. Habe geglaubt, könnte Gefühl durch Disziplin ersetzen. Ein Rechenfehler.
Gestern haben mir die Entwürfe für die beiden ersten Szenen noch Spaß gemacht. Heute regnet es, kalt, bin im Haus und friere. Nachmittags in Seiffen, riesige Pyramide für Dan und wunderschöne handgeschnitzte Krippe für mich gekauft. Hatte zum erstenmal Freude an (echter) Volkskunst.

Sayda, 24. 8. 60

Lese Irving Stones »Vincent van Gogh« und war gestern abend ganz traurig. Muß unbedingt das »Kornfeld mit den schwarzen Vögeln« haben.

21. 9. 60

Fühle mich restlos ausgepumpt und kaum noch eines Gedankens fähig. Arbeite am Hörspiel und – in gestohlenen Stunden – an meinem Buch. Gestern Zirkel schreibender Arbeiter; unser Kreis wächst, wir haben eine Menge Begabungen; vielleicht können wir schon nächstes Jahr ein

Sammelbändchen herausgeben. Einige gute Freunde darunter. Erfahre die abscheulichsten Geschichten; irgendwann werde ich doch beim Bezirk vorsprechen – man sollte mal eine Kontrollkommission schicken.
Vorige Woche war der Fernsehfunk bei uns, obwohl wir einen Absagebrief geschrieben hatten. Aber man scheint dort großes Interesse an uns zu haben, und so kam denn ein reizender kleiner Dramaturg angesaust, und wir ließen uns einwickeln und versprachen für Anfang des nächsten Jahres ein Stück. Eine ganz genaue Vorstellung haben wir allerdings noch nicht, aber wir wollen uns darüber jetzt auch nicht den Kopf zerbrechen – das stört nur die Arbeit an den Sachen, die momentan wichtiger sind.
Gestern war nun noch die DEFA da. Es ist beinahe zum Lachen, wie einem plötzlich alle möglichen Leute nachrennen, die vorher keine Notiz von uns genommen haben. Ich weiß noch, wie kaltschnäuzig uns die DEFA vor zwei Jahren eine Filmskizze über die Pumpe zurückgeschickt hat – sie hätten genug Stoffe. Jetzt stellen sie auf einmal fest, daß sie durchaus keine Gegenwartsstoffe haben und gerade uns – die Basis-Autoren – brauchen. Der Dramaturg – er hat in Moskau studiert – war ebenfalls sehr nett und aufgeschlossen; es scheint nun doch eine neue Lektorengeneration heranzuwachsen, die nicht mehr nur des Beschimpfens wert ist.
Falls wir im Frühling einen Wagen haben, wollen wir für eine Woche nach Prag fahren, zum großen Musikfestival »Prager Frühling«. Rentzsch sagte uns, daß Prag unser Hörspiel angekauft hat. Es würde nicht lohnen, die Kronen hierher überweisen zu lassen. Viel schöner ist es, das Honorar in der Goldenen Stadt zu verbraten, die wir sowieso gern mal sehen möchten. Und dann eine Woche lang die schönste Musik hören... Drückt uns fest die Daumen, daß es klappt.
Vielleicht schreibe ich vorher noch ein Kriminalstück, zusammen mit unserem Bezirksstaatsanwalt Schneider, der sich die Koproduktion wünscht und heute einen interessan-

ten Stoffvorschlag geschickt hat – eine tolle Mordgeschichte. Ich weiß nicht, ob ich Euch schon von Hans Schneider erzählt habe. Er ist ein bißchen älter als ich, vielleicht Mitte Dreißig, und gehört zu unserem Cottbuser Schriftsteller-Verband. Er ist Parteisekretär und hat sich damals – bei dem Streit mit S. – sehr für uns eingesetzt. Mal sehen, ob wir zusammen kramen können. Er ist ein sehr strenger Genosse, aber unbestechlich gerecht; sonst hätte er uns Parteilosen nicht geholfen. Ich habe schon Lust zur Arbeit – nur wann und wo wir zusammen schreiben werden, wissen wir noch nicht.
Heute kam endlich ein Brief von Lutz, der sich anscheinend mit seiner Lage abgefunden hat und im Begriff ist, ein zufriedener Bundesbürger zu werden. Von seinem Standpunkt aus kann ich ihn verstehen, und ich wünsche ihm auch von Herzen Glück für seinen Weg – aber traurig ist es doch, daß eine Familie auf diese Weise auseinandergerissen wird, menschlich und politisch. Wer weiß, wie lange es noch dauert, und man kann sich nicht mehr verstehen, spricht zwei verschiedene Sprachen...

8. 10. 60

Heute nachmittag sind wir endlich mit unserem verfluchten Hörspiel fertig geworden. Es war eine jämmerliche Schinderei; und eigentlich könnten wir beide vierzehn Tage Ferien gebrauchen. Wir haben uns fix und fertig gemacht – und der Arbeit ist noch immer kein Ende! Am Donnerstag ist unser Rentzsch nach Ungarn gefahren; seine Sachbearbeiterin kam abends im Wolga angesaust, als der arme Dan noch schweißüberströmt an der Maschine saß und das Stück abtippte, soweit es fertig war. Ausgerechnet an diesem Endspurttag kam Sakowski, er ist noch größer und breiter geworden. Wir haben uns natürlich mächtig gefreut. Er sagte, wir seien jetzt ganz berühmt geworden und in aller Munde (ich frage mich nur, warum), und er staunte, als Rundfunks Wagen vorgefahren kam; wir seien Starautoren;

er habe noch nicht erlebt, daß sein Manuskript extra abgeholt wird. Hoffentlich gibt es nun wirklich einen Jahresvertrag mit dem Rundfunk. Wir haben große Lust, auch in Zukunft Hörspiele zu schreiben.
Der Fernsehfunk hat sich heute auch wieder gemeldet mit einer herrlichen Sache.
Ich glaube, Dan ist ganz niedergeschlagen, weil er sich einbildet, nur ich hätte Erfolg. Aber ohne ihn wäre ich heute nicht in Pumpe, hätte kein Hörspiel geschrieben – und mit Pumpe und dem Hörspiel hat ja die ganze Erfolgsserie angefangen. Ohne ihn wäre ich ein ganz verkorkstes Frauenzimmer mit viel Wodka und Männergeschichten, und vielleicht wäre es mit der Literatur schon aus. Aber darüber möchte ich lieber nicht nachdenken. Ich wünschte mir jetzt dreifache Kräfte und doppelt so lange Stunden, damit ich viel schaffen kann. Mein Buch liegt mir doch schwer auf der Seele.

9. 10. 60

In den letzten Monaten haben wir noch einmal alle Deine Bücher gelesen.
Ich habe mich während der Lektüre gefragt, ob es jemals möglich wäre, diesen Atem der großen Tragödie auch nur andeutungsweise spürbar werden zu lassen in einem Buch, das Gegenwartsprobleme behandelt. Wenn man die volle Wahrheit schreiben würde – vielleicht. Wir haben hier ein paar Alltagstragödien erlebt, an denen oft genug die Verhältnisse schuld sind, das heißt also eine trotz allem noch sehr unvollkommene Gesellschaft. In unseren Büchern aber – auf lichten Höhen, entgegen dem Morgenrot, Glück und Frieden überall... Das ist für den Helden freilich angenehm, für die Autoren aber zuweilen beschwerlich. Nun ja, ich will mich lieber nicht in theoretischen Schwemmsand begeben; nach drei Schritten bliebe ich doch stecken.

Bei uns hat sich in der Zwischenzeit allerhand getan. Der »Mann vor der Tür« ist viermal über den Sender gegangen; »Das Geständnis« ist auf Funkerzählung gequält worden (nicht von mir); nach dem Fernsehen war nun auch die DEFA bei uns und versuchte uns abzuwerben, aber gebranntes Kind scheut's Zelluloid, und all die Versicherungen – »Wir sind ja so mutig, wir sind ja so großzügig!« – riechen nach Handgeld. Hernach sitzen einem wieder neunzehn Dramaturgen auf dem Pelz, und mit Kritik und Küssen ist Essig. Zum 7. 10. schickten sie ein Telegramm: »Zum Geburtstag unserer Republik wünschen wir Ihnen Gesundheit und Erfolg« etc., und das hat uns ganz weich gestimmt, und vielleicht schreiben wir doch nächstens eine Skizze. Wahrscheinlich muß man in unserem Beruf nur sehr viel Geduld aufwenden, weise russische Sprichwörter lesen und gelassen auf besseres Wetter warten...
Auch die alte »Frau am Pranger« kommt wieder zu frischen Ehren. Televisions wollen unbedingt und umgehend die »Frau« Verfilmen; ich soll die Arbeit selbst übernehmen, allzu schwer würde es nicht werden, weil das Buch eigentlich schon das ideale Szenarium ist. Ich sage natürlich zu. Ein Kammerspiel, schlicht und traurig, zwei gute Spieler, eine extravagante Kamera wie bei den »Kranichen« – ich sehe mich schon selbst am Bildschirm sitzen und bittere Tränen vergießen..., ich kann immer noch bei Filmen und Büchern weinen, obgleich ich weiß, wie's gemacht wird. Mein lieber Lewerenz wird weniger glücklich sein; der Termin für das Pumpenbuch ist ohnehin überschritten.
Gestern gab es eine den ganzen Tag währende sehr interessante Diskussion mit Z., der einige Schriftsteller für die Vorbereitung des Kongresses interviewt. Ich glaube beinah, es wird so etwas wie eine neue Linie geben. Z. war erfrischend vernünftig – ein ideologisches Labsal in unserem Provinzmuff.

27. 10. 60

Ein paar verrückte Tage überlebt: Sonnabend Telegramm von der Marchlewska, die in Berlin im Gästehaus des ZK wohnt; Einladung zum Film »Julian Marchlewski«. Fahrt nach Berlin. Sonja in der Volksbühne, endlich im K.-L.-Haus erwischt, Riesenfreude und große Umarmung. Nächtliches Gespräch; morgens um vier wieder in Hoyerswerda. Sonntag Kapitel sechs zu Ende geschrieben; Lewerenz verlangte dringlich das Manuskript. Montag unausgeschlafen nach Berlin. Sonja wieder ganz jung und charmant und schön mit ihren schneeweißen Haaren. Volksbühne, »Menschen von Budapest«. Wir waren aufgewühlt; das Stück wirft tausend bittere Fragen auf, beantwortet sie nicht oder nur ungenügend. Die alte Kommunistin Sonja nickte, war erregt, stieß uns an. Einmal kamen mir die Tränen (der Intellektuelle bei der Verhaftung seines alten Kampfgefährten: »Er *muß* ein Verbrecher sein – sonst ist alles Lüge, woran wir bis jetzt glaubten.«).

6. 11. 60

Gestern hatten wir in Cottbus ein sehr interessantes Klubgespräch, an dem auch B. von der Bezirksleitung der SED teilnahm – ein sehr sympathischer, kluger und toleranter Mann, der etwas von Literatur versteht.
Hat Dir Dan schon geschrieben, daß inzwischen die letzte Aussprache in der S.-Angelegenheit stattgefunden hat? B. war auch dabei. Wir sind rehabilitiert, und wir hoffen, daß nicht noch einmal so ein Mist passiert.

12. 11. 60

Am 15. Dezember soll ich das Buch abliefern, und das ist so gut wie ausgeschlossen. Manchmal kann ich schon vor lauter Terminangst nicht mehr schreiben. Ein ekelhaftes Gefühl!

Andererseits kann ich auch den Verlag verstehen, der sich an seinen Plan halten muß – die Druckereien, die Papierzuteilung usw. hängen davon ab. Man muß sich eben durchbeißen: Zu Weihnachten habe ich es überstanden und mache vierzehn Tage Ferien – falls bis dahin nicht noch etwas Wichtiges anfällt. (Das Fernsehen wartet ja auch noch.)
Wir arbeiten, haben manchmal Besuch, leben mit den meisten Leuten in tiefem Frieden (neuerdings auch mit unserer lieben Kreisleitung) und leisten uns ab und zu den Luxus, sehr früh ins Bett zu gehen und an einem Abend ein halbes Buch durchzuschmökern. Eigentlich steht die Arbeit in keinem Verhältnis zu dem, was man sich dafür gönnen kann, aber das geht vermutlich den meisten Leuten so, und wir haben wenigstens noch den Vorteil, daß uns unsere Arbeit trotz aller Quälerei noch Freude macht.

4. 12. 60

Zerschlagen und erschöpft, ohne eigentlich müde zu sein. Die ersten Winterstürme toben, das Unwetter macht auch den gelassenen Dan unruhig und beinahe furchtsam. Mein Buch kotzt mich an – eine Fleißaufgabe, nicht mehr, ich habe längst die Lust daran verloren, vermutlich durch den Termindruck.
Gestern abscheulicher Herzanfall, ich hatte auf einmal Angst.
Sonderbar die Diskrepanz zwischen »Privatleben« und Wirkung nach außen... »Quicklebendig« nennt mich Hanke, und sicherlich ist das der Eindruck, den auch die anderen haben.
Ein paar schöne, erfreuliche ermutigende Ereignisse: Unser neues Hörspiel »Sieben Scheffel Salz« wurde im Kombinat abgespielt; unsere Brigade war da, die Parteispitzen, R., der sehr liebenswürdige kluge B. von der Bezirksleitung. Großer Erfolg – unsere Arbeiter sind ein prächtiges Publikum.

Verriß im ND, Lobsprüche in anderen Zeitungen.
Vorgestern: Auswertung der zweiten Kulturkonferenz, Kreisleitungssitzung. B. (Sekretär für Agitprop) sang wahre Hymnen auf uns, unsere Tüchtigkeit, unsere Erfolge, unsere Hörspiele etc.
Wir wurden vom Werkleiter mit der Ehrennadel in Gold »Erbauer Schwarze Pumpe« ausgezeichnet. Ich war so stolz, beinahe mehr über die Herzlichkeit der anderen (einschließlich des Kreissekretärs) als über den Orden. Ein großer Schritt nach vorn – wir gehören jetzt erst richtig dazu. Das Kombinat hat uns anerkannt.

5. 12. 60

Es ist noch ziemlich früh am Morgen, und ich habe die ganze Wohnung schon sauber und ordentlich, und nun will ich dir ein paar Zeilen schreiben, ehe der Tag beginnt mit Essenkochen und Einkaufen und Arbeit an meinem verdammten Buch und mit Besucheempfangen; momentan ist mal wieder eine richtige Invasion von Besuchern, meist schreibenden Arbeitern, die unsere Hilfe brauchen. Wir sind ansonsten gastfreundliche Leute, aber in der letzten Zeit möchte ich jeden rausschmeißen und sitze wie auf glühenden Kohlen, weil ich ja doch immer an mein Buch denken muß.

8. 12. 60

Nun aber fix zu Deinem Vorschlag mit der Schreibmaschine. Ich bin nicht dafür, daß die anderen Kinder zulegen. Mögen sie ihre Geschenke selbst kaufen, ein bißchen individuell möchte es schon hergehen zu Weihnachten.
Unser Auto kommt erst im Februar, bis dahin werden noch ein paar Geldschiffchen eintrudeln. Und überhaupt – für unsere Eltern ist uns das Beste gerade gut genug, wie man so sagt. Ihr habt ja auch kein Theater gemacht, als wir bis über die Ohren in Schulden steckten. Klar? (Das war

gewissermaßen eine töchterliche Liebeserklärung an Euch.)
Übrigens sind wir mit unserem neuen Hörspiel ganz schön zur Sau gemacht worden, und zuerst waren wir recht niedergeschlagen. Man sollte eben die Finger von der Gegenwart lassen! Inzwischen haben wir uns wieder beruhigt – die Kritiker sind ja doch alle dumm. Unseren Pumpenleuten hat es jedenfalls gefallen, und das ist uns schließlich die Hauptsache.

20. 12. 60

Großer Erfolg: Ein gewaltiger Lobbrief vom Rundfunk (das ganze Komitee hat sich über die gemeinen Kritiken aufgeregt), Danksagung vom Vorsitzenden Professor Ley, und für unsere Verdienste eine Sonderprämie von zweitausend Mark. Na, ist das was? Wir sind wieder getröstet.
Schluß. Ich muß arbeiten, schinde mich schrecklich mit meinem Buch.

28. 1. 61

Ich sitze allein und arbeite am letzten Kapitel, das übermorgen abgeschlossen sein muß, und gerade diese letzten Seiten fallen mir entsetzlich schwer. Und dann? Ich hatte mich so nach dem Buchschluß gesehnt – tausend Pläne: Ferien machen, viel lesen, ins Schriftstellerheim fahren . . ., nichts ist. Nach Petzow können wir nicht, weil der Zirkel uns jetzt braucht (Endredaktion für unser erstes Bändchen), und die Ferien gibt es auch nicht, weil ich gleich ein Fernsehspiel schreiben muß. Wozu eigentlich diese ewige Hetzerei?
Ich bin ziemlich fertig. Mein Schnapskonsum ist in der letzten Woche erschreckend gestiegen. Ich habe auch wieder Liebesgeschichten. Ich bilde mir ein, ich werde alt und müßte genießen – und dergleichen Unsinn, den ich mir schon mal vor Jahren an den Schuhsohlen abgelaufen hatte. Aber diese

Dummheiten lösen sich wieder in nichts auf, wenn mein Kopf in Ordnung ist. Und den Alkohol muß ich ein bißchen beiseite stellen, weil mein Herz jämmerlich klappert.
Unsere Verbrüderung mit den Funktionären macht Fortschritte; übrigens ist sie – jedenfalls von unserer Seite – aufrichtig, und auch die Gegenseite scheint uns mit echter Empfindung ans Herz zu ziehen. Jedenfalls erweist man uns alle möglichen Gefälligkeiten, und wir sitzen zusammen und diskutieren, sehr offen, sehr streitbar. Natürlich bin ich froh, daß wir uns zusammengerauft haben und daß Frieden eingekehrt ist. Ich streite mich gern mit B.; obgleich ich nicht alle seine Ansichten akzeptieren kann, versuche ich sie zu begreifen, zu respektieren und lerne dabei.

1. 2. 61

Und nun also doch: Jon (dreißig), Philosophiestudent, vor dem Examen geflogen, zweimal aus der Partei entfernt, Arbeit auf einer MTS, wegen einer dummen Geldgeschichte im Gefängnis – im Straflager von Schwarze Pumpe, Raupenfahrer bei BMK, ein Enfant terrible.
Er sieht meinem Uli-Bruder so ähnlich, daß ich ihn meine Inzestliebe nenne, klug, scharfsinnig und von teuflischer Logik, die alles beweisen und gleichzeitig den schlüssigen Gegenbeweis zum eben Bewiesenen bringen kann. Ein Mensch, der nie wirklich glücklich sein kann, weil er alles, jeden Gedanken, jedes Gefühl, analysiert und seziert und Gesetze daraus ableitet.
Ein schrecklicher Mensch. Wir hatten sofort die »Antenne« füreinander. Wir stritten uns erbittert: Gefühl gegen Verstand. Was soll schon dabei herauskommen? Aber es war gut. Ja . . ., Ich wollte nicht von ihm schreiben. Aber dieses Buch wird niemand lesen (und irgend jemanden muß ich es doch erzählen: Wes das Herz voll ist . . .), und ich darf Geständnisse machen, über die ich in einem Vierteljahr lächle, obgleich nicht ohne Wehmut.

Unterwegs auf der F 96, während der Fahrt im Wind drehte Jon den Kopf und rief: »Du bist ein großes Abenteuer, ein Ausflug in die Anarchie!«
Jon hatte mir eine viel zu große Windjacke verpaßt (ich bin mager wie eine verhungerte Katze), und er trug eine gleiche Jacke, und wir haben überhaupt ein wenig geschwisterliche Ähnlichkeit.
Nachher fuhren wir nach Bautzen und durch kleine Sorbendörfer und ein Städtchen, in dem es Kruzifixe an den Mauern gab und, weiter draußen, Muttergottesbilder auf den Äckern; durch Wälder – wir wußten gar nicht, wo wir uns eigentlich befanden – mit Birke und verdorrtem Heidekraut, an alten Gruben vorüber, und es war kalt und windig, und ich lehnte mich fest an Jons Rücken.

12. 2. 61

Solange das Buch noch nicht abgeschlossen war, habe ich mich ganz wacker gehalten (bis auf eine gewisse Liebe zum Wodka), aber jetzt ist es vorbei, und ich kann mich nur dadurch retten, daß ich so bald wie möglich eine neue Arbeit beginne.
Ihr könnt Euch nicht vorstellen, wie ich jubiliert habe, als ich das Wort »Ende« in mein Heftchen schrieb.

12. 2. 61

Am 10. Februar war unser Zirkelfest, die ganze Pumpenprominenz war unserer Einladung gefolgt. Sogar der neue Werkleiter war gekommen, ein gut aussehender junger, erstaunlich junger Mann. Er muß phänomenal tüchtig sein. Er sieht eigentlich recht sanft aus, aber das täuscht; er ist von kluger Härte, die man in seiner Stellung notwendig braucht.

13. 2. 61

Dan und ich saßen eine ganze Weile bei dem neuen Werkleiter, dem man offenbar eine Menge netter Dinge von uns erzählt hatte, und der Teufel mußte mich reiten, daß ich mit ihm zu streiten begann. Die andern Funktionäre gaben groß an mit ihren Kulturplänen – aber meine Brigade hat nicht mal einen Frühstücksraum, sondern muß mit schwarzen Händen in der Halle essen. Man muß erst mal gewisse ökonomische Voraussetzungen schaffen, ehe man mit dem Bücherkarren anrollt. Na, und dann dieser verdammte Ärzteball – das gesellschaftliche Ereignis des Jahres. ND auf »Constanze« gequält! »Was trug man? – Schwarzen Samt bis auf die goldenen Schuhspitzen, Wellen von weißem Tüll...!« etc. Abscheulich. Ich stelle mir immer vor, wie ein rotes Arbeiterbataillon mit Maschinenpistolen in den mit weißer Seide behängten Tanzsaal aufmarschiert – unter diese Gesellschaftslöwen, denen wir Staubzucker in den Arsch blasen müssen, damit sie die Güte haben, nicht in den Westen abzuhauen, sondern für... zigtausend Mark Monatsgehalt unsere kranken Werktätigen zu behandeln.
Aber: »Linksradikale!« und: »Anarchistin!« Übrigens haben sie nicht mal unrecht; wahrscheinlich neige ich gerade deshalb zum Anarchismus, weil ich aus dem Bürgertum komme.
Der neue Werkleiter hat eine verteufelte Manier, einem im Gespräch den Kopf zuzudrehen und einen anzusehen und ganz ruhig zu sprechen – einfach unbeugsam. Er ereifert sich nicht, aber man merkt, daß er immer oder meistens recht behält und sich eisern durchsetzt. Aber beim Tanzen war er dann ganz jung und temperamentvoll. Ein Typ, der mir absolut wesensfremd und ein bißchen unheimlich ist, vielleicht schon der Typ des Kommunisten von morgen. Ich möchte ihn näher kennenlernen, um über ihn irgendwann einmal schreiben zu können; vielleicht würde ich selbst dadurch fester, gefestigter werden. (Meine Helden sind

genauso labil wie ich – was beweist, daß ich noch keine Schriftstellerin bin.)

15. 2. 61

Ich höre eben einen gemeinen, dreckigen, brutalen Schlager, auf tragisch getrimmt, von einem Westsender: »Wir waren nicht fein zu little Joe, wir waren gemein zu little Joe..., wir hätten's dir gern erspart, aber das Leben ist hart... Wo wird er sein, little Joe? Im Himmel wird er sein, little Joe...« Systematische Verrohung. Plötzlich ein Gefühl von Angst und zugleich Empörung. Und nun muß ich auch noch an meinen Lutz-Bruder denken, der im Begriff ist, ein guter Bundesbürger zu werden, und vielleicht sind wir eines Tages Feinde. Wären wir es nicht schon, wenn er nicht eben mein Bruder wäre?

20. 2. 61

Eben ist Dein Beinahe-Zwillingsbruder gekommen, mit dem wir zusammen an der Redaktion für das Bändchen zum 15. Jahrestag der Partei arbeiten. Wir haben ein paar schwere Tage hinter uns – wir mußten vom frühen Morgen bis in die Nacht an dem Ding arbeiten, was uns sämtliche Nerven, tausend Zigaretten und hundert Liter Kaffee gekostet hat. Ich freue mich mit Dir, daß Du nun Deine Zeit bald rum hast, lange Ferien machen und Dich dann in Dein Studium stürzen kannst. Hauptsache, Du gehst nicht eines Tages den Weg, den Dein Bruder gegangen ist – ich wäre nicht bloß sehr betrübt, sondern ernstlich böse. Wenn Du wirklich mal in Schwierigkeiten kommst, politisch oder sonstwie – wir sind immer für Dich da und werden Dir helfen, so daß Du Dich gar nicht erst westwärts zu wenden brauchst. Hast Du das Thema vom 12. Plenum gelesen? Die Sorge um den

Menschen steht wieder – oder vielmehr jetzt erst richtig – im Mittelpunkt. Hätte man dieses Plenum ein Jahr früher veranstaltet, wäre Lutz vielleicht noch hier. Wir haben hier sehr gute Beziehungen zur Partei, und wenn wir ihnen von irgendwelchen Ungerechtigkeiten oder dergleichen erzählen, schreiten sie energisch ein. Du weißt schon, was ich Dir damit sagen will.

26. 2. 61

Krank, fürchterliche Rückenschmerzen und Zusammenbruch zu Haus, in unserer Ehe.
Ich bin ganz ratlos.
Ich bin wütend – und desto wütender, weil ich, beleidigt oder nicht, eben doch im Unrecht bin. Ich suche nach einer sauberen anständigen Lösung. Ach, unsre Diskussion über sozialistische Moral! Es gibt keine Lösung, die nicht schmerzte, und wahrscheinlich nennt man das, was wir hier erleben, in der Literatur einen »unlösbaren Konflikt« – der bloße Anstand ist eben kein Ausweg, sondern bestenfalls ein Notausgang.
Aber es ist doch so wunderbar, mit Jon zusammen zu sein. Wir sind aus dem Stadium der intellektuellen Verliebtheit hinaus, und wenn wir uns sagen: »Ich liebe dich, ich bin verrückt nach dir«, dann entschuldigen wir uns nicht mehr mit spöttischem Lächeln für diese Banalitäten.
Jon sagte: »Ich werde an dir kaputtgehen – und es wird mir sogar ein Vergnügen sein, an dir kaputtzugehen.«
Warum sagen mir Männer so düstere Sachen? Natürlich ist das Unsinn; ein Mensch, der seine Arbeit liebt, geht nicht an Gefühlen zugrunde. Manchmal bilde ich mir ein, ich sei ein heiteres nettes Mädchen – aber wenn Dan recht hätte, der mich ein brutales intellektuelles Tier nennt? Dennoch: Wenn ich zwei, drei gute Bücher schreibe, ist mein Privatleben dagegen einen Pfifferling wert...

6. 3. 61

Jon war fast jeden Tag hier, und fast jeden Tag gab es große Aussprachen zu zweit und zu dritt, und natürlich brachten sie uns keinen Schritt weiter.
Bei der Dreierdiskussion habe ich mich abscheulich benommen. Ich fand sie ein bißchen lächerlich, obgleich keinem der Beteiligten zum Lachen zumute war. Für mich haben Dreiecksgeschichten immer eine Spur von Lächerlichkeit, vielleicht weil sie in der Literatur so strapaziert worden sind.
Freitag war Dorschan vom Fernsehfunk da. Wir arbeiteten zwölf Stunden hintereinander wie die Pferde und schafften bis auf Kleinigkeiten das Exposé zur »Frau am Pranger«. Ich war total erschöpft. D. ist ein prächtiger Dramaturg, ein skurriles Bürschchen mit guten Einfällen, die er so vorbringt, als seien es Einfälle der Autoren.
Nun dies: Wir haben heute morgen unser Konto getrennt. Ein böser Schritt. Ich habe ein eigenes Konto, lieber Himmel, und ich kann nicht wirtschaften, und ich werde bald vor dem Bankrott stehen, egal. Eigentlich ist noch gar nichts in Ordnung. Dan nennt mich eine Sexbombe, komisch. Ich möchte viel lieber anständig und treu und bloß ein bißchen sexy sein, bloß für Dan, aber mein ganzes Wesen ist mir im Weg. Ich richte immer Unheil an, und dabei will ich lieb sein.

9. 3. 61

Eben habe ich ein Exposé abgeschlossen. Eine scheußliche Arbeit – nicht weil ich etwa den Stoff nicht bewältigt hätte, sondern wegen der körperlichen Schmerzen die ganze Zeit, die sich manchmal zu Qualen steigern, daß ich schreien möchte. Aber ich trage es wie eine Strafe vom lieben Gott, an den vielleicht irgendein unkontrollierbares Gehirnteilchen noch glaubt.

Ich denke an die Jahre mit Dan wie an ein verlorenes Paradies.

25. 3. 61

Liebe Brigitte R.,
Sie haben den besten Mann der Welt, und es ist unverständlich, warum Sie – wenn auch nur für ein paar Wochen – einem andern in die Arme stolpern. Sie sind ein idiotisches Stück Weibchen.

Ihre aufrichtige Brigitte R.

29. 3. 61

Gestern abend, von Berlin zurückkommend, fand ich einen herrlichen, schmerzlichen, erschütternden Liebesbrief von Dan, den er am Sonnabend in Rheinsberg geschrieben hat. Nachts, im Bett, las ich ihn wieder und wieder. Ich schäme mich, weil ich nicht weiß, was ich Dan Gutes und Liebes tun soll, um ihn die schrecklichen Wochen und seine Enttäuschung vergessen zu machen.

Entsetzliche Träume: Atombombenabwurf, Menschen, in feuchte Tücher gehüllt, an die Erde gepreßt, die Glutwellen gingen über uns hin (o Gott, und ich fühlte sie), dann das Ende, Wüste, keine Häuser, keine Bäume, kein Gras mehr, fußhoch weiße Asche; mein Gesicht war mit Brandwunden bedeckt.

Gestern Berlin. Adlerauge fuhr uns, ein sympathischer Halbstarker. Zuerst DSV. Natürlich hatten die Sekretäre Sitzung. Die andern starrten mich an, als hätte ich ein Sakrileg begangen, weil ich einen Sekretär zu sprechen wünschte, der Sitzung hatte.

Der Zirkelkurs hat mal wieder um hundertachtzig Grad gewendet. Bekam fast Vorwürfe, weil unsere Arbeiter gute Geschichte schreiben, weil wir einen Band herausbringen und ein Stück fürs Arbeitertheater verfassen – die schrei-

benden Arbeiter sollen einen Artikel für die Wandzeitung kritzeln, Mißstände im Betrieb aufzeigen etc. Statt daß sich diese Verbandsgreise freuen, daß sie endlich mal wieder frisches Blut in ihre verkalkten DSV-Arterien gepumpt bekommen! Ich stritt bis aufs Messer, weil ich so stolz auf unsern Zirkel bin und weil ich es nicht leiden kann, wenn Schreibtischleute die Praxis mit ihren ausgeklügelten Theorien gängeln wollen. Pah! Ich war stinkwütend, bin nicht von meiner Meinung abgewichen, immerhin habe ich die Referenten bekommen nach zermürbendem Organisationsgerede. Verdammte Bürokraten und Klugscheißer!
Aus irgendeinem Fenster in der Straße höre ich die Zwischenaktmusik von »La Traviata...«
Übrigens habe ich für Dan auch eine Schreibmaschine gekauft, und ich hoffe, er wird nicht zu entsetzt über seine verschwenderische Frau sein, zumal wir eine zweite Maschine dringend brauchen; vorher hat es ab und zu mal Zank gegeben, weil wir oft zur selben Zeit tippen müssen. (Außerdem hatte ich natürlich das Bedürfnis, Dan irgend etwas Schönes zu schenken, weil ich ihm in den letzten Wochen soviel Kummer gemacht habe.)

30. 3. 61

Jon machte eine ulkige Liebeserklärung: »Du siehst mal wieder aus, als ob du heute nachmittag deine Schularbeiten nicht gemacht hast...«
Im Bett las ich die antiquierte »Kameliendame« und vergoß Tränen. Tatsache. Morgens, in den grauen Himmel starrend, dachte ich ein paar Minuten lang, es wäre ja doch gelogen, wenn ich hier nur schriebe, ich sei nicht mehr in Jon verliebt.
Aber dann war da wieder ein wunderschöner Brief von Dan... Ich verdiene diesen herrlichen Menschen nicht, ich habe nichts getan, ihn mir zu verdienen...
Gräßliche Schmerzen in der Hüfte.

Abends. Irrsinnig enttäuscht: Dan hat telegrafiert; er kommt erst am Sonnabend. Auf einmal tut mir das Herz weh. Bei aller Geschäftigkeit bin ich sehr einsam ohne ihn. Und dann lese ich noch einmal seinen Brief: »Mein liebes ungesetztes Mädchen...«
Ich bin enttäuscht, und der Tag ist mir verdorben. Zudem habe ich nichts geschafft, und jetzt werde ich mich trotz der späten Stunde ins Badezimmer schleppen und große Wäsche machen, damit ich wenigstens etwas Nützliches hinter mich gebracht habe.

31. 3. 61

Karfreitag. Sehr einsam.
Gestern bis Mitternacht gewaschen, todmüde ins Bett gefallen. Schlief mit einem Roman in der Hand ein – zum erstenmal seit langem ohne Grauen und kindische Gespensterfurcht.
Möchte heute noch einmal das Kapitel über die Kreuzigung Christi lesen.

Abends

Schrecklich unruhig. Ich hatte mir wirklich eingebildet, Dan käme noch . . . Statt zu arbeiten, stand ich immerfort am Fenster und starrte hinaus auf die Straße, auf der es nichts zu sehen gibt. Im Haus dudeln Radios. Ich komme mit meiner Geschichte nicht voran. Unzufrieden mit mir.

3. 4. 61

Habe gestern den ganzen Tag für Dan getippt. Meine Arme und Handgelenke schmerzten, aber auch das ist gut und köstlich, weil ich weiß, daß ich Dan ein bißchen geholfen habe. Wir müssen unbedingt morgen mit den Manuskripten fertig sein. Er sitzt nebenan in seinem Zimmer und tippt auf der neuen Maschine.

5. 4. 61

Jetzt sitze ich an meinem Schreibtisch und will die Geschichte beginnen, von der ich seit Tagen träume. »Die Geschwister«, die Geschichte von meinem Lutz-Bruder (wie sie rechtens hätte laufen müssen und in der Wirklichkeit eben nicht lief), und ich war elektrisiert und begeistert, und nun, da es soweit ist, da ich endlich Zeit habe, ist alles fort. Immer dasselbe . . . Vorher wußte ich seitenlang Wort für Wort, und nun klingt alles hölzern und unlebendig.

7. 4. 61

Jon war da. Ich las meine Geschichte vor. Wir gingen spazieren wie zwei alte Kolkraben. Eine Frühlingsluft, weich und warm nach ein paar Wochen verspäteter Kälte, und wir marschierten durch die Straßen und diskutierten Republikflucht und dergleichen.
Die meiste Zeit sprach Jon. Er hielt lange und gescheite politische Vorträge, und ich kam nicht zu Wort. Gut so, ich habe eine Menge dabei gelernt. Nachher schleppte er mich zum Essen ins »Glück auf«. Und die ganze Zeit: Fehlerdiskussion, Klassenbewußtsein, Uli (das ist mein Held) in seiner Beziehung zur Partei. Ich war hinterher tot und erschlagen, aber ich sehe jetzt den roten Faden, die Geschichte hat ihr richtiges politisches Gerippe, und wenn ich sie jetzt auch noch ordentlich schreibe . . . Abwarten. Jedenfalls macht sie mir nun sogar Freude.

10. 4. 61

Offen gestanden – auch auf die Gefahr hin, daß Mu mich nicht begreift oder betrübt ist: Ich habe Lutz bis heute nicht verziehen, daß er weggegangen ist, und je länger ich an meiner Erzählung arbeite, desto klarer wird mir, warum man ihm das nicht verzeihen kann, und ich sehe heute auch

ein, daß man damals etwas hätte unternehmen müssen. In Wirklichkeit hat er keine Gründe gehabt – es waren bestenfalls Ausreden. Ich glaube ihm nicht mal mehr seine »Verräterkomplexe«. Er ist nämlich, strenggenommen, ein Verräter. Darüber kann man in einem Brief schlecht diskutieren, es gibt zuviele Mißverständnisse. Wahrscheinlich urteile ich gerade deshalb so streng, weil ich Lutz so geliebt habe. Genug davon, ich rege mich sowieso genug auf, während ich an der Geschichte schreibe.
Über die Sache mit E. haben wir uns sehr aufgeregt. Das arme Mädchen! Sie müßte unbedingt von Hause fort. Sicher, E. ist ein schwieriges Mädchen – aber man muß sich doch immer fragen, woher das kommt. Ich war genauso schwierig (ungefähr aus denselben Gründen – Kranke sind nun mal mitunter nicht zurechnungsfähig), aber ich hatte das Glück, die besten Eltern von der Welt zu haben.

12. 4. 61

Wenn ich es nicht aus dem Kalender ersähe, wüßte ich nicht, daß Frühling ist. Sonntag sah ich von Jons Wohnungsfenster aus einen blühenden Baum, es ging mir durch und durch.

Nachmittags

Eröffnung eines neuen Zeitalters. Der erste bemannte Weltraumflug: Major Gagarin umkreist mit seinem Sputnikschiff in hundertacht Minuten die Erde. Eigentlich sollte dies mit roter Schrift eingetragen werden.

17. 4. 61

Ich glaube, ich bekomme ein Kind. Ich bin ganz verzweifelt, manchmal fange ich an zu weinen, ich will arbeiten und nicht Mutterglück spielen. Dan ist traurig, weil ich das Kind nicht behalten will – aber wahrscheinlich wird mir ja gar nichts anderes übrigbleiben. Deshalb wage ich dieses Etwas auch nicht zu hassen und zu verfluchen, denn wenn es wirklich geboren werden sollte, würde ich den Haß von damals bitter bereuen. Ich bin auch abergläubisch...

29. 4. 61

Ein Baby bekomme ich nun doch nicht. Auch gut. Trotz alledem: ein bißchen Wehmut bei der Erinnerung an die Fahrt nach Rheinsberg, als ich anfing, mich zu freuen, und Dan war so zärtlich und stolz und fragte immerfort, wie fühlt ihr euch, und ich sprach im Pluralis majestatis . . .
Seit vielen Tagen keine Zeile mehr an den »Geschwistern« geschrieben. Dafür: Lehrgang in R. (großer Erfolg, Parteiprominenz zu Besuch, fabelhafte Diskussion); Privataudienz bei Herbert Warnke, dem wir unser Zirkelbändchen überreichten; hundert Versammlungen, Besprechungen etc., Bogen für mein Buch gelesen, das im Juli erscheinen soll; Interview für NBI gegeben, mit stundenlanger Fotografiererei; Erfahrungsaustausch mit Wismut-Zirkel Aue, wo wir ganz groß auftraten; Bücherball, Lesung; Besuch beim Fernsehfunk, ich habe das Exposé hingeschmissen und keine Lust, es vorerst wieder aufzunehmen; mit Jon in Cottbus bei der AG Junger Autoren; Brigadefest..., ja, ja, ja, es ist alles wichtig und gut und nützlich, aber ich möchte endlich wieder schreiben. Ich werde verrückt. Wenn ich all den Einladungen folgte, mit denen ich überschüttet werde, könnte ich meinen Beruf an den Nagel hängen und professioneller Reisender in Literatur werden.

5. 5. 61

Gestern mal wieder zu einer Konferenz in Berlin: Probleme schreibender Arbeiter. Bei der Konferenz standen wir groß da: Jon gab einen prächtigen Diskussionsbeitrag – nachdem

er sich freigesprochen hatte, agierte er wie ein Schauspieler.
Die ganze Zeit wollte ich über ihn schreiben – zur Selbstverständigung und weil mir daran liegt, diesen überaus interessanten Typ für mich festzuhalten (irgendwo in einem Gehirnwinkel bereitet sich eine Geschichte vor, deren blendender trauriger Held mein lieber Jon ist), aber natürlich war nie Zeit, und auch jetzt muß ich mich auf ein paar oberflächliche Bemerkungen, Erinnerungsskizzen beschränken.

7. 5. 61

Heute morgen Streit mit Dan. Ich bin traurig und zugleich empört. Er hat die letzte Woche verzweifelt wenig geschafft, und nun versucht er die Schuld daran auf mich abzuwälzen: Auf irgendeine mysteriöse Weise habe ich ihn gehindert... Diese verdammte Sucht, jeden Satz fünfundzwanzigmal zu schreiben. Aber Bücher sind dazu da, gelesen zu werden und zu den Menschen zu gehen; nicht der Anspruch des Schriftstellers auf Ewigkeitswerke ist wichtig, zumal wenn der Schriftsteller ein Jahrzehnt braucht für so ein »Ewigkeitswerk«. Jetzt brauchen wir das Buch, nicht in zehn Jahren.
Wer etwas zu sagen hat und wer schreiben will und kann, der schreibt an jedem x-beliebigen Punkt der Welt. Ich hasse diese Extravaganzen und ich muß nun wirklich einmal jammern und mich bedauern: Ich bin von Konferenz zu Konferenz gerast, ich halte die Wohnung tadellos in Ordnung, ich wasche und plätte und scheuere, unser Haushalt läuft wie am Schnürchen. Und meine »Geschwister«, wer fragt schon danach, wann und unter welchen Umständen ich daran schreibe, und in der Tat ist das nebensächlich, die Geschichte muß gut sein, der Schriftsteller interessiert nicht.
Meine Bücher sind bei Gott keine literarischen Kostbarkeiten (und alle folgenden Bücher werden es auch nicht sein),

aber sie haben Zehntausende bewegt und ein bißchen beeinflußt. Was ist mehr?

8. 5. 61

Gestern war ich mal wieder hübsch garstig und ungerecht. Wenn ich wütend bin, sage ich eine Menge Dinge, die ich nicht gründlich durchdacht habe. Heute früh stritten wir uns schon wieder wegen Thomas Mann, und Dan nannte mich primitiv und linksradikal, weil ich einer Nützlichkeitsliteratur das Wort rede. Aber ich liebe nun einmal die Streiter und Rebellen, die Veränderer, ich liebe Gladkow und Libedinski (meine große Entdeckung: »Eine Woche«), und ich weiß jetzt auch, warum ich mich für Mann nicht erwärmen kann: Er interpretiert, aber er hilft nicht verändern, Schwanengesänge statt der Internationale.
Aber wir werden schon auf einen gemeinsamen Standpunkt kommen. Dan und ich. Den »Zauberberg« fange ich nicht noch einmal an, großer Schwur! Aber den »Faustus« werde ich lesen. Die Erzählungen kenne ich und weiß noch von meiner Erschütterung über die Begegnung mit einem Dichter, der mir nach dem Diktat eines Gottes geschrieben zu haben scheint. Aus irgendeinem Grunde ist mir der Gedanke fremd und unheimlich, daß dies aus der Feder eines Menschen gekommen sein soll, der aß und verdaute wie andere Menschen und sich zur Arbeit an einen Schreibtisch setzte.

13. 5. 61

Am Dienstag war ich von der Kulturabteilung des ZK zu einer Diskussion über »Schaffensprobleme« eingeladen; es war eine ausgezeichnete Tagung, nur wenige Schriftsteller, unsere jungen, wißt Ihr, die noch Feuer und Ideen haben.

21. 5. 61

Wir sind beide Delegierte unseres Bezirkes zum Schriftstellerkongreß. Ich soll einen Diskussionsbeitrag geben, aber ich habe schreckliche Angst. Zwar werde ich den Beitrag schreiben, aber vorlesen muß ihn Dan – ich würde da oben auf dem Katheder einfach sterben.
Die letzte Woche war vollgepackt mit Arbeit, weil ich ja für Dan die Manuskripte abschreiben mußte. Jetzt geht, so Gott will, alles klar mit seinem Buch, wir haben den Titel, die Seitenzahl steht fest, nächste Woche beginnt der Illustrator, und nur die letzten zehn Seiten müssen noch geschrieben werden. Dreiunddreißig Kreuze, wenn das Buch unter Dach und Fach ist! Hoffentlich bekommt mein armer Liebster keinen Rückfall dadurch, daß er heute schon aufgestanden ist. Wenn er im Bett bliebe und nicht zu Ende schriebe und das Buch würde dieses Jahr nicht mehr erscheinen – das wäre erst recht eine Katastrophe. Nicht bloß wegen Caspars Ungnade – vor allem Dan selbst wäre zerschmettert. Nachdem er so oft Pech gehabt hat, darf ihm das Schicksal nicht wieder einen Strich durch die Rechnung machen.

Berlin, 26. 5. 61

Es gab allerlei interessante Begegnungen mit Leuten, die ich von früher kannte oder hier erst kennenlernte. Lewin stellt mich Alexander Abusch vor, und ich benahm mich vor Verlegenheit ganz ungeschickt. Er gab mir den Brief eines sowjetischen Komponisten, der »Die Frau am Pranger« für eine Oper vertonen will. Abusch war sehr huldvoll: ich sei noch jünger, als er mich sich vorgestellt hatte. Nun ja, auch eine Sorte Kapital, das sich freilich bald auffrißt. Eva Strittmatter nannte mich in ihrem Referat als eines der neuen starken Talente. Das ist schon besser, als nur eine attraktive Frau zu sein.

Gestern um zehn Uhr war die glanzvolle Eröffnung. Die Heroen unserer Literatur marschierten unter Riesenbeifall ins Präsidium: die herrliche Anna Seghers, Strittmatter, Arnold Zweig, gebückt und fast blind. (Er hielt nachher eine sonderbare Ansprache mit vielen freundlichen Provokationen.) Die ausländischen Gäste wurden begrüßt – als der Name des kubanischen Gastes fiel, klatschten alle wie besessen; es war eine Solidaritätskundgebung für die Republik Kuba.

Wie viele Große sind in der Zeit seit dem letzten Kongreß gestorben! Thomas Mann, Bert Brecht, F. C. Weiskopf, Johannes R. Becher, Lion Feuchtwanger... Die Alten im Präsidium hatten Angst, das spürte man auch in Zweigs Worten; sie glauben, wenn sie gehen, stirbt die deutsche Literatur, sie erwarten nichts von den Jungen, ja, sie wollen nicht einmal wahrhaben, daß es Talente unter den Jungen gibt. Nur Anna Seghers schien zuversichtlich; ihr Appell an die Alten freilich, sich mit jungen Schriftstellern helfend zusammenzusetzen, wird wohl ungehört verhallen. Anna Seghers hielt das große Referat des Kongresses, über Tiefe und Breite unserer Literatur. Ich hörte mehr auf ihre faszinierend rauhe Stimme, mehr auf die Sprache ihres Referates (unverbesserlicher Formalist!) als auf den Inhalt, den wir uns ja ohnehin gedruckt zu Gemüte führen können. Zum erstenmal hörte ich ein Referat, das in dem unverwechselbaren literarischen Stil des Autors geschrieben war. Jede Zeile war unverrückbar Anna Seghers. Wenn ich sie sehe (und ich wage kaum die Augen zu ihr zu erheben), ist mir zumute wie als Kind in der Kirche, ein erhabener Schauer weht mich an, ich glaube, ich würde einfach umfallen, wenn sie ein Wort an mich richtete.

29. 5. 61

Der Kongreß und alles, was um ihn herum geschah, hat mich restlos verwirrt, ich muß erst mit mir ins reine kommen. Ich muß auch meine politische Position überprüfen. Vielleicht muß ich meine Begriffe zurechtrücken, ich habe in der letzten Zeit zu weit links gestanden. Immer wieder wurde das Wort der schöpferischen Einsamkeit betont, die wichtigste Aufgabe des Schriftstellers: zu schreiben und sich nicht mit Funktionen und tausend Nebenarbeiten zu verzetteln. Zwar führte Strittmatter uns als glückliches Beispiel an für die Verbindung des Schriftstellers mit dem Leben, mit den Arbeitern; unsere Arbeit habe, seit wir im Betrieb sind, an künstlerischer Reife zugenommen. Jetzt frage ich mich aber, ob wir nicht genug – vorerst genug – in uns aufgenommen haben, um uns erst einmal unserer Arbeit widmen zu dürfen. Wir haben doch auch ein Recht auf gelegentliche selbstgewählte Einsamkeit – wohlgemerkt, solange ein Buch geschrieben wird. Gleichzeitig fühle ich mich schuldig, wenn ich hier mit Kombinat etwas vernachlässige; wo hört die Verpflichtung auf, sich mit aller Kraft der Förderung anderer zu widmen?

30. 5. 61

Ich bin in einer abscheulichen Gemütsverfassung. Die dunklen süßen Mysterien des Katholizismus ziehen mich wieder mächtig an; wie beruhigend wäre es, wieder glauben zu können und den Kopf in den Schoß der alleinseligmachenden Kirche betten zu dürfen. Jon nennt den Katholizismus die größte Show des Jahrtausends – und ich habe verschwommene Sehnsucht danach, vor einem Beichtstuhl zu knien und in das weiße Ohr eines Priesters zu flüstern und all meiner Bedrückung und Ängste ledig zu sein, ein friedlich-dumpfes Lamm unter dem Mantel Gottes.
Welch absonderliche Wirkungen ein Kongreß sozialistischer Schriftsteller haben kann. Alles Nonsens. Freilich, in der Tat spukt noch etwas von dem finsteren Glauben meiner katholischen Voreltern in mir.
Jedoch zurück zu den irdischen Angelegenheiten. Mein

schauderhaftes Personengedächtnis brachte mich hundertmal in fatale Situationen, wenn ich begrüßt und angesprochen wurde und nicht wußte, von wem. Ich versuchte es mit Charme und Erröten zu überspielen. Wir standen in einer Ecke und tranken Wein, wir wurden aber bald aus unserer Eremitage hervorgezerrt. Zuerst kam Abusch und unterhielt sich eine Weile mit mir, und ich war nicht nur deshalb ganz unbefangen und heiter, weil ich ein paar Gläser getrunken hatte. Vor Männern habe ich sowieso keinen Respekt (und das hat nichts zu tun mit mangelnder Achtung vor ihren Leistungen); aber als am nächsten Tag Anna Seghers vor mir stehenblieb und mich anlächelte, fiel ich beinahe in Ohnmacht, ich hätte kein Wort herausbringen können.
Dann wurde auch noch getanzt, und ich mußte immerzu tanzen und wäre viel lieber irgendwo stehengeblieben und hätte mit ein paar wirklich interessanten und mich interessierenden Leuten gesprochen. Alle versicherten mir, ich sei klug und schön und charmant und begabt und Gott weiß was, und schließlich kam noch mein gestrenger Lewin hinzu und schwärmte vom »Geständnis«. L. war hinreißend, früher habe ich mich vor ihm gefürchtet, weil er so etwas Roboterhaftes hatte. Jetzt tanzte er Boogie mit mir und himmelte mich an, und ich fand ihn sehr nett. Wir tranken sogar Brüderschaft (natürlich ohne Kuß – sonst wäre doch noch ein Parteiverfahren fällig gewesen).

3. 6. 61

Nachmittags wahnsinnige Kopfschmerzen. Fuhr dann mit Jon zum Knappensee raus. Der Roggen blüht, auf den Feldern wird Gras gemäht. Geruch von Wald und Pilzen und Heu und später, am See, von brackigem Wasser. Fahrt durch stille kleine Dörfer, die mich an das Dorf – unbekannte Dorf – meiner »Frau am Pranger« gemahnten. Irgendwo läuteten Abendglocken. Etwas Vergessenes oder Verschüttetes kam wieder.

Wir gingen am See entlang, wir standen zwischen Weiden und hörten zwei Rohrdommeln zu, die im Schilf einander lockten. Ein friedliches Land, friedliche Stille und Stimmung.

14. 6. 61

Gestern abend, als ich vom Zirkelabend kam, lag ein Telegramm im Briefkasten: »Der Bundesvorstand des FDGB beschloß, Sie mit dem Literaturpreis des FDGB auszuzeichnen . . .« Das Telegramm war für Dan und mich bestimmt. Ich weiß freilich nicht mit Sicherheit, für welche Arbeiten wir den Preis bekommen, ich habe aber ganz schön verrückt gespielt. Ich bin so froh, daß ich nicht allein den Preis bekommen werde, sondern daß Dan beteiligt ist.

15. 6. 61

Morgen fahren wir nach M., zur Preisverleihung. Ich bin ganz gleichmütig, als wäre es schon vorbei, und nun käme die nächste, nächsthöhere Stufe. Die Zeremonie selbst wird mich noch einmal aufregen, aber die Sache ist vorbei, ich habe den Fuß schon vorsichtig erhoben, bereit, auf die folgenden Sprossen zu treten. Man kann abstürzen, sicher, vielleicht hält die Sprosse nicht, aber es zwingt mich weiterzugehen, das ist alles. Ist das Ehrgeiz, Hochmut, Schlimmeres als dies? Ich weiß nicht. Ich habe keine Freude am Geschaffenen, am Erreichten. Ich habe nur Freude am Schaffen und an all der Quälerei, die dazu gehört.

29. 6. 61

Eigentlich müßten wir arbeiten, aber wir sitzen seit Stunden mit unserem Fernsehspiel fest, das wir vor ein paar Tagen begonnen haben. Es hängt nur an ein oder zwei lächerlichen

Sätzen, und gerade diese Sätze finden und finden wir nicht. Es ist doch eine schlimmere Schinderei, als wir erwartet hatten, und vor allem ist es nicht leicht, von Prosa wieder auf Dramatik umzuschalten, nachdem wir monatelang nur Erzählungen geschrieben haben.
Vorigen Sonnabend war der kleine Dorschan da, an dem wir wieder viel Spaß hatten oder richtiger: viel Freude. Ein reizender Bursche! Er ist einen Kopf kleiner als ich und ziemlich rund, und er kann einem, da er einmal die Schauspielschule besucht hatte, jede Szene auf die possierlichste Weise vorspielen. Wir haben uns endlich über den Handlungsfaden in dem Stück geeinigt, und D. ist beruhigt wieder abgeschwirrt.
Wir haben, seit wir von zu Hause weggefahren sind, eine Unmasse Gratulationen über uns ergehen lassen – Partei, Gewerkschaft, Werkleiter (der Herr Kaufmännische Direktor, der Grandseigneur des Kombinates, war höchstpersönlich hier und außerordentlich gnädig), Rat des Bezirkes etc. Unsere Wohnung schwamm in Rosensträußen. Auf Dans Schreibtisch häuften sich feierliche Ledermappen mit höchst schmeichelhaften Glückwunschschreiben, und in der Zeitung war unser Bild auf der ersten Seite. Nun sind alle sehr stolz auf uns, weil wir den Literaturpreis in unseren Bezirk geholt haben. Vielleicht klingt das jetzt so, als ob ich mich drüber lustig mache – in Wirklichkeit sind wir aber sehr froh über diese herzliche Anteilnahme; all das sind ja Beweise dafür, daß wir hier einen festen Platz erobert – nein, erarbeitet – haben.

11. 7. 61

»Ankunft im Alltag« inzwischen erschienen. Ich bin gewappnet für unerquickliche Diskussionen; der Knabe Curt wird einigen Leuten Kummer machen. Die »Junge Welt« hat seinetwegen den Vorabdruck abgelehnt; dafür bringt ihn die NBI. Hohes Honorar.

Wir haben überhaupt, das fällt mir eben ein, eine Menge Geld verdient.

15. 7. 61

Ich habe nun endlich an Lutz geschrieben, einen fünf Seiten langen Brief, und ihm bei der Gelegenheit mein Buch geschickt. (Habt Ihr es inzwischen gelesen? Ihr müßt mir doch sagen, ob es Euch gefällt. Vor allem Dorlis Urteil interessiert mich, für ihre Jugendgefährten ist es ja geschrieben.) Ich habe Lutz sehr ausführlich meine Gründe dargelegt, weshalb ich so lange geschwiegen hatte. Ich mußte ihm auch auf die Gefahr, daß er es mißverstehen wird, meine Meinung zu seinem letzten Brief sagen, und ich habe sie freundlich, aber konsequent gesagt. Ich kann nicht mal meinem Bruder zuliebe aus meinem Herzen eine Mördergrube machen. Ich habe ihn nicht agitiert – das hat ja sowieso keinen Zweck mehr –, aber ich erwarte von ihm, daß er wenigstens nicht den Staat beschimpft, der sein Studium bezahlt hat. Ein solches Verlangen ist nicht unbillig, und wenn er so etwas wie Achtung für meine politische Einstellung hat, wird er nicht bösartig reagieren. Ich habe in keiner Zeile meines Briefes vergessen, daß ich seine Schwester bin und ihn immer noch liebhabe, und ich hoffe, er wird das merken.

16. 7. 61

Habe ich Euch schon geschrieben, daß wir mit Rundfunks verzankt sind – endgültig, wie es aussieht? Der teure Rentzsch hatte auch den dritten Exposé-Vorschlag abgelehnt, und wir haben uns nun zu dem Entschluß durchgerungen, die Vorschüsse dem Komitee zurückzuzahlen. Das schöne Geld! Na, es hilft nichts.
Nun muß ich meinen Dan wecken, der sich für eine Viertelstunde hingelegt hat, bevor wir anfangen, den Feiertag zu

heiligen. Wir müssen heute unbedingt die siebente Szene im Stück schaffen, damit wir morgen den Anfang wegschicken und unserem kleinen Dorschan eine Freude machen können. Ich glaube, er hatte die stille Furcht, wir würden für den Fernsehfunk – trotz unseres Vertrages – doch keinen Handschlag tun, und war besorgt abgefahren. Desto froher wird er jetzt sein, zumal die Szenen, soweit wir das einschätzen können, recht gut geworden sind.

2. 8. 61

Am eigentlichen Geburtstag war es still und friedlich, Dan und ich lasen und hörten Musik, und es war so, wie wir uns einen Feiertag vorstellen. Mein Plattenspieler wird Tag für Tag malträtiert, und ich höre nicht mehr nur Jazz, sondern all die herrlichen Platten, die Dan mir geschenkt hat: Schubert, Beethoven, Ravel...
Inzwischen ist uns die Arbeit wieder über den Kopf gewachsen, wir haben den ersten Akt vom Fernsehspiel abgeschlossen, und der kleine Dorschan war begeistert. Wir haben frischen Mut für die Weiterarbeit.
Mit meinen »Geschwistern« habe ich, wie es scheint, mal wieder genau das Richtige getroffen; Caspar fand sie gut. Allerdings sind sie noch nicht fertig, die Geschichte wird sehr lang, und C. kann sowieso nur einen Auszug bringen. Der Rundfunk hat auch seine Hand draufgelegt; Ende der Woche müssen wir die ersten fünfzig Seiten schicken, und es soll eine Sendung darüber gemacht werden. In der gegenwärtigen Lage – Westberlinproblem – kommt so eine Republikfluchtgeschichte natürlich zur rechten Zeit, und ich wünschte nur, ich hätte Zeit genug, sie recht schnell zu beenden. Aber jetzt müssen wir uns erst wieder dem Fernsehspiel zuwenden, sonst sind alle Chancen für die Außenaufnahmen vertan.
Wir haben in der letzten Zeit soviel Anerkennung gehamstert, und wir haben Mut zum Arbeiten, und das Leben

könnte sehr schön sein, wenn man nicht ewig in Unsicherheit und sogar Angst wegen der politischen Entwicklung schwebte. Die Lage hat sich erschreckend zugespitzt. In der Berlinfrage wird sich nächstens einiges tun. Vati als aufmerksamer Zeitungsleser wird ja schon Bescheid wissen. Das alles bedrückt einen mehr, als man vor sich selbst wahrhaben möchte. Übrigens wäre es mir absolut egal, wenn man nicht mehr nach Westberlin reinkönnte – Hauptsache, es gibt keine bewaffnete Auseinandersetzung. Mit allen anderen Problemen werden wir schon fertig werden.

5. 8. 61

Dan schrieb gestern »Die Geschwister« für mich ab und arbeitete bis in die Nacht. Er sagt, meine Sätze seien gut zu lesen, aber schwer zu schreiben, ohne Harmonie. »Wie Drahtverhaue«, sagte ich. »Wie dein Charakter«, sagte er. Er ist begeistert von der Erzählung, er findet, meine Art zu erzählen werde immer »französischer«.
Lewin (Kulturabteilung des ZK) hat mir einen langen freundlichen, gescheiten Brief zu »Ankunft im Alltag« geschrieben. Er hält das Buch für eine Bereicherung unserer jungen Literatur. Wir freuten uns sehr über seine einfühlsame Kritik. Über einen Punkt möchte ich mich mit ihm auseinandersetzen: das Gefühl von »Selbstverständlichkeit« unserer DDR gegenüber, das die jungen Leute haben. Wir haben es wirklich, während L. die Republik mit den Augen eines Mannes sieht, der die Voraussetzungen schaffen half und unter den Nazis Schweres litt.
Gestern war ein schrecklicher Abend. Die Berlin-Krise verschärft sich, ein Gesetz gegen die Grenzgänger wurde erlassen, die Westmächte beraten, Strauß fordert Atomwaffen und Sondervollmachten für ihre Anwendung. Mir war physisch übel, als ich die Kommentare hörte. Wir balancieren wieder (immer noch seit Jahren) am Abgrund eines

Krieges. Mir bleibt das Herz stehen, wenn ich Flugzeuggetön höre. Gestern vermochte ich mich nicht mehr zu rühren vor Angst. Ich sah die Nacht vor dem Fenster, plötzlich wartete ich darauf, die fremde Sonne am Himmel zu sehen, jenen weißen Glutball, der uns noch einmal, zum letztenmal, einen taufrischen Tag zeigen würde, ehe wir in Asche zerfielen. Ich konnte nicht mehr arbeiten, auf einmal schien mir so sinnlos, sich abzuzappeln, sich um Alltägliches zu sorgen. Spätere Generationen – wenn es so etwas überhaupt geben wird – werden auf unsere Zeit zurückblicken wie wir auf die Zeit der Hexenverbrennungen und des Kannibalismus. Wir sind lebende Anachronismen.

Ich höre den zweiten Satz der »Unvollendeten«.
Mein Gott, diese Musik! Und meine armselige Kunst... Dumm, stümperhaft, niemanden erschütternd. Ein bißchen gutgemeinte Illustration zu Tagesfragen.

12. 8. 61

Schrieb ich schon, daß ich nicht mehr so furchtsam wegen der politischen Lage bin? Inzwischen hat German Titow siebzehnmal die Erde umkreist – seine Weltraumrakete ist ein gewichtigeres Argument als ein Arsenal voller Atombomben.

19. 8. 61

In den ersten Septembertagen fahren wir nach Prag, für drei oder vier Tage. Der FDGB hat uns diese Reise geschenkt, als Belohnung für unsere Arbeit an dem Zirkel-Bändchen. Es sind wirklich ein paar ordentliche Geschichten darin.
Ich dachte schon, Dorle wäre an jenem aufregenden Sonntag in Westberlin verschüttgegangen. Ja, ja, die bösen Bolschewiken! Übrigens haben wir nicht geweint über diese neue Maßnahme, die eigentlich schon längst fällig gewesen

wäre. Warum sollen wir nicht auch mal die Zähne zeigen? Wir hingen den ganzen Sonntag am Radio und lauschten den Offenbarungen vom Rias, der seine Reporter in den Osten geschickt hatte und Schreckliches zu berichten wußte von schweigsamen Menschenmauern, die einen letzten sehnsüchtigen Blick in die Freiheit werfen, und von in letzter Minute heldenhaft geflüchteten Sachsen, denen unsere Regierung nicht mal eine Quarkstulle hatte bieten können. Es war sehr lustig. Und am lustigsten war es, als Brandt uns mit Grabesstimme und unterdrückten Tränen aufforderte, nicht auf die Barrikaden zu gehen – wozu wahrscheinlich kein normaler Berliner Lust hatte. Schade, daß wir an diesem Sonntag nicht in Berlin waren! Die paar Abenteuer, die unser friedliches Dasein noch zu bieten hat, verpaßt man auch . . .

24. 8. 61

Wir haben jetzt auch jeden Tag große Diskussionen bei uns, und obgleich alle unsere Freunde einen politisch klaren Kopf haben, sind sie verärgert. Sicher, mit dem Verstand begreift man die getroffenen Maßnahmen, aber gegen einiges sträubt sich das Gefühl und gegen die Kommentare der gute Geschmack. Das klingt snobistisch, ich weiß, aber man muß bedenken, was es für Leute, zu deren Beruf die Pflege der deutschen Sprache gehört, bedeutet, wenn sie Tag für Tag das rüde Geschrei hören, die brutale Sprache in den Zeitungen lesen müssen . . .
Natürlich hat es keinen Zweck, im Zimmer zu sitzen und zu lamentieren. Vielleicht raffe ich mich auf und schreibe einen Artikel über die Sprachverschluderung. Es wäre schon viel gewonnen, wenn wir uns nicht immer für den Nabel der Welt hielten und die Politik etwas nüchterner betrachteten. Man sollte in größeren Kategorien denken. Es wäre absurd, wenn zwei Weltsysteme übereinander herfielen und sich atomisieren ließen, nur weil die Herren Deutschen nicht mehr nach

Belieben durchs Brandenburger Tor spazieren können. Wir haben uns schon immer ungeheuer wichtig genommen – aber was sind wir angesichts des Aufbruchs in Afrika?
Nein, Du mußt Dich nicht gar zu sehr aufregen. Die Wogen gehen jetzt ein bißchen hoch, aber sie glätten sich wieder, am Ende siegt die Vernunft, das lehrt die Geschichte.

Prag, 3. 9. 61

Die Musik spielt schon wieder in dem kleinen Gartenrestaurant – mitten zwischen Häusern und Höfen. Ich glaube, in jedem Haus wird Musik gemacht. Prag ist heiter.
Hier hat ein Heydrich gewütet. Zuerst hatte ich Angst, und ich schämte mich, und ich dachte, die Tschechen müßten uns hassen. Sie sind gastfreundlich und liebenswürdig.
Ich sitze jetzt auf der kleinen Terrasse vom Hotel, unter Markisen. Mir ist schwindlig vom Schauen, von dem vorüberflutenden Menschenstrom und von dem starken türkischen Kaffee. Man hört ein halbes Dutzend fremder Sprachen ringsum; hier sitzen Neger, Inder, Amerikaner und Russen. Der Anteil an deutschen Touristen scheint hoch zu sein.
Mein Gott, die deutschen Touristen. Es gibt nichts Anspruchvolleres. Sie setzen voraus, daß zu Haus natürlich alles besser und kultivierter ist. Man kann ihnen nichts recht machen. Sie fotografieren, wo immer sie gehen und stehen, und sie fotografieren die Verbrennungsöfen in Theresienstadt wie den Hradschin.

Spätabends

Wir sind erschlagen von Schönheiten, wirr von Impressionen. Der Hradschin, das Kloster mit seiner Bibliothek, der Veitsdom, romanische Gewölbe, gotische Bögen, Kunstschätze, das Fenstersturzzimmer, der St. Georg, die Ehrenwache, die eben aufzog, als wir im ersten Burghof standen, die Messe im Dom, das Goldene Gäßchen mit seinen winzigen an die Mauer geklebten Häuschen; der spanische Saal, weiß und golden; der Vladislavsaal, in dem früher Turniere stattfanden, und die Treppe, auf der die Ritter, in voller Rüstung und zu Pferde, zum Saal hinaufritten; die Türme »Adam« und »Eva«; der umgitterte Pranger für treulose Frauen; Brunnen, Brücken, Türme; das Bildnis der gekreuzigten bärtigen Königstochter; der Kirchenschatz! Goldgestickte Meßgewänder, goldene, perlenbesetzte Monstranzen und, im Safe, augenblendend: eine Monstranz von wunderschöner Arbeit, besetzt mit sechstausendzweihundert Diamanten, eine funkelnde Sonne von unschätzbarem Wert...

Ich konnte nicht sprechen, ich war immer den Tränen nahe und wie versteinert vor Ehrfurcht. Diese Architektur, diese Bilder..., die finstere blutige Geschichte der Stadt...

Durch die Bibliothek sollte man nur auf Zehenspitzen gehen. Die Weisheit und die Erkenntnisse von Jahrhunderten, gebändigt in Leder und Pergament. Der Klostergarten, hoch über der Stadt, und der Blick schweift über Dächer und Kuppen und Türme, in der Ferne verschwimmend die Konturen in bläulichem Dunst...

Heut nachmittag bin ich nicht mehr mitgefahren. Ich weiß nicht, wieweit meine Müdigkeit nur Vorwand war. Das Maß war voll, übervoll, ich fühlte mich erdrückt.

6. 9. 61

Wir haben endlich unseren Telefonanschluß. Das bedeutet eine Arbeitserleichterung. In vierzehn Tagen bekommen wir ein Auto. Wartburg ist zur Zeit nicht lieferbar, wir nehmen einen Škoda. Übrigens ist mir die Marke gleichgültig. So haben wir denn alles oder fast alles, was wir uns wünschen... Manchmal bedrückt und ängstigt mich dieser Lebensstandard oder einfach die Tatsache, daß wir uns so viele Wünsche erfüllen konnten. Gewiß, wir arbeiten hart;

dennoch habe ich immer so etwas wie ein Schuldbewußtsein gegenüber den Leuten, denen es nicht so gut geht. Die Welt ist immer noch ungerecht eingerichtet. Auch verkenne ich nicht die Gefahren dieses Lebensstandards – vielleicht wird man, um ihn zu halten oder gar noch zu erhöhen, eines Tages beginnen, schneller zu schreiben, gewissenloser, auf die Konjunktur zielend.
Den Sonntag in Prag habe ich ganz einsam verbracht. Vielleicht war es gut, daß ich dies nicht mehr sah, was Dan sah: die Synagoge, finster, mit blutbefleckten Wänden, mit den siebzigtausend Namen ermordeter Juden; den Judenfriedhof mit seinem Chaos von Grabsteinen; jedes Lebewesen, das auf dem Friedhof stirbt – sei es auch ein Vogel oder ein Hund –, muß hier begraben werden und seinen Stein bekommen.
Ich las bis in die Nacht Voltaire.

21. 9. 61

Vorgestern war ich mit Jon in »unserm« Wald. Zuerst fürchtete ich mich vor den Tieren, die im Gebüsch raschelten und auf ihre Abendjagd gingen. Es war eine ganz warme Nacht, der Mond war apfelsinenrot. Das Gras war braun und ohne Duft. Auf einmal fühlte ich mich selbst wie ein Waldtier. Ich habe nicht gewußt, daß man Natur so erleben kann.

17. 10. 61

Was für ein Unsinn übrigens, wenn gerade ich andere zum Sparen animieren will! Gestern habe ich von meinem letzten Geld die »Kreutzersonate« gekauft – eine wunderbare französische Aufnahme mit David Oistrach – und die »Venus mit den blauen Augen« von Modigliani. Mein Zimmer gleicht schon einer Gemäldegalerie, und mein Konto ist geplündert.

21. 1. 62

Abends waren wir bei B. und schauten uns »Die Frau am Pranger« an; die Aufführung war weit besser als die Abnahme am Freitag. Es ist sonderbar, zu wissen, daß zur selben Zeit zwei Millionen Menschen (die Zahl wird bedeutend höher sein) am Apparat sitzen und das Stück sehen; der Kontakt zu denen, für die man gearbeitet hat, ist intensiver und unmittelbarer.

Hinterher waren wir in der »Kastanienhof«-Bar; ich trank mir einen Schwips an und tanzte den ganzen Abend (soviel vom Abend noch übriggeblieben war) mit Jens. Er ist der dritte oder vierte Mann, mit dem ich mich beim Tanzen verstehe, ich darf meine Bauchtänze aufführen, und er ist nur so weit mein Partner, daß er mich bei meinem Vergnügen nicht stört.

8. 2. 62

Zuweilen ist es lästig, Schriftsteller und also eine Art offizielle Person zu sein. Sobald ich ein Lokal betrete, gibt es Getuschel an den Tischen, ich bin erkannt und werde beobachtet. Man erwartet von mir, daß ich ein einwandfreies Leben führe – einfach nur, weil ich Bücher schreibe. Was für ein Blödsinn!

11. 2. 62

Im »Sonntag» bin ich rehabilitiert worden, die böse Kritik an der »Ankunft« ist aufgewogen durch die Protestbriefe meiner Leser. Der »Sonntag« brachte eine Seite voller Zuschriften und ganz obenan stand ein Brief von Anna Seghers, die mein Buch gelesen hat und so klug und gründlich darüber und über die Rezension schrieb, daß ich dem Rezensenten beinahe dankbar war: Er hat mir diese Zeilen der angebeteten, der großen Anna Seghers verschafft. Ich war glücklich. Sie schrieb auch: »Brigitte Reimann beginnt ernst zu arbeiten, sie sieht sich um, sie erfindet.« Das war mir, so zurückhaltend es ist, mehr als ein Dutzend liebenswürdigster Lobsprüche, mein Ehrgeiz, etwas zu leisten, stieg für einen Tag ins ungemessene.

25. 2. 62

Die letzten Tage habe ich an der »Frau am Pranger« korrigiert, von der noch einmal eine Auflage erscheinen soll. Ich wollte sie aber nicht in der vorliegenden Form rausrücken, die eine Menge stilistischer Macken hat. Ich schreibe ganze Seiten neu dazu, streiche eine Masse und muß mit dem Ganzen in einer Woche fertig sein, erstens, weil der Verlag drängelt (jetzt ist gerade eine Druckerei frei), und vor allem, weil ich wieder an meine »Geschwister« gehen muß, auf die mein Freund Caspar wartet.
Wir waren in Berlin im Staatlichen Kunsthandel, und dort sahen wir eine Biedermeier-Standuhr, ein riesiges Ding und für meine Begriffe eine Art Schloßgespenst. Sie schlägt sehr schön, aber das Schlagwerk ist noch kaputt, und Dan muß die Uhr nach Mühlhausen bringen; sein ehemaliger Meister versteht etwas von solchen Werken. Ich habe Dan die Uhr geschenkt, und nun steht sie in seinem Zimmer, für das sie freilich ein bißchen zu groß ist, und tackelt gewichtig vor sich hin, und Dan ist sehr glücklich.
Für mich habe ich eine Rokoko-Lade gekauft, in der ich inzwischen ein Geheimfach entdeckt habe. So was hatte ich natürlich erwartet und gleich Untersuchungen angestellt. Leider fand ich keine vergilbten Liebesbriefe oder Geschmeide einer Rokoko-Dame.

11. 3. 62

Habt Ihr inzwischen Dans Erzählungen gelesen? Bei den Leuten vom Fach kommen sie blendend an; Jens rief mich

an, um mir mitzuteilen, daß Dan ein großer Schriftsteller ist, und alle anderen, mit denen ich sprach, finden, die Geschichten seien außergewöhnlich gut geschrieben.
Wir wollen auch Lutz ein Exemplar schicken, vielleicht läßt er sich wenigstens von der schönen Sprache bestechen. Da wir gerade bei Lutz sind: schönen Dank für den Brief von Mu, der mal wieder sehr lieb und ganz hübsch doof war (d o o f !), denn siehe, diese verdienstvolle Mutter einer berühmten Schriftstellerin hat keine Ahnung von den Geheimnissen der Literatur, sonst würde sie wissen, daß a) Thomas Mann in den »Buddenbrooks« seine ganze Familiengeschichte erzählt hat und samt Familie berühmt geworden ist, b) ein großer Unterschied zwischen Literatur und Wirklichkeit besteht, c) jeder Schriftsteller aus eigenen Erlebnissen schöpft, d) die ganze Familie R. so gut wegkommt, daß sie sich bloß die Pfötchen reiben kann, und e) der Herr Lutz mir in dieser Beziehung scheißegal ist, denn schließlich hat er die Feindseligkeiten eröffnet. »Die Geschwister« sind das Beste, was ich bis jetzt geschrieben habe, das meinen auch andere, und solange Du mir bloß den Hintern versohlen willst, höre ich nicht auf, weiter daran zu schreiben. Freilich, wenn Du mir auch mit Enterbung drohst... Die beiden Knaben, die mitspielen, haben nur einzelne Züge von L. und U. – sie sind es aber nicht!!!! Ebenso ist die junge Dame, die wo die ganze Geschichte erzählt, nicht eure scheene Dochter, sondern eben eine junge Malerin, die über viele Dinge ganz anders denkt als ich, die Autorin. Capito? Na, ihr werdet die Geschichte ja lesen, wenn sie rauskommt, und das ist noch ein ganzes Weilchen hin.
Wir wollen mal im Ernst miteinander reden: Der liebe Lutz hat überhaupt keinen Grund, erbittert zu sein und uns zu hassen. Eher könnte es umgekehrt sein, denn er hat ja jahrelang von unserem Geld gelebt und studiert, ohne die geringste Gegenleistung. Ich habe das Recht, verdammt, mich geistig mit seiner Republikflucht auseinanderzusetzen, ihre Gründe zu untersuchen, zu verstehen oder zu verurtei-

len, und wenn er mir daraufhin den Bruderkrieg erklärt... Na, lassen wir das Thema! Das ist etwas, worin wir uns nicht verstehen werden, und es hat keinen Zweck, sich deshalb zu verzanken. Die Zukunft wird lehren, wer im Recht ist.

12. 3. 62

Heute habe ich endlich wieder mit den »Geschwistern« begonnen. Ich habe viel geschafft, es war ein Abenteuer, ich war, als ich die erste Zeile schrieb (Kapitel sieben) aufgeregt, als gälte es einen weißen Fleck auf der Landkarte zu erforschen.
Gestern war ich mit Jon im Kino. Wir sahen einen Film, der mich schrecklich aufgewühlt hat: »Allons, enfants, pour Algérie«, ein Dokumentarfilm mit Aufnahmen, die man nicht vergessen kann, von Flüchtlingslagern und hungernden und kranken Kindern – ich bin kaum fähig, hier davon zu berichten. Niemals sah ich Grauenhafteres.
Ich weiß, daß man bei uns regelmäßig Solidaritätsmarken klebt, aber manchmal frage ich mich, ob überhaupt noch jemand über Solidarität nachdenkt. Es gab eine Zeit, da die hungernde SU den hungernden deutschen Arbeitern Korn spendete.
Wie kann ich ruhig und satt sitzen, während auf dieser Erde Menschen hungern und erfrieren?
Aber ich sitze satt und warm in meinem Zimmer, ich höre Beethovens Klavierkonzert Nr. 5 – und eben in dieser Sekunde werden Menschen gefoltert und ermordet. Unerträglicher Gedanke! Manchmal ist mir, als fiele die ungeheure Last allen Elends in dieser Welt auf meine Schultern, und ich möchte, feige und erstickt von ohnmächtigem Mitleid, all dem entfliehen und mich auslöschen.
Jon versuchte mir klarzumachen, daß wir mit unserer Arbeit, wo immer wir stehen, ein Teilchen beitragen zur Befreiung der andern. Das weiß ich selbst, aber was nützt

dem Hungrigen die Aussicht auf den Sozialismus von übermorgen, er braucht heute Brot. Warum bin ich so verbürgerlicht, daß ich es nicht fertigbrachte, nach dem Film aufzustehen und zu sammeln.
Gewiß wird der Staat für andere kämpfende Völker tun, was immer er tun kann. Wichtiger und wertvoller aber wären die persönlichen Opfer, die Spenden von mir und meinem Nachbarn, und Nachbar ist jeder in der Republik. Ich muß etwas tun, ich muß, ich habe sonst keine Ruhe mehr, das Essen kann ich kaum runterwürgen, ich hatte gräßliche Träume.

Petzow, 2. 4. 62

Gestern sind wir hier angekommen. Ich habe das schönste Zimmer im Haus. Es geht nach Süden, also mit Blick auf den See, und hat ein großes Fenster und eine Tür, die auf einen langen Balkon führt. Heute früh habe ich eine Viertelstunde im Liegestuhl gelegen, aber dann kamen dicke Wolken, und es wurde mir zu kalt.
Hier herrscht eine himmlische Ruhe ...
Habt Ihr endlich Dans Geschichten gelesen? Er ist im Begriff, wenigstens unter Kennern ein beachteter Mann zu werden, seine Prosa gehört zum Besten, was so erschienen ist. Nun wird er mich bald abgehängt haben – sein Roman wird sicherlich sehr doll, und ich bleibe mein Lebtag der kleine Vielschreiber und Geldverdiener. Na, macht nichts, jedenfalls lesen die sogenannten einfachen Menschen meine Bücher gern, und für sie schreibe ich ja.
Ich werde lieber aufhören, mir scheint, ich bin in einer saumäßigen Verfassung. Ich bin so kaputt, daß ich immerzu heulen und heulen könnte und weiß nicht, warum. Macht Euch keine Gedanken, solche Katzenjammerstimmungen vergehen wieder, und morgen werde ich wahrscheinlich wieder höchst mobil durch die Gegend hüpfen.

Was schenkt man eigentlich der Dame Dorle zur Verlobung? Etwas allzu Hausfrauliches mag ich nicht schenken – man weiß ja doch nicht, ob sie nun auch heiraten. Sollen sie erst mal was Lustiges haben – Laken und der ganze übrige Ernst des Lebens kommt dann noch früh genug.
Wir finden gar nichts dabei, wenn das kleine Jubelpaar zusammen zeltet. Ihre Tugend kann ebensogut in R. flötengehen. Nicht mal die Polizei hat was dagegen, wenn junge Leute in einem Zelt wohnen. Und wenn die Polizei ein Auge zudrückt, können es die strengen Eltern auch tun. Das Leben ist heut ein bißchen anders als das der jungen Mädchen von 1918, an diesen Gedanken muß man sich gewöhnen. Sie stehen ja auch sonst mit beiden Beinen in der Gegenwart, lernen und verdienen und sind tüchtig in ihrem Beruf – sollen sie doch auch in der Liebe ihre Selbständigkeit haben.

Petzow, 7. 4. 62

Kulturkonferenz im Kombinat. Ich hielt meine erste öffentliche Rede, eine glanzvolle Rede (ich hatte sie mir aber vorher aufgeschrieben) über das hohe Vergnügen des Denkens und über die heitere Landschaft der Kunst.
Nachts lese ich meinen geliebten Stendhal – seine Tagebücher. Ich fühle mich ihm sehr verwandt, seiner Eitelkeit, seiner Sucht nach Selbstbetrug, seinem Größenwahn. Ich notiere mir seinen Satz: »Ein Talent, das nicht wächst, verlöscht.«
Manchmal scheint es mir, als lebte ich nur so vor mich hin, nur provisorisch. Ich vergesse sogar meinen Ehrgeiz. Ich bin zu oft müde. Hier halten sie mich für eine bißchen verrückt, ich weiß nicht, warum – ich benehme mich ganz natürlich, ich sage nur, was ich denke, und tue, was ich sage. Das ist so normal, daß es andere anormal finden.

Petzow, 6. 5. 62

Mir geht es nicht besonders, ich habe Tag für Tag schreckliche Kopfschmerzen, und Du weißt ja, was für einen Spaß einem das Leben in diesem Zustand macht. Trotzdem habe ich einiges geschafft, aber bei den »Geschwistern« ist ein Ende noch nicht abzusehen, und zu alledem sitzt mir die DEFA auf der Pelle. Ich sitze mal wieder fest, nachdem ich mich den ganzen Vormittag mit der »Ankunft« herumgeplagt habe, die ich in Filmbilder aufzuteilen versuche – eine schreckliche Schinderei, um so mehr, als ich nicht mehr weiß, wie man Szenarien bastelt. Ich habe kein bißchen Lust auf den Film, aber es muß wohl sein, schon wegen des Geldes, denn wenn wir beide im nächsten Jahr unsere Romane anfangen, können wir in aller Ruhe verhungern, wenn nicht Geld auf der Bank liegt. Du weißt ja, daß man während der eigentlichen Arbeitszeit, die bei den Romanen wahrscheinlich ein paar Jahre dauern wird, kaum etwas verdient. Da muß man eben vorher ranklotzen, ob es einem Spaß macht oder nicht. Ich würde viel lieber einen neuen Film schreiben, mit einem ganz neuen Stoff, das wäre mir interessanter.

13. 6. 62

Die ganze Woche in Hoy war wieder vollgepackt mit Terminen, und zum Schreiben sind wir nicht gekommen. Heute kann ich zum erstenmal mich wieder meinen »Geschwistern« widmen, für die sich schon eine Menge Liebhaber gefunden haben, obgleich sie noch gar nicht fertig sind; Radio DDR und die »Wochenpost«, die einen Vorabdruck bringen will; im Fernsehen ist auch schon was gekommen.
Na, und dann das große Ereignis der Woche: Arbeiterfestspiele... Der Bezirk und das Kombinat sind stolz auf ihre Schriftsteller, die ihnen nun schon zum zweitenmal den Literaturpreis in den Bezirk Cottbus geholt haben. Seit ein

paar Stunden schreibe ich Briefe, es hat sich ein Riesenberg angesammelt, und ich hoffe nur, daß ich noch ein paar Stunden für meine richtige Arbeit rausschlagen kann. Mein Kugelschreiber brüllt schon die ganze Zeit nach mir, und heute abend wollen wir in »Schlacht unterwegs« gehen. Das Buch ist ganz doll, das müßt Ihr unbedingt lesen, der Film soll dagegen ziemlich abfallen.

27. 6. 62

Heute früh habe ich erfahren, daß ich Montag einen Preis vom Kultusministerium bekomme, im Preisausschreiben für Jugendliteratur.
Heute ist überhaupt ein Freudentag, wir haben jeder einen Brief von Caspar bekommen, in denen er uns sagt, daß er unsere Geschichten sehr gut findet – das ganze Gejaule war für die Katz. Bloß mit der DEFA habe ich Ärger, aber das war beinahe zu erwarten. Alle paar Wochen kommen neue Vorschläge, und das Ganze hat mit meinem Buch nicht mehr allzuviel zu tun. Heute riefen sie mich an und machten einen neuen Änderungsvorschlag, den blödsinnigsten, den man sich ausdenken kann, und ich erkenne meine Figuren nicht mehr wieder. Da ich die sichere Befürchtung habe, daß das immer so weitergehen wird, will ich lieber rechtzeitig Schluß machen, ich habe sowieso keinen Funken Lust mehr. Wenn der Dramaturg heute oder morgen anruft, werde ich ihm sagen, sie sollen sich einen anderen Autor suchen, und die erste Rate fürs Treatment werde ich auch zurückzahlen. Ich habe es verdammt nicht nötig, mich zu verkaufen und mir die Arbeit zur Strafe machen zu lassen.

3. 8. 62

Ich beneide die drei schrecklich, weil sie eine so schöne Reise machen können – wahrscheinlich werden sie wunderbar schlampig und ein bißchen piratenhaft leben, und das ist es eigentlich, was ich mir immer gewünscht habe. Aber in unserer Jugendzeit gab es so was noch nicht, wenn ich mich recht erinnere, und jetzt ist es zu spät, und man kann nicht mehr nachholen. Dan nahm neulich ein paar Bürschchen im Wagen mit, die barfuß und mit Banjo durch die Gegend trampten und wie Halbstarke aussahen, es waren sehr nette Kerle, junge Arbeiter, die eine eigene Jazzband gegründet haben, eben das, was ich mir unter der modernen Jugend vorstelle. Man hätte zehn Jahre später geboren werden sollen... Vorige Woche habe ich in Berlin, im polnischen Pavillon, ein Dutzend Jazzplatten gekauft, wunderschöne Sachen.

24. 8. 62

Gestern habe ich drei Seiten erster Notizen zu meinem Franziska-Roman geschrieben, der bis jetzt »Singend im Regen« heißt, ich weiß selbst nicht, warum.
Ein Phänomen, über das ich oft nachdenke: Wir haben uns daran gewöhnt, mit der Atombombe zu leben, Nachbar Atom gleich nebenan... Wir erzählen Radio-Jerewan-Witze (»Begeben Sie sich gemessenen Schrittes zum Friedhof, damit Sie keine Panik hervorrufen«) – und wir sammeln Bücher und schöne Möbel und haben Liebeskummer. Ist das nur der uralte Aberglaube des »Mich trifft es ja nicht«?

14. 9. 62

Ich bin einfach arbeitsunfähig, obgleich ich keine organischen Leiden habe. Ich war gestern beim Arzt zur Generaldurchsicht, ich habe mich auch auf Krebs untersuchen lassen. Als ich auf dem weißen Bett lag, machte ich eine Entdeckung: Ich habe einen hübschen flachen braunhäutigen Bauch und die Hüften eines siebzehnjährigen Jungen.

20. 9. 62

Heute schien zum erstenmal nach vielen Tagen wieder die Sonne, der Himmel war ein bißchen verschleiert, die Farben von einer sanften Melancholie. Ich bin sehr unglücklich, manchmal überfällt es mich, als ob sich Krallen in mein Herz schlagen. Ich bin so fatalistisch, daß ich eben hinnehme, was kommt; ich warte immer, bis sich Entscheidungen mir aufdrängen, bis ich ihnen nicht länger ausweichen kann.

6. 10. 62

Die Arbeit mit der DEFA zögert sich immer noch hinaus. Ich bin wild auf richtige Arbeit, ich kriege schon Komplexe, wenn ich bloß ein weißes Blatt Papier sehe, weil ich solchen Appetit habe zu schreiben.
Die Dorli hat mir heute geschrieben, sie ist ein so liebes warmherziges Mädchen geworden. »Frau H . . .« Mir war ganz komisch zumute, als ich die Adresse schrieb – vor kurzem war sie noch »meine kleine Schwester«. Jetzt kitzelt Baby sie im Bauch, wie sie sagt, und sie muß brechen. Sie freuen sich so auf das Kind. Ich könnte heulen. Ich werde das nicht mehr kennenlernen. Jetzt frißt der verdammte Beruf meine Reserven an Kraft und Liebe – oder mein verrückter Ehrgeiz. Eines Tages werde ich dastehen, ein mäßiges Talent, mit ein paar schnell vergessenen Büchern, und dann wird mir einfallen, daß ich eine Frau bin, und dann ist es zu spät für ein Kind. Meine schlimmsten Muttersehnsüchte habe ich ja schon überwunden, eine Zeitlang war ich verrückt nach diesen kleinen Pfoten und dem ganzen duftenden krähenden Drumherum.

Petzow, 17. 10. 62

Jetzt kommt das, was ich Dir schreiben muß – ich weiß nur nicht, wie ich es anfangen soll, wie ich es Dir sagen kann, daß Du mir glaubst und mit soviel Vertrauen und Zärtlichkeit an mich denkst wie ich an Dich. Vertrauen . . . na, Du weißt ja, ich hab's nie verdient, werde es nie verdienen, und trotzdem – also eigentlich wollte ich Dir die ganze Zeit bloß sagen, wie sehr ich Dich liebe. Ich habe in den letzten Tagen immerzu darüber nachgedacht, und Du darfst sicher sein, daß ich jetzt nicht in irgendeiner euphorischen Stimmung bin oder mir was vormache. Ich habe auch über all die Leute nachgedacht, die ich so kennen gelernt, zu denen ich Beziehungen gehabt habe, und es wird immer deutlicher, daß sie Schemen sind neben Dir. Auch Jon, ja, und M. und Gott weiß wer, der sich noch einstellen wird (denn das ist mir klar, daß ich mich noch hundertmal verlieben werde, für einen Tag oder eine Woche oder ein bißchen länger) – aber es hat nie einen Mann gegeben, es wird nie einen geben, der Dich verdrängen kann.
Ach, ich müßte Dich sehen und ein bißchen umfassen und Deine Augen küssen, dann würdest Du mich schon verstehen. Und dabei weiß ich die ganze Zeit, daß ich Dir noch schrecklich viel Kummer machen werde und daß es eine Zumutung ist, mit so einer Frau verheiratet zu sein, die sich in jeder Beziehung leidenschaftlich auslebt... Aber ich weiß auch, daß ich immer zu Dir halten werde und für Dich sorgen und Deine Arbeit lieben und alles und alles.

Petzow, 21. 10. 62

Die Zeit der Hysterie ist mal wieder vorbei. Heute habe ich den ganzen Tag auf dem Balkon gearbeitet und bin wieder braun und glatthäutig geworden. Wir haben wundervolle

Herbsttage. Von meinem Fenster aus kann ich sehen, wie sich die Sonne durch den Dunst überm See kämpft, der perlgrau und dann taubenblau ist. Heute morgen lag Reif auf der Wiese. Ich gehe so allein für mich spazieren, das gefrorene Laub knistert unter den Füßen. In solchen Augenblicken bin ich in Frieden mit mir.

Petzow, 22. 10. 62

Ich lag auf meinem Bett und hielt beschauliche Einkehr und spann an meinem Buch, das sich immer mehr verändert und mit der ursprünglichen Fabel nichts mehr zu tun hat. Inzwischen ist Franziska eine relegierte Studentin geworden und eine liebenswürdig verkommene Person, und ihr Jon (wird er noch Jon heißen?) ist ein junger Arbeiter, ist, je länger ich darüber nachdenke, jener breitgesichtige blonde Junge, den ich allzu flüchtig beim Bücherball kennengelernt habe. Ich muß mich, sobald ich in Hoy bin, in seiner Betonbrigade umsehen.

Petzow, 24. 10. 62

Vorgestern habe ich mich unmöglich benommen. Ich war einfach hysterisch, der Teufel weiß, warum, und am Mittwoch warf ich M. das Treatment an den Kopf und beschimpfte ihn. (Seine sichere Gelassenheit macht mich wahnsinnig.) Er hob das Buch ganz ruhig auf und ging raus. Ich heulte vor Wut und heulte nach meinem Dan, und dann lief ich eine halbe Stunde durch die kalte Nacht, und dann ging ich zu M. und entschuldigte mich. Morgens saßen wir steif und befangen am Tisch. Und heute mittag kam er wieder und brachte mir eine jiddische Platte mit, Gesänge aus dem Ghetto. (Woher weiß er meine Neigung? Ich habe ihm nie davon erzählt.)

Petzow, 29. 10. 62

Dan war wieder für drei Tage hier. Es war so friedlich wie vorige Woche. Wir sind für einen Tag nach Burg gefahren und hatten einen sanften, trägen Nachmittag bei Vati und Mutti. Was müssen Eltern empfinden, die zwanzig Jahre lang vier lebhafte Kinder um sich hatten und jetzt allein sind? Mir war ganz schwer ums Herz, als ich sie in der Gartentür stehen und uns nachwinken sah.

Petzow, 4. 11. 62

Manchmal denke ich darüber nach, wie oft ich geliebt habe, wie oft ich geliebt wurde, ich habe ein wunderschönes Leben, ich bedaure nichts.
Einmal traf ich eine Jugendliebe wieder, den K., der damals, in unserer Schulzeit, ein schlanker schöner Junge gewesen war, mit blonden Locken, den Kopf voller Pläne und kühner Ideen für später. Er hat jetzt einen Bauch und nur einen spärlichen Haarkranz, er ist Lehrer ohne Ehrgeiz, ist verheiratet, nicht glücklich, nicht unglücklich, er ist satt, er verlangt nichts mehr. Ich fühlte auf einmal, wie jung ich gegen ihn bin, wie aufregend mein Leben ist: immer neue Menschen, immer wieder neue Leidenschaften, immer Ehrgeiz, eine Arbeit, die mir Zufriedenheit nicht gestattet – ein herrliches Leben voller Entdeckungen. Ich werde nie alt. Meine ehemaligen Schulfreude, meine Schülerinnen sogar schon, sind in den Hafen eingelaufen, breite behäbige Schiffe – ich fahre jeden Tag wieder aufs Meer hinaus. *Ich bin ein glücklicher Mensch.*

Petzow, 6. 11. 62

Mittags lief ich wieder um den See herum. Zwei Tage lang war ich am Ufer hingeschlichen wie eine müde kleine Nebelkrähe. Heute habe ich laut gesungen (Gott, es muß entsetzlich klingen, aber ich singe ja nur so für mich), es war sehr stürmisch, ich liebe den Sturm, ich liebe den See, wenn die Wellen über die Ufermauern schlagen, und manchmal überstürzt sich draußen eine Woge, wo das Wasser grau oder stahlblau ist, und dann sieht es aus, als spränge ein riesiger Fisch mit schneeweißem Kopf hoch.

Petzow, 11. 11. 62

Ich fange schon an, mich mit dem Fernsehspiel zu beschäftigen; ich habe ja Dans Vertrag übernommen, damit er endlich in Ruhe seinen Roman schreiben kann.
Ich glaube, es wird ein herrliches Buch... Manchmal liest mir Dan am Telefon ein paar Sätze vor, und ich platze vor Neid (aber das ist nur ein ganz freundschaftlicher Schriftstellerneid), denn ich werde mein Lebtag nicht solche schönen, gescheiten Sätze zustande bringen. Hoffentlich vergißt er darüber nicht das Essen und Trinken; ich ermahne ihn jedesmal, aber ich weiß ja selbst, wie das ist: wenn man allein zu Haus sitzt –, hat man einfach keine Lust, sich etwas zuzubereiten, und ehe man sich so aus dem Haus bequemt... Na ja, Mitte Dezember bin ich wieder im Land, und dann wird er aufgefüttert. Er hat Dir sicher gesagt, daß ich meinen Aufenthalt hier ein bißchen verlegt habe, damit wir noch ein paar Vorweihnachtstage zusammen feiern können, mit Honigkuchen und Pyramiden und dergleichen Feierlichkeiten an stillen Abenden. Ich freue mich sehr darauf. Wir hatten schon im vorigen Jahr keinen richtigen Advent, weil wir hier im Heim hockten.
Ich habe mich wunderbar eingelebt und kann gut arbeiten, und die Einsamkeit stört mich auch nicht mehr. Neulich sagte mir einer, sie hätten alle Respekt vor mir, weil ich wie eine Dame auftrete. Dame..., hihihi; ich habe es gleich Dan geschrieben, damit er was zu lachen hat über seinen damenhaften Kater.
Mit einem Wort: Ich bin vorbildlich, und Dan hat eine

Idealfrau geheiratet. Ich glaube, er vermißt mich . . . Geschieht ihm ganz recht: Er sieht wenigstens endlich mal, was er an mir hat. Du solltest Deinen alten Tyrannen auch mal ein paar Wochen allein lassen – er wird jede Nacht nach Dir heulen.

Petzow, 18. 11. 62

Gestern habe ich einiges zu meinem Roman notiert. Franziska bekommt Gesicht. Vielleicht – eine Art Entwicklungsroman?
Habt Ihr das Kleid schon abgeschickt? Es wäre schön, wenn ich es Donnerstag hätte, weil wir an diesem Tag nach Berlin fahren, zu einer Aussprache im ZK.

Petzow, 28. 11. 62

Gespräch beim ZK: Es scheint sich auch in der Kulturpolitik allerlei zum Besseren zu verändern, es gab einen sehr offenen und kritischen Meinungsaustausch über all die Fragen, die uns bewegen, über den Mangel an Mut und die jahrelange Erziehung zu einem falschen oder flachen Denken, und die jungen Leute sagten eine Menge gescheite Dinge – auch gegen Ansichten der ZK-Vertreter. Mein Brief ans ZK soll tatsächlich veröffentlicht werden.

Petzow, 2. 12. 62

Ich lese immer noch Rousseaus »Bekenntnisse«. Die ersten Tage lief ich wie verrückt und verzaubert herum, bis heute kann ich mir nicht die Wirkung des Buches auf mich erklären, nicht durch seine beklemmende Ehrlichkeit, die Größe und Kleinheit des Mannes Rousseau gleichermaßen spiegelt, nicht allein durch seine Leidenschaft und Herzenseinfalt, seine tiefe Beziehung zur Natur (habe ich jemals

Schilderungen einer Landschaft mit soviel Spannung gelesen?), ich weiß nicht, ich weiß nur meine tiefe Anteilnahme und die Begier auf seine Werke und wiedererwachte Begier auf Flauberts »Erziehung der Gefühle«, die ich nun wohl endgültig zu würdigen verstehen werde, auf Stendhal und Tolstoi. (Ich habe hier auch Turgenjew für mich entdeckt.) Warum lerne ich dies alles erst mit neunundzwanzig Jahren kennen? Gott, was habe ich mir entgehen lassen! Ich fühle mich wieder bestärkt in meinen Gedanken über die große einfache Erzählkunst der vergangenen Jahrhunderte. Warum kehren wir immer wieder aufatmend zu ihr zurück? Während ich in der Malerei stets für neue Formen, neue Ausdrucksmöglichkeiten spreche, bin ich in der Literatur ganz konservativ. Die hektische oder primitive Sprache unserer neuen Bücher, Understatement bei Hemingway, Auflösung und Zerfall bei Grass, wilde Assoziationsketten – all das ist zuweilen interessant und diskutabel und gibt sich modern oder ist es – gleichgültig, schließlich bleibt doch nur die schöne gelassene Prosa der großen Russen und Franzosen.

8. 12. 1962

(Brief an das »Neue Deutschland«)

Ich begann buchstäblich gleich nach der ersten Schicht (ich ging jede Woche einen Tag arbeiten) an meiner Erzählung »Ankunft im Alltag« zu schreiben. Das ist ein leichtfertiges Wagnis, auf das ich mich nicht ein zweites Mal einlassen würde – ich bin nicht tief genug in die Probleme eingedrungen, ich kannte auch nur die Oberfläche meiner Kollegen, ihr Gesicht, ihr Gehabe bei der Arbeit, und ich kam mit einem positiven Vorurteil zu ihnen.
Als dann das Buch erschienen war, verabschiedete ich mich von meiner Brigade. Inzwischen habe ich mir eine Menge Vorwürfe anhören müssen, ich sei überheblich geworden, weil ich nicht mehr in der Brigade arbeite, und ich habe hundertmal wieder erklären müssen, daß ich nicht die

Absicht habe, Rohrschlosser zu werden, daß ich ungeheuer neugierig bin, neugierig auf andere Menschen und andere Probleme und eine andere Arbeit, und daß ich es für schädlich halte, wenn man ein Riesenwerk wie unser Kombinat nur aus dem Blickwinkel einer kleinen Gruppe von Menschen zu sehen versucht.

Noch ein paar Worte zu dem positiven Vorurteil. (Und ich werfe hier nur Fragen auf, die Antwort habe ich noch nicht gefunden.) Ich war als lernbegierige Schülerin zu den Arbeitern gegangen – zu einer Klasse von Heroen. Ich fand das Heldentum, das ich erwartet hatte, in ihrer Arbeit, in den acht oder mehr Stunden in der Werkhalle oder auf dem Gelände. Allmählich merkte ich aber, daß viele nicht über ihre Lohntüte hinausblickten, daß es Streit wegen der Prämien gab, daß Solidaritätsmarken gedankenlos geklebt wurden (als sei die echte Beziehung zur internationalen Solidarität verschüttet), daß Tüftler, von denen ich glaubte, sie opferten ihre Abende um der Sache willen, in Wahrheit auf den materiellen Gewinn spekulierten, daß auf Versammlungen anders geredet wurde als unter vier Augen, und – was mich am meisten befremdete – daß die Wünsche und Ziele sich bei vielen in der Ansammlung von unerläßlichen Requisiten eines gehobenen Lebensstandards erschöpften.

Der Fernsehapparat muß sein, der Kühlschrank und, als Krone des Ganzen, der Trabant. Wie ist es möglich, daß Menschen, die im Betrieb Aktivisten und Neuerer sind, zu Haus die Filzlatschen anziehen und sich begnügen? Die Ursache für diese Zwiespältigkeit muß ich noch ergründen.

Ich weiß recht gut, wie schwer es ist, über die unmittelbare Gegenwart zu schreiben, nicht nur wegen des fehlenden Abstandes, der oft nur als Ausrede zu dienen scheint; manche fürchten sich auch davor, Kritik zu üben, und ihre Furcht ist nicht unbegründet: Ich habe einige Methoden kennengelernt, wie man unliebsame Kritiker zum Schweigen bringt. Das geht vom Vorwurf der »falschen Orientierung« bis zur direkten Verdächtigung; es geschieht, daß man jenen Kritikern Aufgaben erteilt, an denen sie scheitern müssen, und das Scheitern ist eingeplant; Material, das man dringend braucht, wird einem vorenthalten. Sollte es nur den Autoren an Mut fehlen? Warum ist bei uns keine »Schlacht unterwegs« geschrieben worden? Warum muß ich die Schultern zucken, wenn ein sowjetischer Kollege mich nach den Büchern fragt, die sich mit dem schrecklichen Problem unserer gespalteten Nation befassen? (Man müßte öfter über solche Fragen sprechen; vielleicht hat es im Verband Diskussionen darüber gegeben, aber wir sind in Hoyerswerda, und der Himmel ist hoch, und Berlin ist weit.)

Ganz zu Anfang hatten wir überhaupt kein Verhältnis zur Industriekreisleitung, kein gutes und kein schlechtes. Wir kannten einander nicht. Wir sind parteilos, wir waren auch beide zu schüchtern, um eine Annäherung zu suchen. Diese Zurückhaltung hat uns später böse Stunden gekostet . . .

Da wollten wir alles hinwerfen und nach Schwedt übersiedeln. Wir merkten aber auf einmal, wie sehr wir schon mit dem Kombinat verflochten waren, wie sehr wir dies alles liebten – nicht nur die schöne, kühne Kulisse, nicht nur die Freunde, die wir gefunden hatten und die jetzt zu uns hielten, sondern auch die Schwierigkeiten und Sorgen. Wir beschlossen, uns durchzukämpfen.

Ungefähr zu dieser Zeit wurde im Funkstudio des Kombinats unser erstes Hörspiel diskutiert, und hinterher setzten wir uns zum erstenmal mit Sekretären an einen Tisch. Wir hatten eine laute und heftige Debatte, die schließlich die Mißverständnisse aus dem Weg räumte.

Ich weiß nicht, ob mit dem, was ich berichtet habe, die Frage beantwortet ist, wie sich die Arbeit in Pumpe auf unser Schaffen ausgewirkt hat.

Ich habe eine Menge aufregender Dinge entdeckt, die ich durchdenken muß (und ich setze hinzu, daß es keine sensationell neuen Gedanken sind, aber ich muß sie, über die bloße Aneignung durch den Verstand hinaus, allmählich zu meinem Besitz machen): die Arbeit, die immer mehr zum echten Bedürfnis wird; sozialistische Produktionsweise und moderne Technik im Leben von Menschen, deren Moral und Gefühle noch in hohem Maße der Vergangenheit verhaftet sind; Ausdrucksmöglichkeiten der Kunst in einer Welt, über deren Himmel Raumschiffe ziehen, während auf der Erde die kreuzbiedere »Laurentia« getanzt wird; die Rolle der Persönlichkeit und das Verantwortlichsein des einzelnen innerhalb eines Kollektivs...

Schwer zu beantworten ist die Frage, welche Rolle die Diskussion über »Ankunft im Alltag« für meine Entwicklung gespielt hat.

Lebhaft in Erinnerung ist mir eine Brigadeversammlung in Lübbenau. Der Brigadier wurde gefragt, ob er im Namen seiner Brigade den FDGB-Preis befürwortet. Er war ein redeungewandter junger Mann, der druckste eine Zeitlang herum, endlich sagte er, er müsse erst wissen, ob der Umsatz garantiert sei. Er sagte: »Wenn wir dem Mädchen die Prämie geben, muß der Umsatz dasein, sonst ist es rausgeschmissenes Geld.« Der Gewerkschaftsmann beschwichtigte ihn, das Buch verkaufe sich gut. »Dann soll sie die Prämie haben«, sagte der Brigadier entschieden. Ich fand es komisch, dann war ich beschämt, denn der Brigadier, immer in seiner unbeholfenen Redeweise, erklärte mir: »Wenn ich einen Verbesserungsvorschlag mache und kriege eine Prämie und der Vorschlag wird nicht realisiert, dann ist das doch Betrug, dann habe ich das Geld zu Unrecht bekommen.«

Ich erzähle von dieser Versammlung, weil ich meine, daß wir nicht oft genug daran erinnert werden können, welch eine Verantwortung wir uns aufgeladen haben, als wir zu schreiben begannen, und weil ich mir einiger Gefahren bewußt wurde, denen Schriftsteller an der Basis ausgesetzt sind: der Gefahr, sich wie Lichtbringer und Kulturmissionare zu gebärden, einem Überschwang der Gefühle, der sie verleitet, blindlings »unseren Menschen« in allem zuzustimmen und sie in Schulbuchheroen zu verwandeln...

Eine Art Schuldbewußtsein gegenüber Menschen, die in der Produktion arbeiten, die eine handgreifliche, sichtbare, sofort meßbare Leistung vollbringen – vielleicht empfinden wir es auch deshalb, weil uns die eigentliche Schreibtischarbeit, das Aufzeichnen, in eine selbstgewählte, unumgängliche Einsamkeit zwingt.
Unsere Generation ist großer Gefühle fähig, aber sie scheut große Worte. Eine Zeitlang hielt ich die Literatur für eine Sache von erhabener Zwecklosigkeit. Eine Zeitlang verabscheute ich es, zu einer besseren Sorte von Agitatoren gezählt zu werden. Eine Zeitlang gab ich mich einer attraktiven Verzweiflung hin – heute finde ich keine Beziehung mehr zu diesen Tut-mir-leid-Fisch-Manuskripten von damals. Ich werde immer wieder gefragt, warum ich schreibe, und ich sage immer noch, wie vor zehn Jahren, als ich die ersten Zeilen kritzelte: Weil es mir Freude macht. Ich glaube aber, es ist nicht mehr die selbstische Freude wie früher. Bücher helfen verändern – das ist eine der schlichten Wahrheiten, die ich entdeckt oder wiederentdeckt habe.

Petzow, 17. 1. 63

Heute fahren wir nach Berlin, um am VI. Parteitag teilzunehmen; wir sind als Gäste eingeladen worden. Mein Brief hat riesiges Aufsehen erregt, eine Institution, eine Zeitung nach der anderen kommt zur mir (auf einmal wollen auch alle Geschichten von mir haben), ich bekomme viele Briefe von mir ganz fremden Leuten, die mir danken für meinen ermutigenden und mutigen Artikel.

Petzow, 18. 1. 63

Möglich, daß ich eine schlichte Auffassung von Heldentum habe, über die Hacks mit einem Bonmot hinwegginge; man sollte aber beginnen, den Begriff des »Helden« in der

Literatur zu klären, ohne auf den antiquierten positiven Helden einer dogmatischen Literaturtheorie zurückzugreifen.

Petzow, 20. 1. 63

Den ganzen Vormittag Gespräch mit Georg Maurer. Er ist einer der ganz Großen, dessen Gedichte eine klügere und empfindsamere Menschheit verstehen wird – und einer, dem manchmal die hundert Mark bitter fehlen, die wir, schwache Anfänger, im Vorbeigehen verdienen.
Ein entsetzlicher Winter, Temperaturen, wie wir sie seit zehn und mehr Jahren nicht mehr erlebt haben, jede Nacht bei siebenundzwanzig bis dreißig Grad. Die Wirtschaft gerät in ernste Schwierigkeiten, der Strom wird knapp, die Kohle, vereist, kann nicht gebrochen werden; in Pumpe arbeitet die Brikettfabrik nur mühsam noch mit halber Kraft, weil die Bunker fast leer sind. Manchmal denke ich daran, wie Jon jetzt, neben tausend anderen, im Eiswind draußen an den Baggern arbeitet. Wie, und wir hätten keine Helden?
Mag man von Kuba halten was immer, er hat recht, wenn er den Jüngeren vorwirft, sie scheuen sich vor dem schönen Pathos, ja verachteten es und hielten für altmodisch, was nicht »unterschwellig« serviert wird.

Petzow, 22. 1. 63

Der Parteitag. Ich habe eine Menge kluger Dinge gehört, ermutigende Pläne und gründliche Analysen. Am besten gefiel mir, was über die Wirtschaft gesagt wurde, über ihre Perspektive, ihren Standpunkt. Leuschner sprach vom RGW – und dies allerdings war großartig: weitreichende Pläne, Zusammenarbeit mit den sozialistischen Staaten, Koordinierung. Hier war ein Ausblick auf die Welt von morgen, eine geeinte friedliche Welt, die wirklich imstande ist, alle Schätze zu heben, alle Reserven auszuschöpfen,

Wüsten zu bewässern und den Nordpol in fruchtbares Land zu verwandeln.
Die Disziplin war bewundernswert (wir sind gewöhnt an die heitere Schlamperei der Schriftsteller), die Organisation vorbildlich. Es gab keine Panne, keine Minute Verspätung.

Petzow, 26. 1. 63

Der Parteitag war auch sehr anstrengend, die Tagung dauerte jeweils, natürlich mit ein paar Pausen, von morgens um neun bis abends um acht. Du kannst Dir vorstellen, daß man dann restlos geschafft war. Na, ihr habt ja sicher in der Zeitung alle Reden verfolgt. Findet Ihr nicht auch, daß die Schriftsteller ziemlich schlecht weggekommen sind? So bös sind wir doch gar nicht . . . Wegen der paar Verrückten haben wir alle eins auf den Kopf bekommen. Na schön, das wird sich wieder beruhigen.

Petzow, 9. 2. 63

Ich fühle mich immer tiefer hineingezogen in den Streit: »Die Alten – die Jungen«, und wir reden stundenlang darüber.
Als wir in eurem Alter waren – wir haben gekämpft, wir haben gehungert, ihr könnt euch das nicht vorstellen, ihr kennt keine Arbeitslosigkeit, ihr seid verwöhnt, ihr legt euch ins gemachte Bett . . . usf. C. konnte oder wollte nicht begreifen, daß auch wir unsere Bitternisse und Qualen und Kämpfe haben – als sei Kampf nur Feuergefecht und Bitternis nur der Mangel an Brot. Er war verblüfft zu hören, daß ich in einem Mietshaus wohne. Er neidet uns das leichtere Leben – aber wofür hat er dann gekämpft? Er wirft uns unser Glück vor – aber wie ist dann sein Ziel?
Freilich habe ich mich selbst schon dabei überrascht, daß ich die Generation, zu der meine kleinen Geschwister gehören,

beneide und daß ich ihnen vorwerfe, wie klein ihre Probleme, wie überflüssig ihre Modetorheiten seien: Wir hatten es damals schwer, wir sind in Holzsandalen gegangen und haben für die FDJ gearbeitet, und Mode und neue Kleider gab es nicht, und überhaupt – ihr seid verwöhnt und undankbar. Alles wie gehabt, und das wäre nicht beunruhigend, wenn es heute nicht politische Konsequenzen hätte, die wir vorerst nur ahnen können. Man beginnt (wer ist »man«?, zuweilen sehr offen: der Westen und seine Radiostationen) den Gegensatz aufzubauschen und auszuschlachten, die jungen Feuerköpfe gegen die alten Genossen auszuspielen, und natürlich kann es irgendwann ernste Konflikte deshalb geben.

Petzow, 10. 2. 63

Ich muß noch von der Sitzung des Präsidiums des Nationalrats erzählen. Ich war gebeten, nein: gedrängt worden zu reden, und sie nahmen mich auch gleich als dritten Redner dran. Ich hatte nicht mal ein Manuskript oder Notizen – und das vor diesem Forum: Professoren, ehemalige Offiziere, Politiker..., nun, ich sagte gleich, daß ich schrecklich aufgeregt sei, und alle lachten, und da war es nicht mehr so schlimm. Ich sprach über unsere Schriftsteller und ihre Enttäuschung, weil sie auf dem Parteitag so arg behandelt worden sind – und natürlich über die »Jungen«.(Aber wo beginnt hier die Legende?) Da erzählte ich von unserer Stadt, von ihrer Tristesse, von dem Leben der jungen Leute, die kein Kino haben, keinen Tanzsaal, und von den Arbeitern, die zwölf Stunden am Tag unterwegs sind und nach dem Sinn des Lebens fragen: worin denn ihr Leben bestünde außer im Arbeiten und Schlafen?
Es gab, wie es so heißt, »Bewegung« und »Heiterkeit« im Saal, und Manfred Gerlach sagte nachher in seinem Referat, er wünschte sich mehr solcher freimütigen und offenen Worte. (Ich teile das mit, weil ich eitel bin: Ich kann also

auch reden, wenn es sein muß, und vielleicht werde ich in Zukunft nicht mehr eine so entsetzliche Angst haben.)

Petzow, 16. 2. 63

Natürlich haben wir uns eine Menge zu erzählen, und mit Vergnügen lasse ich Dich mir (ist das korrekt?) um den Hals fallen, und ich hatte wirklich keine Schuld an der Suppenwürze. Weißt Du, ich habe einfach über unsere Kämpfe berichtet, und auf einmal freuten sich alle darüber und fanden mich richtig als eine Heldin (ich hatte ja stets etwas von einem Michael Kohlhaas oder, wenn man es liebenswürdiger sagen will, von einer Jungfrau von Orleans – grinse nicht, es ist nur symbolisch), und überhaupt war ich unschuldig wie immer. Ich habe aber dadurch eine Menge interessanter Leute kennengelernt und Geschichten gehört und Briefe bekommen und mich mit neuen Problemen vollgestopft bis zum Platzen. Auch habe ich die Entdeckung gemacht, daß meine goldenen Worte, für die ich früher so oft eins aufs Haupt bekommen habe, plötzlich Gewicht haben im Kreis meiner Lieben...
Jetzt klingt es so, als machte ich mich lustig, aber in Wahrheit ist es mir verdammt ernst, und ehrliche Bücher schreiben möchte ich auch.

Petzow, 18. 2. 63

Ich mach's nicht mehr lange. Ach was, nehmt das nicht ernst – eine einzige Woche Ruhe, und ich bin wieder groß da. Die ganze letzte Woche hier war furchtbar, und ich will unbedingt nach Hause, ich ertrage das nicht mehr. Es gibt immer Zeiten in einem Heim, wo die Atmosphäre auf einen Siedepunkt steigt: Alle waren gereizt und verzweifelt, und

die Hälfte der Gäste ist herzkrank und hat Anfälle, und jeden Tag wird man mit Problemen gemartert.
Na, ich glaube, ich verfasse hier wieder einen Jammerbrief. Macht Euch nichts draus! Stehaufmännchen kommt immer wieder auf die Beine. Für Mittwoch bin ich beim ZK eingeladen, wo eine Arbeitsgruppe Literatur gegründet werden soll, und ich soll mitmachen. Mir wird bange, meine Lieben... Ich bin für alle diese Dinge nicht gescheit genug, fürchte ich, aber schließlich hat man gewisse Pflichten.
Das nächste Mal kommt ein fröhlicher, optimistischer, heiterer, kämpferischer – mit einem Wort: ein sozialistischer Brief.

24. 2. 63

Der Titel für meinen neuen Roman... Ich kam mit einem älteren Fahrer von der DEFA, wir fuhren auf dem Weg nach Senftenberg, ich war die ganze Zeit wie ein Eisblock gewesen, weil der Mann mich so zudringlich angesehen hatte (aber vielleicht habe ich ihm unrecht getan, und er hat es nur nett gemeint), und er sagte: »Jetzt kommen wir in die Zone des schwarzen Schnees.« Auf einmal zündete es bei mir, ich war aufgeregt: Das kann der Titel sein, »Singend im Regen« ist schön, aber Quatsch, weil beziehungslos.
Aber dies: *Schwarzer Schnee.*
Ich sehe mir das an, und es gefällt mir, und auf einmal weiß ich auch viel mehr über mein Buch: die Stadt, die Leute, die Tristesse, das Heldentum (oder was wir so nennen), Ruß auf dem Schnee und das provisorische Leben, über das ich neulich mit Kurella sprach, dieses Gefühl, auf gepackten Koffern zu sitzen: Hier wird ein Werk, hier wird eine neue Stadt gebaut, und in fünfzig Jahren, wenn's hoch kommt, ist hier eine Seenplatte, und unser Enkel lacht: Braunkohle? Antiquiert. Hoch die Atomkraft.

27. 2. 63

»Schwarzer Schnee« ist auch Quatsch. Jon hat mich ausgelacht. Übrigens gibt es schon »Roter Schnee« von Hofé. Also doch: »Grillen in meinen Schuhen« oder »Heuschrekken in meinem Kissen«. Ein Buch von unruhigen Leuten.

3. 3. 63

Kikeriki, die Pechmarie ist wieder hie, und sie sitzt, umgeben von brüllenden Radios und plärrenden Babys, die ihr nicht gehören, in einem viel zu neuen Zimmer, an einem viel zu neuen Schreibtisch, in einem viel zu alten Sessel (Familienerbstück, das Kaiser Wilhelm der Letzte unter seinem allerhöchsten Hintern gehabt hat), sitzt hier also und bittet Dich um Verzeihung, weil der Brief so spät kommt.
Das Kombinat hat mich wieder . . ., und die Träne ist auch gequollen, gleich am ersten Tag, als ich in diese architektonische Unsäglichkeit einfuhr: Standard, wohin du siehst, Typenhäuser, die schnurgerade Mainstreet . . . Zu Hause, zwischen halbausgepackten Koffern, widmete ich mich einer tröstlichen Flasche Wodka und hörte alle meine traurigsten Blues, und dann rief mein Liebster an (der illegale, Du weißt) und ich gedachte meiner guten Vorsätze und Versprechungen und sagte ihm adieu. Sprechen wir nicht über die Nacht.
Feuervogel ließ die Fittiche hängen. Feuervogel war drauf und dran zu sterben. Und kein Dan in der Nähe . . . Zum Glück kam der Parteisekretär und deckte mich mit Arbeit zu, und meine Brigade zog mich wieder an ihr Herz, und so nebenbei hatte ich ja auch ein Drehbuch zu schreiben.

(Das ist eine lange Pause.)

Vier Stunden lang hatte ich die Bude voller Leute, einer gab dem andern die Klinke in die Hand, das Telefon klingelte pausenlos, Konferenzen, Einladungen, Artikel, Brigade-

vortrag . . . Ich bin daheim, halleluja, in der traulichen Sphäre, und wenn ich jetzt an einer ernsthaften Arbeit säße, wäre ich schon verrückt geworden. Nun hat also die – wie sagt man? – Wirklichkeit des sozialistischen Alltags mich wieder aus meiner Beichtstunde rausgerissen, und ich will lieber den Brief beschließen. Und in einer Stunde ist Dan da, und ich freue mich und habe ein bißchen Furcht, weil wir immer so schüchtern sind, wenn wir uns ein paar Wochen nicht gesehen haben. Und dann wollte ich Dir noch sagen, daß es schön gewesen wäre, wenn ich Dich mal hiergehabt hätte – einfach so zum Sprechen, Du verstehst schon.
Ich wünsche Dir, daß Du gesund bist und arbeiten kannst und ein paar gute Gedichte schreiben. Genieße Petzow, unseren VEB Elfenbeinturm (Gott, warum nicht Elfenbein nach so viel Kohle?) und grüße die Zeisbergs von mir und natürlich Deinen sanften Herrn Z.

Ich umarme Dich.
Deine traurige, glückliche,
grelle, ein bißchen hinkende
(auch moralisch) und an der
Basis ruhende

Brigitte

17. 3. 63

Tief beeindruckt sind wir von Wladimows »Kursker Anomalie«. So eine Geschichte möchte ich auch mal schreiben können. Der Held stirbt, und das Leben geht weiter, und kein Pathos, keine Spur von Sentimentalität, und alles ist so schön und bitter und alltäglich wie das Leben, Pronjakin ist ein ganz schlichter Mensch, nicht glücklich, nicht unglücklich, er hat's nicht leicht gehabt, trotz Sozialismus, und eigentlich tötet ihn die Erzgrube, und es fällt kein Wort über die Seligkeiten der sozialistischen Gesellschaft, und doch kann die Geschichte nur dort spielen, in der SU, in der sozialistischen Erzgrube.

Aber bei uns eine Geschichte mit letalem Ausgang?
Von meinen 16-Stunden-Winterschlacht-Helden habe ich mich verabschiedet. Aber was ist das nun: der neue Held? Inzwischen habe ich mir »Held« ersetzt durch »Mensch« und bin entschlossen, keine theoretischen Diskussionen mehr mitzumachen, sondern zu schreiben.
Ich stehe immer wieder im Kreuzfeuer von Angriffen. Ich hörte schon seit Wochen das Geraune über den Ausschnitt aus den »Geschwistern« in der NDL. Was mich am tiefsten traf: B. ist bitterböse, weil er sich in meinem Parteisekretär Bergemann wiederfand. Ich begreife überhaupt nichts mehr. Es ist schon arg, seinem negativen Helden auf der Straße zu begegnen, aber wenn der positive Held auch noch sauer ist...

24. 3. 63

Vielleicht komme ich in das Alter, da man eine Freundin braucht – die letzte hatte ich mit dreizehn, vierzehn Jahren. Du kennst das: Arm um die Hüfte, Rundungen messen, diese gewisse Zärtlichkeit, die man heute, erfahren, zwischen Lächeln und leiser Scham als frühe lesbische Neigungen erkennt . . . Dann kamen die »Jungs« (übrigens nicht zu mir, denn ich lag ein Jahr gelähmt im Bett, versäumte Tanzstunde und Schülerliebe), und später, als ich in meine Klasse zurückkam, war ich schon bei Goethe und Stendhal, während die Mädchen noch irgendwo in der Gegend von der »Heiligen und ihrem Narr« herumkrebsten. Ich bin nicht arrogant, hörst Du, es war wirklich so, ich habe damals angefangen zu schreiben, und wahrscheinlich stammt aus dieser Zeit einer verpaßten Jugend auch das krankhafte Nachholbedürfnis, das sich zuweilen noch meldet.
Du hast mich nur im Zauberberg kennengelernt oder, wenn Du so willst, im Hörselberg. Es war der Ferien-Feuerzauber, und wenn Du mich hier sähest, in meinem verdammten geliebten Kombinat, so wärst Du – wenn schon über nichts

anderes – über meine Wandlungsfähigkeit erstaunt. Übrigens ist das nicht meine Basis-Maske, sondern meine natürliche Haut. Hierher gehöre ich, trotz allem und allem, hier sind meine Pflichten, ich habe mich wieder engagiert und bin glücklich auf eine Art, die nichts mit der überdrehten Lustigkeit im Heim zu tun hat. Wie soll ich's Dir erklären? Ich bin wieder mittendrin in den schlichten und bewegenden Problemen eines großen Betriebes, und manches, was wir im Heim mit soviel Leidenschaft diskutierten, kommt mir hier ein bißchen komisch vor, und Du darfst mich nicht einer billigen Vereinfachung bezichtigen; wenn man nur unter Schriftstellern hockt, neigt man dazu, die Poetenprobleme gar zu wichtig zu nehmen. Aber die Erde dreht sich, und das Leben geht weiter (zur Not auch ohne uns), und auch hier im Kombinat wird über die Existenz des Staates entschieden. Seit drei Wochen raufe ich mich wieder mit meiner Kreisleitung, versuche meiner Brigade Schwierigkeiten aus dem Weg zu räumen (auch mit Hilfe des »Kredits«, über den wir mal sprachen) und mich mit den technischen (und psychologischen) Problemen der Automatisierung vertraut zu machen. Die Kenntnis der ökonomischen Gesetze ist für einen Schriftsteller genauso wichtig wie die der menschlichen Seele, und was Zola und Balzac recht war... Warum sollten wir, hundert Jahre später, es für unvereinbar mit der Würde des Schriftstellers halten, wenn er das Wirtschaftsgefüge seiner Gesellschaft gründlich kennt? Aber wozu agitiere ich Dich? Das weißt Du ja alles. Übrigens ist es unbequem und anstrengend, und ich singe keine Hymnen, aber schön ist es doch, mit aller Unruhe und Hetzerei, und wenn ich zehn Jahre früher sterbe, dann mit dem Gedanken: Ich war glücklich, ich habe gelebt und gelebt und gelebt.

(Das ist eine Pause von drei Tagen.)

Gestern sind wir aus Berlin zurückgekommen; wir haben an der Kulturkonferenz im ZK teilgenommen. Zuerst war es ziemlich schlimm; es gab eine Menge Asche... Zum Schluß sprach Walter Ulbricht, sehr verständnisvoll und sympathisch und vernünftig: keine Asche mehr, Schluß mit den alten Geschichten, nach vorn denken, nicht mehr soviel reden, sondern schreiben – und alles in allem war es ermutigend, und da wir ohnehin schon längst nicht mehr zu den zornigen jungen Männern und Welteinreißern gehören, fuhren wir ganz glücklich und zufrieden nach Hause. Ich hatte ja bereits vorher, Du wirst Dich erinnern, meine Ansichten über das Generationsproblem geändert, und jedenfalls befinden wir uns, in den wichtigsten Fragen, in Übereinstimmung mit der Partei, und ich finde es gar nicht attraktiv, pseudorebellische Positionen zu beziehen.

31. 3. 63

Kulturkonferenz beim ZK. Am Saaleingang erfuhr ich, daß ich im Präsidium sitzen soll. Ich fühlte mich ziemlich unglücklich unter der Prominenz, obgleich die meisten mich kannten – weiß der Teufel, woher – und begrüßten. Und dann der große Augenblick, auf den ich fünfzehn Jahre lang gewartet habe (seit ich »Das siebte Kreuz« las, 1945 oder 1946, bei Rororo erschienen auf miserabelstem Zeitungspapier): Anna Seghers sprach mich an. Sie zog mich an den Haaren und fragte mit ihrer rauhen Mainzer Stimme: »Wer bist du, Mädchen mit dem Pferdeschwanz, du bist mir doch schon öfter aufgefallen.« Ich stammelte meinen Namen, sie sagte: »Ich habe schon mal über dich geschrieben.« Ich sah wie durch Nebel ihr weißes nachlässig gekämmtes Haar, ihre schwarzen hohen Brauen. Die Augen wirkten ganz dunkel. Sie sieht ein bißchen schlampig aus – von einer genialen, wunderschönen Schlampigkeit –, sie benimmt sich so ungezwungen, wie ich es noch bei keinem Menschen gesehen habe: Im Präsidium drehte sie sich immer nach uns um und lachte, und dann schwatzte sie mit Arnold Zweig, der winzig und gebrechlich neben ihr saß, und mit Helene

Weigel. Die Weigel, ganz klein und dünn, trug eine schäbige Ledertasche über der Schulter, die wie ein Requisit aus der »Mutter Courage« aussah, und es gibt nichts Erstaunlicheres, als die Stimme der Weigel zu hören, dieses große Organ aus einer schmächtigen Brust.

2. 4. 63

Wahrscheinlich habe ich die allzu plötzliche Publicity nicht verkraftet. Ich bin jetzt manchmal auch so unfreundlich zu Leuten, die mir nicht ausgesprochen sympathisch sind. War ich früher auch so ein Grobian? Nein, nicht grob: aber von kalter Höflichkeit, aber das ist vielleicht noch schlimmer? Sind das schon Anzeichen von Überheblichkeit?

10. 4. 63

In aller Eile, bevor wir zur nächsten Sitzung rasen (Schriftstellerverband, Rechenschaftsbericht, Neuwahl etc.): Bei uns ist der Teufel los, aber das ist nichts Neues. Ihr könnt Euch nicht vorstellen, was jetzt bei Schriftstellers geschieht, nach der Kulturkonferenz im ZK. Man gehört sich selbst nicht mehr, das ist das Schlimmste. Ich habe seit mehr als vier Wochen keine Zeile geschrieben (außer Artikeln, Umfragen und dergleichen Zeugs), ich bin schon halb irre. Gestern sah ich im Aufbau-Verlag mein Buch, es verkauft sich plötzlich sehr gut, nachdem sich bei der Messe kaum was tat und Caspar schon bedenklich die Stirn krauste. Mit einemmal, zwei Wochen später, ist die ganze Auflage weg, die neue geht schon in Druck. Ich glaube, das Buch ist wirklich ganz anständig geworden.

23. 4. 63

Meine Brigade meldet Ansprüche an, und ich weiß heute schon, daß ich sie enttäuschen muß: Ich soll die Geschichte

der Brigade schreiben. Nicht einmal mein gescheiter J. begreift, daß für andere ganz uninteressant sein kann, was den Brigadeleuten ungeheuer bedeutsam erscheint, und daß mich Rücksichten und Freundschaften hindern werden und daß ihr Auftrag auf organisierten Provinzialismus hinausläuft.
Gestern bekam ich einen Brief von Bodo Uhse, in dem er mich um eine Arbeit für »Sinn und Form« dringlich bittet. Vielleicht, hoffentlich ist diese seine Forderung der letzte Anstoß für mich, endlich wieder vernünftig, sinnvoll zu arbeiten, ich ertrage diese unproduktive Atmosphäre nicht mehr.

28. 4. 63

Nächste Woche lerne ich schweißen, mein J. wird mich in die Lehre nehmen. Wir haben Rohre zu schweißen, an denen auch meine ungeschickten Pfoten nicht viel verderben können.

Petzow, 13. 5. 63

Drei Tage in Burg, um Schwesterchens Kind zu bewundern. Heute morgen habe ich ein bißchen geheult, weil ich kein Baby habe. Susanne ist – natürlich – bezaubernd und süß, drei Wochen alt und – natürlich – sehr artig, sie hat langes schwarzes Haar und die winzigsten Fingerchen, die man sich vorstellen kann, und der Nagel vom kleinen Finger ist wie ein Stecknadelkopf. Ich durfte sie jedesmal wecken, und das Aufwachen vom Fratz ist das Reizendste und Rührendste – mit Recken und geballten Fäustchen und großem Gähnen und Zungerausstrecken und den abenteuerlichsten Grimassen. Ein Wunder, das ganze Geschöpfchen ist einfach ein Wunder. Ich durfte es trockenlegen und baden und hatte schreckliche Angst, weil es so zapplig und naß und glatt war. Und diese süßen Fältchen am Hals und an den Ärmchen und Beinchen...

Ach, das ist wirklich mehr als ein Buch und mehr als die Anerkennung, man sei nun also in die erste Reihe der jungen Nationalliteratur aufgerückt. Ich bekomme ein Lob nach dem anderen. Ebert hat eine Seite im »Forum« für die »Verratenen Gefühle« gebraucht, Uhse schreibt in seinem »Tagebuch« (im »Sonntag«) über meine Erzählung, und er hat mir einen schönen Brief geschrieben, der mich sehr stolz macht; er hat, einer der wenigen, das Süß-Unheimliche dieser Geschwisterliebe erkannt und benannt.

Was war alles in dieser Woche? Ich weiß nicht; eine Menge Sitzungen, glaube ich, Dutzende Bücher, die ich las, Verzweiflung über mein Unvermögen, zu schreiben; nachts Spaziergänge mit Jon, bei dem ich alles vergaß, auch den Tag, auch mein Alter, und wir küßten uns auf dunklen Wegen, und auf den Kinderspielplätzen wippten wir und erstickten vor Lachen, und Jon fuhr mich auf einem Kinderkarussell herum, bis irgendwelche mißbilligenden Leute aus den Fenstern glotzten, und wir flüchteten kichernd in die Büsche. Dan war entsetzt: die junge Nationalliteratur auf dem Karussell . . . An diesem Abend war ich ganz vergnügt und glücklich.

Petzow, 20. 5. 63

Jeden Tag finde ich in einer anderen Zeitung einen Lobgesang auf »Die Geschwister«, jedoch ist das mehr dazu angetan, mich zu belasten: Wie wird mein neues Buch aussehen? Ich habe Angst, ich kann diesen Erwartungen in Zukunft nicht entsprechen.

5. 6. 63

Erbitte Gratulation: ich bin jetzt Vorstandsmitglied im DSV, was neben der Ehre auch eine Masse Arbeit mit sich bringt. Jetzt haben wir erst mal drei ganztägige Sitzungen vor uns. Erbitten Beileidsbezeugungen.

5. 6. 63

Übrigens sollte man einmal untersuchen, ob der Schriftsteller verpflichtet ist, das Leben seiner Helden zu leben, ihren Mut, ihre Entschlußkraft und alle schönen Eigenschaften. Da ich eine grüblerische Natur bin (man sieht es mir gar nicht so an), habe ich mich in meinem Tagebuch viele Seiten lang darüber ausgelassen: Warum lassen wir unsere Geschöpfe Entscheidungen fällen, zu denen wir selbst nicht die Kraft haben? Wir erleben mit Intensität Abenteuer, vor denen wir uns in dem anderen, dem Leben jenseits des Schreibtisches, vermutlich scheuen würden. Allein mit dem »höheren Streben« ist das nicht zu erklären. Nein, ich glaube nicht, daß der Schriftsteller unabdingbar verpflichtet ist zur Übereinstimmung von Wort und Handeln, aber schön wär's doch, und wenn ich mir meine bescheidene Buchproduktion ansehe und das Aufgebot an jungen Leuten mit neuem Lebensgefühl, dann streift mich die leise Ahnung, daß ich selbst weder ein Held noch ein moralischer Mensch bin.
Freilich gehören Konferenzen nicht notwendig zum neuen Leben und nicht aus der Sitzungsecke kommt meine Krise. Seit einiger Zeit habe ich eine beunruhigende Neigung zum Denken gefaßt, und nun quält mich mein Mangel an Bildung und fundiertem Wissen: Ich kann meine sensationellen Erkenntnisse nicht begründen und formulieren. Natürlich gehe ich dabei immerzu in die Irre, werfe mich auf Kybernetik – ohne mathematische Kenntnisse – und schreibe, zu-

nächst für mich, theoretische Abhandlungen über »Arbeit und Psyche« – ohne Kenntnis der Arbeitspsychologie – und treibe dergleichen Dinge mehr, wobei ich manchmal unvermutet Entdeckungen mache, die mich zornig oder traurig stimmen.
Wir haben uns nun zur Genüge gegenseitig versichert, daß der Bitterfelder Weg richtig war – aber was treiben die Bitterfelder an der Basis? Warum steht der Provinzialismus in Blüte wie nie zuvor? In unserem Bezirk sind in den letzten Monaten vier Schauspiele entstanden, für deren Beurteilung mein Schatz an Schimpfwörtern leider nicht ausreicht.

11. 6. 63

Ich habe mich sehr darüber gefreut, daß Ihnen »Die Geschwister« gefallen haben.
Sie haben mich auch bestärkt mit Ihren Bemerkungen über unsere Stadt. Hier reagiert man bös auf jene Kritik: Es gab eine behutsame Protestnote von der Bezirks-Baukommission, und die Zeitung entfesselte einen Leserstreit über die Frage »Kann man in Hoyerswerda küssen?«, die auf eben diesem Mangel an Intimität zielte und sich zu einem grotesken Mißverständnis ausgewachsen hat. Entrüstete Leser schreiben, daß sie für ihre Freizeit Besseres wüßten, als nur Küssen, daß die Jugend ein Recht auf Verliebtsein hat, daß ihr Leben ausgefüllt sei durch ständige Qualifizierung und daß im übrigen unsere sozialistische Stadt jung und schön sei.
Wenn man eine gewisse Zahl von professionellen Leserbriefstellern abzieht, bleiben aber immer noch genug Leute, deren vermutlich aufrichtige Meinung mir zu denken gibt. Manche meiner Bekannten sagen: Was regst du dich auf? Die Leute empfinden das gar nicht so wie du . . . Ist das denn wahr? Und wie lange wird es noch wahr sein? Mir bereitet es psychisches Unbehagen, wenn ich durch die

Stadt gehe – mit ihrer tristen Magistrale, mit Trockenplätzen zwischen den Häusern, wo Unterhosen und Windeln flattern, mit einer pedantischen und zudem unpraktischen Straßenführung, die die Erfindung des Autos ignoriert, mit Typenhäusern, Typenläden, in denen man eben nur seinen Bedarf an Brot und Kohl deckt, mit Typenlokalen, die nach Durchgangsverkehr und Igelit riechen.
Ich sträube mich zu glauben, daß andere dies alles nicht sehen und als bedrückend empfinden. Wahrscheinlich läßt sich in den fertigen Wohnkomplexen nichts mehr korrigieren, aber es müßte doch möglich sein, die Pläne für die nächsten Komplexe in irgendeiner Weise zu beeinflussen. Entschuldigen Sie, bitte, daß ich Ihnen soviel von Hoy vorklage; das Thema liegt mir auch deshalb am Herzen, weil mein nächster Held Architekt sein wird, und nun versuche ich von allen Leuten, deren ich habhaft werden kann, zu erfahren, wieweit die Architektur einer Stadt das Lebensgefühl ihrer Bewohner zu prägen vermag, und mir scheint, sie trägt in gleichem Maße zur Seelenbildung bei wie Literatur und Malerei, Musik, Philosophie und Automation. Für Ihre Ermutigung danke ich Ihnen – ich habe nämlich schreckliche Angst vor der nächsten Arbeit –, und wenn in zwei oder drei Jahren das Buch erscheint, so wünsche ich mir, daß Sie und Ihre Familie es mit Anteilnahme und Vergnügen lesen werden.

12. 6. 63

Ihr Brief hat gleich wilde Streitereien entfesselt; ein Freund von mir war gerade da, dem ich vorlas, was Sie über Arbeit und Psyche geschrieben haben; über dieses Thema reden wir seit Wochen. Jetzt glaube ich auch, daß ich in falscher Richtung marschiert bin; trotzdem denke ich, daß man einen Menschen in einer ganz intimen Szene so gestalten müßte, daß jeder weiß – ohne daß ein Wort darüber

verloren wird –, aus welchem Arbeitsbereich dieser Mensch kommt. (Übrigens: Das »in den Griff bekommen« ist eine moderne Floskel, die ich nie gebraucht habe.) Und dann diese vertrackte Kybernetik! Ich beginne zu begreifen, was Sie meinen, und mein kluger Freund lachte sich ins Fäustchen, als ich ihm von der Relativitätstheorie und den höheren Töchtern erzählte. Alle diese Irrwege haben eine Ursache: Die Philosophie ist mir ein geheimnisvolles Reich und Dialektik kaum mehr als ein Fremdwort. Seit ich Vergnügen am Nachdenken finde, wird mir der Mangel an Bildung bejammernswert; ich mache große Entdeckungen – und irgendwann kommt jemand und sagt mir, daß sie schon hundert Jahre vorher gemacht worden sind.
Inzwischen zeigen sich die traurigen Folgen meiner Entdekkungsreisen: Ich kann nicht mehr schreiben, seit Monaten keine vernünftige Zeile, ich finde alles, was ich entwerfe, schlecht, schief und dumm, und wenn ich mir »Die Geschwister« ansehe, frage ich mich, wie ich überhaupt jemals ein Buch zustande gebracht habe, und bezichtige mich der Unlauterkeit und Faulheit, weil ich mich nicht an mein nächstes Buch wage. Ich wollte die Wege einiger Leute meiner Generation nachzeichnen, durch fünfzehn Jahre – aber nein, das ist wirklich Vermessenheit! Ich werde bestimmt niemals ein Romanstratege und schreibe mein Leben lang kleine intime Geschichten.
Ist ihnen schon aufgefallen, wie die meisten Schriftsteller auf die Frage nach der Fabel ihres Romans antworten? »Ein Roman über die Landwirtschaft«, ». . . es geht um die Durchsetzung der neuen Technik«, »Kampf um den Einsatz einer modernen Schrämmaschine« und so fort. Zuerst ist das Thema da, dann das Problem, die Schulaufgabe, dann sucht man sich die Menschen zur Garnierung. Vielleicht bin ich jetzt so bitter, weil ich so viele böse Erfahrungen im Bezirk mache; das Kombinat macht mir Szenen, weil ich über irgendwelche bürgerlichen Geschwister schreibe statt über den Aufbau des Kraftwerks West.

13. 6. 63

Gestern wollte ich hinzufügen: Ich bin zornig. Heute aber ist mir doch nach Klagen zumute; eben komme ich von einer Diskussion im Kombinat über »Die Geschwister«. Da brach's über mich herein: Bewußtsein, Konsequenz, Heldin Elisabeth, Parteilehrjahr, Erziehung, Bitterfelder Weg, unsere Menschen... Ja, zum Teufel, gibt es denn kein Vergnügen mehr beim Lesen, keinen Genuß an einem schönen Satz, kein zärtliches Lächeln über eine sinnliche Geschwisterliebe, kein Gefühl für den Duft einer Szene? Ich sitze daneben wie eine prämiierte Diplompädagogin und denke mit Wehmut an meine arme Betsy, die selbst nichts ahnt von ihrer Strenge, Prinzipienfestigkeit und unerschütterlichen Moral. Was ist das nur für ein seltsames Wunschdenken, was für eine beklemmende Art, Bücher zu lesen, in Lebensszenen die Aussage zu suchen und den Nutzeffekt einer blühenden Rose zu überprüfen?

14. 6. 63

Nun bin ich schon wieder unterbrochen worden, hier hat man keinen Nachmittag der Sammlung . . .
Und wissen Sie, was das Schlimmste ist? Ich wollte eine Liebesgeschichte schreiben, weiter nichts, von zwei Menschen, die für sich die Liebe entdecken, und nun sitze ich Tag für Tag da und denke: Wem nützt es? Was hat es für eine Aussage? Sie sind beide keine Helden, sie sind nicht mal »normal« und auch nicht sehr tugendhaft, sie schlagen keine Produktionsschlachten und machen keine Erfindungen, und sie finden es wunderschön, miteinander zu schlafen, auch ohne amtlichen Segen. Also, was soll's? Und dabei hätte ich es doch so gern geschrieben... Aber ich sehe schon wieder die empörten Gesichter meiner Funktionäre: Mit Gefühlen kann man den Sozialismus nicht aufbauen!

Nicht einmal auf meine gute Nase kann ich mich mehr verlassen. Früher war ich so sicher, das Leben meiner Generation zu leben, daß ich im Scherz sagen konnte: Ich habe eine Nase für das, was meine Altersgefährten bewegt. Und jetzt? Bin ich schon so weit zurückgeblieben? Stimmt mein Bild von unserem Leben nicht mehr? Oder sollte etwa das, was ich auf so vielen Sitzungen höre, nicht mit dem Leben übereinstimmen, das ich doch zu kennen glaube? Ich werde nie begreifen, wie ein Buch zustande kommt. Man sagt mir, in den »Geschwistern« sei etwas vom neuen Lebensgefühl. Dabei habe ich doch nur von meiner Liebe zu meinem großen Bruder erzählt. Gestern in der Diskussion sagte man mir, der Fehler des Buches bestünde darin, daß Elisabeth keine Argumente gegen ihren Bruder habe (hier bemerkte mein Freund: die hat er ja in Gewi gelernt), und als ich einmal schüchtern zu bemerken wagte, Betsys Stellung zu unserem Leben und zu ihrem Bruder werde stark von Gefühlen bestimmt, wurde ich streng zur Ordnung gerufen: Gefühlsduselei!
Ja, ich bin niedergeschlagen, und vielleicht würden Sie es verstehen, wenn Sie eine Zeitlang hier lebten oder wenigstens einmal an einer solchen Diskussion wie gestern teilnehmen könnten. Ich wäre froh, wenn Sie sich mal mit mir unterhalten würden, ich habe tausend Fragen und tausend Zweifel.

17. 6. 63

Grüßt das Susannchen von mir, ich freue mich schon auf August. Neulich waren Bekannte bei mir, die einen Termin für Ende August ausmachen wollten, und ich sagte: Ach, das geht nicht, da habe ich mein Baby. Worauf sie beide leicht geniert und sehr erstaunt auf meinen mageren Bauch schielten, und Dan sagte: Man sieht es ihr nicht an, sie trägt es mehr im Kreuz. Na, der Jux, wenn ich hier mit einem

Kinderwagen rumziehe! Ich werde jedesmal einen anderen meiner Freunde mitschleppen, damit unsere professionellen Klatschmäuler ganz durcheinanderkommen beim großen Rätselraten um den Vater. Scheißstadt!
Dan fragt, ob ihr nicht noch eine Zeitung mit dem Bild von Anna Seghers und mir schicken könnt.

1. 7. 63

Durch »Die Geschwister« habe ich auch zwei Briefpartner gewonnen, die mir sehr viel Freude machen – nein, mehr als nur Freude. Professor Kurella schreibt schöne, sehr kluge Briefe, die mir ganze Erkenntnisfelder erschließen, und ich habe bloß immer Angst, ich könnte zu dumm sein. Er hat mich zu sich eingeladen, und nächste Woche werden wir nach Berlin fahren. Der zweite, dem die Fahrt in erster Linie gilt, ist Professor Henselmann (der übrigens ein besseres Deutsch schreibt als die meisten unserer Schriftsteller); er hat mich ebenfalls eingeladen, weil wir auf dem Umweg über mein Buch, das ihm sehr gut gefallen hat, zur Architektur gekommen sind; mein nächster Held soll eventuell Architekt sein. H. baut jetzt das Kulturhaus in der Karl-Marx-Allee und wird mir die Baustelle zeigen und vor allem seine Entwürfe, und er hat ein Team begabter junger Leute, bei denen ich lernen kann. Ich freue mich sehr darauf; zunächst will ich nur ein paar Tage hinfahren, um zu sehen, ob ich imstande bin, das Wesen der Architektur zu erfassen (ich erinnere mich noch, wie mir Georg die Verwandtschaft mit Musik und Mathematik erklärt hat), und dann wird sich entscheiden, ob ich für längere Zeit in Berlin bin, um gründlichere Kenntnisse zusammenzutragen.
Das wird wieder mal eine Erholung von Hoy sein, und vielleicht verliere ich auch allmählich meinen Tick, ich sei eine dumme Gans. Solche Komplexe kann man sich systematisch anerziehen, wenn man zu selten mit klugen

Leuten zusammenkommt und seine Denkfähigkeit nicht übt.

2. 7. 63

Manchmal bin ich ein bißchen traurig, weil ich kein Talent habe, es zu etwas zu bringen, wie man so sagt. Ich bekomme immer mehr Lob als Honorar, und Du würdest weinen, wenn Du hörtest, was ich an meinen armen »Geschwistern« verdient habe. Das sind die Früchte meiner guten Erziehung, bei uns wurde über Geld nicht gesprochen, und ich bin so höflich, daß ich niemanden mahne, mit dem Erfolg, daß ich kaum jemals für eine Lesung einen Pfennig zu sehen kriege. Was aber viel schlimmer ist: Mein Unternehmungsgeist verkümmert. Ich war doch mal ein ganz fixes Kerlchen, aber diese Stadt kriegt mich klein; ich kann keinen Schritt tun, ohne daß die ganze Nachbarschaft weiß, wohin er mich führt (und natürlich sind es Abwege, denn man kann sich hier nicht vorstellen, daß sich eine Frau mit einem Mann auch anders als beischlafenderweise betätigen könnte); ich wäre längst dem Stumpfsinn verfallen, wenn ich nicht meinen Freund hier hätte, den relegierten Philosophen, der mich aufs Blut quält, damit ich endlich lerne, etwas zu Ende zu denken, einem Problem gründlich nachzugehen, eine gewisse angeborene Faulheit zu bekämpfen. Wie man so schön sagt: Ich arbeite an mir, und es macht mich verrückt, zu sehen, daß ich nicht imstande bin, alles zu begreifen, was ich zu begreifen wünsche, und alles mit Gewinn zu lesen, von Marc Aurel bis zu Lenin.
Letzten Sonntag habe ich zum erstenmal wieder eine Ermutigung erfahren: Ich war zum Staatsratsempfang eingeladen und fuhr mit drei jungen Arbeitern, mit ordenbedeckten, tüchtigen, gescheiten, fröhlichen und sehr selbstsicheren Männern, die sich beim Bankett bewegten wie zu Hause am Mittagstisch. Ich kam ganz heiter nach Hause – mit denen

kann man arbeiten, worunter ich alles mögliche verstehe: mit ihnen sprechen, sich belehren lassen, über sie schreiben. Trotzdem, das Kombinat, die Produktion ist nun mal nicht mein Thema, das spüre ich immer deutlicher, und das bedeutet keine Einschränkung oder Abwertung oder gar die arrogante Abkehr von den Leuten hier bei uns im Kombinat. Ich ärgere mich immer über die Kritiker, die vom Schriftsteller verlangen, er müsse nun den nächsten Schritt tun und sich dem großen Thema X oder Y zuwenden. Aber Schriftsteller haben auch so etwas wie Herkunft, Charakter, Gefühle, Neigungen, die sie zu einem Thema verpflichten, dessen Grundmotiv bis ans Lebensende durch ihre Arbeit gehen kann. Dich, gefallenen Engel, hat man, scheint's, schon aufgegeben; um meine Seele (wie, gebrauche ich das Fremdwort Seele?) bemüht man sich noch – übrigens die niederen Chargen; bei Kurella und Abusch treffe ich auf ein beglückendes Verständnis, wenn ich ihnen, nach Plänen befragt, in einem albernen und ungerecht provozierenden Ton von meiner Liebesgeschichte erzähle, nichts als die Entdeckung der Liebe, einer vor Sinnlichkeit duftenden, glühenden Liebe, die das verlorene Paradies wiederholt und die, fürchte ich, die meisten Menschen nie kennenlernen.
Ich bin auch erst mit meinen nahezu dreißig Jahren dahintergekommen – und das ist ein respektables Alter, in dem man es sich leisten kann, beim Anblick eines jungen Halbgottes gelassen das Lorgnon vors Auge zu führen und mit dem distanzierten Interesse eines Mikrobenforschers zu sagen: Hm, passabel gewachsen, der Junge . . . Ein Alter, sage ich, in dem man mit von Neid nicht getrübtem Genuß die Busen und Hintern schöner Frauen betrachtet. Und jetzt müßte ich drei dicke schwarze Punkte setzen, denn jetzt kommt das Dennoch, das Du später in meinem Buch nachlesen kannst: ebenjene sensationelle Entdeckung, die Lust am eigenen Körper, weil er Instrument der Lust des anderen ist – des einen und einzigen, wie ich hinzufügen muß. Kurzum, es wird ein erotisches Buch, wenn ich

imstande bin, eine gewisse Prüderie zu überwinden. (Ich erinnere mich, daß ich bei meinem ersten Opus errötete, als ich das »Sie küßten sich« schrieb.)
Ja, zum Teufel, ich weiß nicht, wie ich auf die Liebe gekommen bin. Egal. Auf all das, was ich da vorhin gejault habe, sollst Du nicht antworten; nimm's zur Kenntnis und lächele Dein unnachahmliches Lächeln wie immer, wenn Du Dich heimlich über mich lustig machst.

3. 7. 63

Bodo Uhse ist tot. Zuerst, als ich die Nachricht hörte, dachte ich: Selbstmord. Ich sehe noch sein zerfurchtes Narbengesicht an jenem Abend, als wir bei ihm waren. Zuerst konnten wir es nicht fassen, und bis heute ist es mir nicht ins Bewußtsein gedrungen. Wir haben ihn sehr geliebt. Er war eben auf dem Weg, ein großer Schriftsteller zu werden: der Aufsatz über Venturelli; die Rivera-Erzählungen. Ich beneidete ihn um seine tiefverstehende schöne Beziehung zur Malerei; seine literarische Wiederholung des malerischen Schaffensprozesses erinnerte mich an Thomas Manns Verwandtschaft mit der Musik. Und: er war ritterlich, nicht in der modernen Art von fair oder gentlemanlike, und schon diese Eigenschaft machte ihn bemerkenswert in einem Land, in dem die Männer so wenig ritterlich sind wie bei uns.
Er war erst neunundfünfzig. Wir sind traurig, und es ist schwer zu begreifen, daß wir ihm nicht mehr begegnen werden. Es ist ungerecht. Ich sehe mit Überdeutlichkeit unsere erste Begegnung in Petzow, jede Kopfwendung von ihm, seine Gesten voll Niedergeschlagenheit, als er auf die verstreuten Blätter deutete, Vorarbeiten zu seinen Essays im Band »Gestalten und Probleme«, und ich höre wieder seine Stimme, als er zu uns sagte: »Ihr werdet es schaffen, wozu ich nicht mehr imstande bin.«

9. 7. 63

Große Entdeckung – die »Französischen Hefte« von Ehrenburg, die mich heftig bewegten. Ich finde auf jeder Seite, triumphierend und glücklich, Übereinstimmung, und klar formuliert die Gedanken, die bei mir nur verschwommene Empfindungen waren. In seinem Aufsatz über Stendhal kann ich hundert Zeilen auf mich beziehen. Auch fühle ich mich ermutigt: Ich bin also doch kein Dummkopf, da ich zu denselben Denkresultaten gekommen bin wie der geistreiche Ehrenburg, er ist ein vorzüglicher Kenner der französischen Literatur, zu der ich mich von Jahr zu Jahr mehr hingezogen fühle. Und noch dies: die Vorliebe der französischen Schriftsteller für Malerei und Architektur. Wie, wäre es denn von ungefähr, daß mich diese verwandten Künste anziehen?
Morgen fahre ich nach Berlin, zu Professor Henselmann, der mir seine Baustelle zeigen wird, den Entwurf für einen Wandfries, den Plan für einen Kuppelbau – er wolle, schreibt er, mich auch ausnutzen. Nun habe ich Furcht, nicht zu bestehen...

17. 7. 63

Sie scheinen verwundert, weil ich Ihnen geantwortet habe, aber sicher wissen Sie, daß es nicht nur eine Geste der schuldigen Höflichkeit war. Die schöne Sitte des Briefeschreibens beginnt auszusterben, die Kreise sind eng gezirkelt, man trifft sich auf einem Kongreß, während einer Konferenzpause, niemand hat Zeit, die meisten arbeiten unter Termindruck, und viele Begegnungen münden in die penetranten Auto-Gespräche oder die jeweiligen Modewitze. Und ich bin so begierig auf Menschen . . . Ich habe drei Briefpartner, denen zu schreiben mir Vergnügen bereitet, und gleichzeitig empfinde ich eine Spur von schlechtem

Gewissen, weil ich mich als Ausbeuter fühle: Ich habe noch so wenig zu geben, die anderen sind klüger, erfahrener, und ich nehme, nehme von ihnen mit der einzigen Rechtfertigung, daß es irgendwann einmal meiner Arbeit dienlich sein wird.

Was für eine lange Vorbemerkung, da ich doch nur sagen wollte: Ja, warum nicht eine Korrespondenz – wenn Sie vorliebnehmen wollen mit einem, der mehr Fragen als Antworten weiß.

Ich möchte Ihnen noch schönen Dank sagen für Herzens Briefe, die Sie mir schickten, ich lese sie mit der gewissen Vorsicht, mit der man lange nicht mehr erprobtes Land betritt. Dabei gab es eine Zeit, zu der mir diese Welt nicht so fremd war; ich erinnere mich, mit welchem Genuß ich Montaigne las. Aber diese sich eben anbahnende Beziehung wurde schroff unterbrochen in dem Augenblick, als wir ins Kombinat übersiedelten. Auf einmal drängten sich tausend praktische Fragen in den Vordergrund, ökonomische Probleme, diese ganze Welt der Industrie, um derentwillen wir in unserem Neulingseifer bereit waren, alles über Bord zu werfen, was nicht direkt der Lösung dieser Fragen, nicht unmittelbar der Gegenwart diente. Jetzt, nach drei Jahren Basis, beginnt die Rückkehr – nicht in das Leben von damals, aber zu alldem, was in diesem Leben gut und schön war, und nun häufen sich auf dem Schreibtisch wieder die so lange vernachlässigten Bücher, kunterbunt durcheinander Lifschitz und Freud, Plechanow und Hamann, Sainte-Beuve und Lukian. Letztens las ich Ehrenburgs »Französische Hefte«... Im Aufsatz über Stendhal fand ich etwas, was sich mit Ihren Sätzen über die Kritik traf und mir ein wenig über meine Unduldsamkeit, meinen gelegentlichen Zorn hinweghalf: Es gibt so viele Anna Kareninas, wie es Leser gibt. Und gewiß ist es richtig, daß der Autor in seinem Buch Räume läßt, die der Leser mit seiner Phantasie, mit seinen eigenen Vorstellungen ausfüllt; es macht mich aber immer ein bißchen traurig, zu sehen, wenn Leser nichts

besitzen, diese Räume auszufüllen, diese Armut ist schlimmer als jedes Mißverständnis.
Ich wollte meine ersten Fragen anmelden... Die eine ist die nach dem Gesicht der Architektur im Sozialismus; die andere, dringendere nach der Liebe . . . Ist die Liebe heute anders als vor hundert oder tausend Jahren? Ich kann ungefähr ermessen, welche tiefen Veränderungen die Gleichberechtigung in den Beziehungen zwischen Mann und Frau hervorgerufen hat, aber schon hier erhebt mein verehrter Caspar ein Warnungsschild: Du darfst Gleichberechtigung und Gleichartigkeit nicht miteinander verquikken. Diese Gleichartigkeit gibt es nicht, noch nicht – wird es sie jemals geben? Auch die selbstbewußteste Frau liebt ganz anders als ein Mann (ich wage nicht, ein Wort wie »Hingebung« zu gebrauchen) – immer vorausgesetzt, daß es sich nicht um ein Abenteuer, eine flüchtige Neigung handelt. Ich beobachte Frauen in meiner Umgebung: Welcher Aufopferung, Selbstverleugnung, welchen Mutes sind sie fähig! Überbleibsel aus Jahrtausenden des Sklavendaseins? Das ist eine schlichte Erklärung.
In Ihrem Roman las ich Bemerkungen von Morteau, die mich sehr bewegten: Der bürgerlichen Gesellschaft seien die Maßstäbe für Gut und Böse verlorengegangen. Und dies zu fragen war heute mein Anliegen an Sie: Haben wir, hat die sozialistische Gesellschaft (heute und hier, meine ich) neue Maßstäbe für Gut und Böse? Was in den Geboten der sozialistischen Moral formuliert worden ist, scheint mir noch Oberfläche zu sein; daß die Gebote oft in einer spießerhaften Weise ausgedeutet und angewandt werden, ist nicht Schuld dieser Sätze. Morteaus Bemerkungen zielten aber auf Tieferes. Bitte, sagen Sie mir etwas dazu.
Ich war froh, daß Sie in Ihrem Brief sagten: Schreiben Sie die Liebesgeschichte. Und wissen Sie, was mir den Rest von schlechtem Gewissen genommen hat? (Sie kennen die zerstörerischen Zweifel: wie, eine private Geschichte angesichts der großen Probleme, die unsere Welt erschüttern?)

Ich las den Brief der KPdSU zur Auseinandersetzung mit China, und – vielleicht lachen Sie über diese List, mit der ein Schriftsteller sich Bestätigung sucht – auf einmal begann ich zu begreifen: Das Leben geht weiter, unter dem Himmel der Revolution wird gegessen, getrunken, geschlafen, gestritten, man hat seine Alltagssorgen, sucht nach Erfüllung seiner Wünsche, man liebt, kämpft, arbeitet.

Berlin, 25. 7. 63

Seit gestern in der Charité. Ich habe ein Einzelzimmer. Vorhin erzählte mir der liebenswürdige junge Stationsarzt, daß in meinem Bett schon Goebbels und Adele Sandrock gelegen haben. Vom Balkon kann ich Dan winken, wenn er abfährt. Hier ist alles ein bißchen antiquiert, wenn man will, kann man das Haus ehrwürdig nennen. Gegenüber bellen Tag und Nacht die heiseren Versuchshunde, große Schäferhunde, die auf mich den Eindruck machen, als habe man sie mit Schnupfenbazillen geimpft.
Welch ein Glück, daß Dan heute noch in der Nähe ist! Gestern früh brachte mich Henselmann her, in dessen Haus ich die Nacht zuvor geschlafen hatte. Er müht sich in der rührendsten Weise um mich, gab mir eine Menge guter Ratschläge für den Umgang mit Schwestern und Ärzten und führte mich hier in einer Art ein, daß alle in respektvollem Erstaunen erstarrten. Er ist von einer bezaubernden Eitelkeit und klug genug, sie mit Ironie zur Schau zu tragen.
Als er fort war, als ich allein in meinem Zimmer stand, fing ich doch an zu weinen, und wenig später, als ich mich in der Verwaltung anmeldete und von einer unverschämten Person angeschnauzt wurde, weil irgendwelche Angaben in meinem Ausweis fehlten, brach meine Fassung restlos zusammen. Ich rief Dan im Hotel an, er kam sofort, ich warf mich in seine Arme und war getröstet.

Berlin, 26. 7. 63

Ich notiere aus Sartres »Was ist Literatur?« (beileibe nicht die gewichtigsten Sätze, aber Anhaltspunkte für meine Gedanken über Sprache und Stil): »Man ist nicht Schriftsteller, weil man die Wahl getroffen hat, bestimmte Dinge auszusagen, sondern weil man gewählt hat, sie auf eine bestimmte Art und Weise auszusagen. Und ganz sicher macht der Stil den Wert der Prosa aus. Nur muß er unbemerkt bleiben... Bei der Prosa ist das ästhetische Vergnügen nur dann ungetrübt, wenn es nebenher in Erscheinung tritt... Der Stoff legt einen Stil nahe, er fordert ihn aber nicht; es gibt keinen Stoff, der a priori außerhalb der literarischen Kunst läge. Man muß wissen, worüber man schreiben will – über Schmetterlinge oder über das Los der Juden. Und wenn man das weiß, dann bleibt immer noch zu entscheiden, wie man darüber schreiben will. Oft verschmelzen beide Entscheidungen, nie aber rangiert bei guten Autoren die zweite vor der ersten . . . Wenn man die Stoffe als stets offene Probleme betrachtet, als dringende Anliegen und Erwartungen, dann wird man begreifen, daß die Kunst in der Bindung nichts verliert; im Gegenteil! Wie die Physik den Mathematikern neue Probleme aufgibt, die sie zur Erfindung neuer Symbole verpflichten, so verpflichten die stets neuen Ansprüche des Sozialen oder des Metaphysischen den Künstler zur Erfindung einer neuen Sprache und neuer Techniken. Wenn wir nicht mehr wie im siebzehnten Jahrhundert schreiben, so liegt das wohl daran, daß die Sprache eines Racine und eines Saint-Évremond nicht dazu geeignet ist, über Lokomotiven oder über das Proletariat zu schreiben. Demnach werden die Puristen uns vielleicht verbieten, über Lokomotiven zu schreiben. Aber die Kunst stand nie auf der Seite der Puristen.«

Berlin, 6. 8. 63

Komme allmählich wieder zu mir.
Draußen ist ein rasend heißer, ein erstickender, ein herrlicher August. Ich sterbe vor Ungeduld. Ich will raus hier: Lese viel.

Berlin, 11. 8. 63

Morgen darf ich nach Hause. Die letzten Tage waren häßlich, aus einer Nahtstelle sickerte unaufhörlich schwärzliches Blut. Meine Brust sieht wüst aus, wie von Säbelhieben zerhackt, der Arzt sagt aber, die Narben würden mit der Zeit ganz verschwinden.

15. 8. 63

Ihre Erzengel haben mich nicht einmal telefonisch zu Ihnen vorgelassen, und ich hätte Ihnen doch so gern auf Wiedersehen gesagt und Ihre Stimme und Ihr Lachen gehört. Ich weiß jetzt auch, an wen mich Ihre Art zu lachen erinnert: Da gibt es den Mann, der dem Berg Sesam entschlüpft, der Berg schließt sich hinter ihm, schlägt ihm noch die linke Ferse ab, aber der Mann ist draußen (vielleicht geht gerade die Sonne auf über einer Ludwig-Richter-Märchen-Landschaft), er hat die Taschen voller Gold und Juwelen, und er lacht, weil er Sesam überlistet hat und weil ihm der linke Fuß weh tut, aber, nun ja, die Ferse wird er schon verschmerzen.
Wir konnten nicht mehr zu Ihnen kommen, weil der Wagen mal wieder kaputt war – diese verruchten Requisiten des Lebensstandards machen mich allmählich nervös, sie werden aufdringlich, werden in Wahrheit zu Besitzenden, statt Besitz zu bleiben, und zwingen mich, unaufhörlich für ihre Erhaltung zu arbeiten. Haben Sie auch manchmal das

Gefühl des Ausgeliefertseins an Dinge? Zuweilen erinnere ich mich mit wehmütigem Vergnügen an die ersten Jahre mit Dan, als wir zusammen in einem Zimmer hausten, von Suppenwürfeln und Margarinebroten lebten und – getrennt durch einen quergestellten Bücherschrank, über den hinweg wir uns Botschaften zuwarfen – an unseren Romanen arbeiteten, die in die deutsche Literaturgeschichte eingehen sollten; übrigens sind beide nicht gedruckt worden. Aber wahrscheinlich ist dieses nachträgliche Glücksgefühl auch bloß ein romantischer Schwindel. Einmal verloren wir auf einer Verbandssitzung unsere Rückfahrkarten und mußten uns vier Mark borgen – das war ein richtiges Unglück.
Einmal zogen wir mit den Schriftstellern über einen Rummelplatz, wir hatten keinen Groschen in der Tasche, und der gutherzige S. kaufte uns eine Tüte gebrannter Mandeln – das war eine unerträgliche Demütigung. Und die ganze Zeit waren wir hochmütig und starrsinnig überzeugt, daß wir, Brigitte Balzac und Dan Tolstoi, alle schreibenden Autofahrer glatt an die Wand dichten würden.
Gott, ich werde geschwätzig... Ich glaube, ich gewöhne mich an Sie, in dem Sinne, den »gewöhnen« für mich hat: nicht mehr nur staunen (aber ich staune doch immer noch wie am ersten Abend, als Sie die kleine Vortreppe runterkamen und als die Familie um den Tisch saß) und nicht mehr nur dastehen und anstarren, neugierig und mißtrauisch, mit einem gegen mich selbst gekehrten Mißtrauen, weil ich Sie schon liebte. Ich war dann ganz erleichtert, als ich sah, daß der Eisberg Dan meine Gefühle teilte. Er ist für mich so etwas wie ein Radargerät. Da ich mir immer einbilde, ich sei viel netter als er, bin ich jedesmal wieder bestürzt zu bemerken, daß Menschen, die ich achte, ihm eine tiefere Neigung entgegenbringen als mir. Er ist rundherum ein Engel, mit dem Flammenschwert in der Uhrentasche, und irgendwo im Hintergrund sind Mescalin und Rilke, Jehova und Piano-Jazz. Lieben Sie Jazz? Wenn Sie zu uns kommen – aber Sie werden ja sehen: Wie gehören zu den unausstehli-

chen Leuten, die ihre Gäste stundenlang mit ihrer Lieblingsmusik malträtieren.
Gewöhnen also: Ich fange an, Ihnen zu erzählen.

17. 8. 63

Daß ich den Dan mit List und Tücke von Fernsehens losgeeist habe, wird er Euch ja geschrieben haben. Allerdings unter der Bedingung, daß ich den Vertrag übernehme und ein Stück schreibe. Egal. Ich bin stärker als er, ich funktioniere wie eine gut geölte Maschine und warte nur auf den Tag, an dem die Maschine kaputtgeht. Dann wird es gründlich...
Ich bin so glücklich, daß ich den blöden Kater endlich überredet habe, den ganzen anderen Kram wegzuschmeißen und seinen Roman zu schreiben. Natürlich ist er geknickt, weil er kein Geld verdient, aber was ist schon dabei? Wenn er ein gutes Buch schreibt, soll er auf Geld pfeifen. Vorläufig bin ich ja noch da, und ich habe Energie für zwei. Wahrscheinlich werde ich mein ganzes Leben lang eine treulose Frau sein und mich mit achtzig Jahren in irgendwelche Knaben verlieben, aber von Herrn Kater laufe ich doch nicht weg. Ich bin froh, daß er sich immer mehr in den Gedanken an sein Buch vergräbt und mir von morgens bis abends von seinen Helden erzählt. Ich bin sicher, daß er einen großartigen Roman fertigbringt, und dann hat sich die ganze Würgerei mit Film und Fernsehen gelohnt.

20. 8. 63

Dan ist wieder da. Wir tranken zuviel Kaffee, rauchten zuviel Zigaretten und redeten, redeten... Wir sprachen auch über Scheidung und waren erstaunt zu sehen, daß sich an unserer Beziehung nichts ändern würde.

27. 8. 63

Warum kann ich nicht mit Anstand mit einer gegebenen Situation fertig werden? Die Energie, die meine Freunde mir nachrühmen, die Brutalität, die Dan mir zuweilen zuschreibt, sind nur erworbene Eigenschaften, ohne die ich zugrunde gegangen wäre. Ich wünschte mir aber manchmal, ganz im stillen, ich bräuchte nicht dieses Maß an Energie, die mir nahe der Grenze zur Hysterie ist.

2. 10. 63

Am Sonntag fliege ich nach Moskau, als Delegierte des DSV. Zuerst hatte ich mich gesträubt, habe auch jetzt noch Angst und fange doch an, mich zu freuen.
Ein Besuch ist des Aufzeichnens wert: Am Sonnabend kam (Gast des Nationalrats) der Dekan der Juristischen Fakultät von Oxford. Ein Engländer, wenn es je einen gegeben hat – aber er ist Schwabe. Er brachte das Kunststück fertig, in fünf Minuten mich von der schüchternen Blödigkeit zu befreien, die mich in Gegenwart von Fremden befällt. Er ist einer der charmantesten Männer, die mir je begegnet sind, und von atemberaubender Höflichkeit. Er setzte sich nicht, solange ich stand, und er stand auf, sobald ich das Zimmer verließ. Er hat das Recht, am Tisch der Königin zu sitzen, hat mit Kennedy und Truman gespeist, kennt Nikita und ist mit Agatha Christie und ihrem Mann befreundet. Er spricht, wenn ich richtig mitgezählt habe, neun Sprachen, hat Kunstgeschichte, Ägyptologie und Jura studiert, liebt Samarkand um eines Verses willen und besuchte es und schwärmte: Schön wie im Märchen, der Orient, den wir aus Tausendundeiner Nacht kennen – aber es gibt keinen Hunger mehr.
Er sagte, er sei stockreaktionär, und mir schien, er kokettierte damit; er provozierte aber nicht. Er hat gegen die Aufnahme von Frauen in den Debattierklub von Oxford

und für die Abschaffung des § 175 plädiert, was nichts über seine Neigungen aussagt: Er ist ein Homme de la femme. Natürlich stritten wir uns, beim Thema Gleichberechtigung gehe ich auf die Barrikaden. Wenn ich schon »Würde der Frau« höre – dieses Auf-ein-Podest-Heben ist nur eine feinere Art von Abwertung und Beiseiterücken. Aber wie immer: Er ist von nobler Gesinnung. Er kennt die merkwürdigsten Dichtungen von verschollenen Dichtern. Er erzählt Märchen wie Scheherezade. Ich war verzaubert, und das Märchen vom persischen Architekten, dem um seiner großen Liebe willen Flügel wuchsen, habe ich aufgeschrieben. Der Kuß, der so leidenschaftlich war, daß er ein Brandmal hinterließ...

3. 10. 63

Und mein Buch? Wen, zum Teufel, kümmert es, daß ich nicht zum Schreiben komme? Die Funktionäre, bis hinauf zum Zentralkomitee, sind lieb und besorgt und erkundigen sich nach meiner Gesundheit (ich sage das ohne Ironie, wohlverstanden, sie haben wirklich ein Herz für die junge Garde), aber woher sollen sie wissen, wie ich lebe, wovon ich lebe, und was könnten sie auch tun? Keine Zeit mehr für die schönen Dinge, die ich liebe: Musik hören, Gemäldegalerien sehen, durch eine fremde Stadt streifen – immer droht irgendwo ein Termin. Seit Monaten habe ich Nervenentzündungen an meinen Zähnen, die nicht heilen, weil ich groggy bin, und ich rette mich nur von einem Tag auf den anderen durch acht Stunden Schlaf, kaltes Duschen und Vitamintabletten, lege große Schwüre ab, von jetzt an sei aber Schluß mit dem Gehetze und der verdammten Nettigkeit, und wenn es klingelt, gehe ich an die Tür, grinse freundlich und sage: Bitte, kommen Sie doch rein. Und sie kommen rein und bringen eine neue Arbeit mit, und ich lasse mich überreden, jedesmal, das letztemal, bis zum nächsten Mal.

Es ist eine Mischung von preußischem Pflichtbewußtsein, von gottverfluchter Schwäche und Feigheit, von Höflichkeit und Mangel an Selbstbewußtsein.
Ich beschäftige mich jetzt intensiv mit Architektur (das Arbeitsgebiet meiner neuen Heldin), und auf einmal hat mich »die Mutter der Künste« in ihren Bann gezogen, mehr noch als die Malerei, vielleicht, weil sie so unlösbar verknüpft ist mit Menschen, so direkt ihnen dient. Satellitenstädte von der Art Hoyerswerdas bringen interessante psychologische Probleme mit sich. Vor einiger Zeit schrieb ich einen Artikel, in dem ich einige Probleme andeutete, und es gab einen wilden Wirbel, ein Für und Wider in der Zeitung, begeisterte Zustimmung und böse Beschimpfungen. Da ich auch den genialen Chefarchitekten angegriffen habe, hat die Geschichte Kreise gezogen, in der Bauakademie gibt es nämlich schon seit langem einen tiefgreifenden erbitterten Streit wegen des industriellen Wohnungsbaus. Morgen abend ist großes öffentliches Schlachtfest, aber ich marschiere hin, wohlausgerüstet mit Neurotontabletten und einem Haufen etwas ungeordneten technischen Wissens. Natürlich ist es für meine Arbeit großartig, daß ich zwischen zwei Feuer geraten bin, die Argumente beider Seiten kenne und meine Heldin auf den goldenen Mittelweg schicken kann, den zwischen Baukunst und Industrialisierung, respektive deren künstlerisch und technisch möglichst vollkommene Verquickung.
Drück mir die Daumen, daß ich in Moskau würdig unsere junge Garde vertrete. Ich habe mir sogar Kleider gekauft, in denen ich wie eine Dame aussehe.

Moskau, 8. 10. 63

Moroshennoje schmeckt wirklich wunderbar. All mein Schulrussisch habe ich vergessen, bin aber sicher, ich würde es schnell wieder hier lernen.

Unsere preußische Pünktlichkeit ist komisch, hier hat man viel Zeit und eine große Ruhe, wir müssen uns erst an das Moskauer Tempo gewöhnen.

Moskau, 10. 10. 63

Aljoscha und Sascha kennen die meisten Schriftsteller der DDR. Die Leute lesen sogar auf der Metrotreppe. Der Taxichauffeur liest, wenn er auf Kundschaft wartet. Vorm Laden stehen Kinderwagen (die Kinder sind verpackt wie im tiefsten Winter) – zwischen den Kissen liegt ein Buch. Gestern abend sahen wir eine Käuferschlange auf der Gorkistraße – wir erwarteten eine Sensation: Man stand nach Büchern an, vor einem auf der Straße aufgebauten Buchladen. Die Theater sind ausverkauft.

Moskau, 12. 10. 63

Mir fallen immer mehr Wendungen und Wörter ein, die längst vergessen waren, und den Rest besorgen Mimik und Gestik. Ich gewinne schon ein bißchen Sicherheit und kann alle gewünschten Auskünfte geben: wie alt, woher, ob verheiratet, wie viele Kinder, welcher Beruf, wie lange in Moskau – und daß Moskau otschen charascho ist.
Aber die Metro habe ich nicht genehmigt, wegen dieser verdammten Rollbahnen, die sicher technisch vollkommen sind, aber beängstigend für Leute mit einer E. T. A.-Hoffmann-Phantasie.

Moskau, 13. 10. 63

Georgi, der schöne Georgier, schwarz und schlank, hat mein Herz gewonnen. Er spricht soviel Deutsch wie ich

Russisch, kann noch den Heine auswendig (»Ich weiß nicht, was soll es bedeuten«), kennt ein paar Brocken Englisch, und wir machten innerhalb einer Stunde, einer Schulstunde gewissermaßen, erstaunliche Fortschritte, indem wir alle im Restaurant zu findenden Gegenstände in beiden Sprachen bezeichneten und wiederholten, bis die Lektion saß.
Das Leben ist viel schwerer als bei uns: noch immer Wohnungsnot, Mangel an Industriewaren, an allen möglichen Arten von Komfort und Annehmlichkeiten; die Läden sind abends, wenn die Leute von der Arbeit kommen, so unglaublich überfüllt, daß die Kaufhöfe in Hoyerswerda dagegen gähnend leer wirken.

16. 10. 63

Wahrhaftig, großes Heimweh nach Moskau und ein bißchen Sehnsucht nach Georgi.

17. 10. 63

Georgi ist weit weg und die Romantik und Leidenschaft für drei Tage. Natürlich habe ich widerstanden. Dabei kann ich prüde Weiber nicht ausstehen.

20. 10. 63

Jede Nacht träume ich von Moskau. Am letzten Tag rief Kolja mich an: »Sie lassen viele Freunde hier zurück. Kommen Sie bald wieder.«

21. 10. 63

Jetzt verstehe ich Ihre Liebe zu diesem Land (historisches Begreifen allein genügt ja nicht), und natürlich werde ich in den Kaukasus fahren und in meine Traumstadt Samarkand. Ein schwarzäugiger Georgier hat mich nach Tbilissi eingela-

den – eine ganze Stadt voll schöner Frauen und Männer! Ich habe für die »Ankunft« Geld von Molodaja Gwardija bekommen, und nächstes Jahr werden auch »Die Geschwister« übersetzt, und also kann ich reisen und reisen, und Sie müssen sich vorstellen, daß ich Ihnen dies tanzend und singend schreibe, soweit sich das an der Maschine machen läßt.
Wir wohnten im »Kiewskaja« (neulich erzählte mir jemand, daß Sie auch dort waren); in einem der großen Hotels hätten wir niemals so viele Bekanntschaften geschlossen, so unmittelbar mitgelebt. Ich bin nicht ins Theater gegangen, nicht einmal, wie jeder pflichtbewußte Ausländer, zum Ballett, sondern habe mich Abend für Abend im Restaurant »Dnepr« rumgetrieben, den Leuten zugesehen, Wodka getrunken und geschwatzt. Und der Kiewer Bahnhof! Ich weiß nicht, warum ich mein Herz gerade an diesen Bahnhof gehängt habe, aber jede Nacht im Traum kehre ich in eine bestimmte Halle zurück, die mir der Traum ins Orientalische verwandelt vorspiegelt. (Und gibt es nicht in der Tat an der Außenmauer allerlei maurisch anmutenden Zierat – oder habe ich das auch nur geträumt?)
Wenn Sie sich zurückversetzen können in die Zeit, als Sie noch kein weitgereister Mann waren, können Sie sich vorstellen, welche tiefe Bewegung, ja Erschütterung das Erlebnis Moskau in mir ausgelöst hat. Ich denke mit solchem Glücksgefühl an das Wiedersehen und an die Entdekkung neuer Landschaften, daß sich zuweilen Skepsis meldet: Wird die nächste Begegnung meinen Erwartungen standhalten?
Nur von Tscherjomuschki war ich enttäuscht, obgleich ich angesichts der Hütten am Stadtrand begriff, daß man sich in Zeiten bitterster Wohnungsnot kein ästhetisches Feingefühl leisten kann.

3. 11. 63

Deinen Brief habe ich erst bekommen, als ich aus Moskau zurückkam – vergebens also alle Warnungen. Übrigens fuhr ich nicht mit G., sondern mit Christa Wolf, und natürlich habe ich mich in sie verliebt, sie ist so klug und mütterlich, eine Beschützerin vor allen Anfechtungen und der Typ Frau, der man nachts, im Dunkeln, alles erzählt. Ich glaube, sie fand mich wahnsinnig komisch, und jedenfalls war sie den ganzen Tag beschäftigt, mich zu retten: vor verrückten Taxis, unbedachten Einkäufen und schönen Männern. Denn sieh, dies hast Du vergessen, als Du mir Ratschläge gabst: In Moskau triffst Du nicht nur Moskauer (welche übrigens auch nicht so prüde sind, wie man zuerst denkt), sondern auch ganze Trupps von Georgiern . . .

Im Grunde bin ich noch immer mit dem ganzen Erlebnis Moskau nicht fertig geworden. Prag habe ich besser überstanden. Wenzelsplatz und Friedrichstraße sind verwandt, und die Leute hätte man austauschen können. Aber Moskau – das ist schon große weite Welt und ein bißchen Asien (das geheimnisvolle, wie Klein Moritz sagt, und so dumm ist Klein Moritz ja gar nicht), und der Weg, der Leskows Bauern in den Kosmos führt, ist so grandios, daß auch die flüchtigste Vorstellung den Fremden erschüttert. Nachher war mir, als hätte ich ein halbes Jahr in Moskau gelebt, so heftig und gesammelt habe ich gelebt, verstehst Du?

Und damit Du Gelegenheit hast, über mich zu lachen: Da war also Georgi, der Schöne, und wir trafen uns in der Korridornische, die sich »hall« nannte, und hatten eine zauberhafte Drei-Tage-Romanze. Vermutlich war es nur wegen der allzu kurzen Frist so romantisch (eine alte Theorie von mir: Liebesgeschichten muß man spätestens nach dem dritten Kuß beenden), und ich habe so strenge Bedingungen vor eine zärtliche Beziehung gesetzt, daß ich sogar diesen Augen, diesen langen schwarzen Wimpern widerstehen konnte und jetzt mit diesem wehmütigen Ver-

gnügen mich erinnern kann, das noch Raum läßt für ein bißchen Spott, anderthalb Tränen, ein freundliches Wiedersehen im Traum und das erhebende Gefühl des noch einmal Davongekommenen.
Aber das ist in Wahrheit diese Sorte Unverbindlichkeit, die ich bei literarischen Helden nicht dulden würde. Oder kommt diese Laxheit gegenüber menschlichen, persönlichen Bindungen aus der tiefen Verbindlichkeit in der Arbeit, im Beruf?

3. 11. 63

Ich mußte wieder zwei Tage nach Berlin, zur ersten Tagung unserer Jugendkommission und zum 4. Plenum des ZK. Beim Politbüro ist nämlich jetzt eine Kommission für Jugendfragen gebildet worden, der ich angehöre. Ich bekomme einen von Walter Ulbricht unterzeichneten Ausweis, der mir, wie man sagt, Tür und Tor öffnet – eine Unterstützung, die mir nur zu willkommen ist, denn ich habe hier andauernd einen Haufen Ärger mit allen möglichen Instanzen.

4. 11. 63

Seit drei Tagen Diskussionen mit zwei jungen Architekten, einem Griechen und einem Deutschen, die gründliche soziologische Untersuchungen in unserer Stadt durchführen.
Auf dem Papier nimmt es sich gut aus, wenn an drei Ecken der Stadt ein Stadion liegt, für die in Wahrheit aber keine Mittel da sind. Wir sprachen darüber, wie denn eine sozialistische Stadt aussehen muß, wie weit ein sozialistisches Leben abhängig ist von den Räumlichkeiten, die für Begegnungen geschaffen werden.
Wie kommt es, daß das Leben in fremden großen Städten einen Menschen so unverwechselbar prägt? Ich wußte »Pa-

ris« im selben Augenblick, als der Grieche, der einige Zeit in Paris gewesen ist, in mein Zimmer trat und ein paar Bemerkungen über meine Bilder und über Chagall machte.
Die Fragen also: Wie groß sollen diese Wohneinheiten sein? Brauchen sie einen Klub, ein Zentrum (eigentlich eine Vorstufe zum Stadtzentrum)? Kann man sich mit Räumen für die Hausgemeinschaft begnügen? Wie suchen die Leute den Kontakt mit andern? Suchen sie ihn überhaupt? Wie muß das Zentrum aussehen, das ja nur eine neutrale Sphäre für Begegnungen schafft – stop also, genug für viele Tage von Debatten. Pläne für Schlafstädte mit Zentrum, das allein dem gesellschaftlichen Leben dient. Wie weit ersetzen Grünanlagen den Einzelgarten? Ich notiere ganz unsystematisch, in meinem Notizbuch werde ich das genauer untersuchen, um handfestes Material für mein Buch zu haben.
Ich habe noch tausend andere Fragen: Wie wirkt sich die Psyche, die Mentalität eines Volkes auf die Herausbildung sozialistischen Lebens aus? Und was ist das: Lebensstandard? Warum verändert er Menschen, wie verändert er?

12. 11. 63

Der Chefarchitekt war bei mir, er war liebenswürdig, bereit zu erzählen, mir bei meinem Buch zu helfen. Er hat sich seine Stadt auch anders vorgestellt.
Er sagt, er habe sich vorgestellt, er werde eine wunderschöne Stadt bauen und später, wenn er alt ist, zuweilen aus Dresden rüberkommen, die Straße entlanggehen und in seiner Stadt Kaffee trinken.
Die Mittel für die zentralen Bauten sind rigoros gestrichen worden. Während des Gesprächs mit ihm habe ich mein Buch umprojektiert (und wie oft werde ich das noch tun?): Franziska ist keine »Schlachtunterwegs«-Heldin; sie kommt voll strahlender Pläne in diese Stadt, in der man nichts

verlangt als nüchternes Rechnen, schnelles und billiges Bauen. Kein Platz für persönlichen Ehrgeiz – ein Namenlos in einem Kollektiv, dessen Heldentum darin besteht, daß man nach langem Tüfteln an der Korridorwand drei Zoll einspart. Manchmal habe ich Phantasie von einem Buch wie Gontscharows »Alltägliche Geschichte«: Wohin sind am Ende die leidenschaftlichen Entwürfe der Jugend? Man hat die Welt nicht aus den Angeln gehoben. Und, schrecklicher Gedanke: Wo ist die flammende Liebe? Erstickt in einer konventionellen Ehe, in gemeinsamem Badezimmer, zwischen Wäschewaschen, Fernsehen und dem »Was essen wir morgen?«

Berlin, ein Abend bei Henselmann. Er hatte seine ganze Arbeitsgruppe eingeladen, begabte junge Leute, die jetzt auf verschiedene Projektierungsbüros verteilt worden sind, wo ihnen die Arbeit keine Befriedigung gibt. Henselmanns Schuld? Er hat ihnen den Traum von der großen Baukunst mitgegeben – und sie zeichnen Türen.

16. 11. 63

Vielleicht werde ich heute noch mein Buch beginnen, auf einmal bin ich ganz begierig darauf und sehr ungeduldig. Nächste Woche habe ich die ärgsten Termine hinter mir, da kann ich mich in Ruhe der Arbeit widmen. Drückt mir die Daumen! Ich weiß noch nicht mal, wie es anfangen soll, aber das fällt mir dann schon ein, wenn ich am Schreibtisch sitze, hoffe ich. Jeden Tag, beim Einkaufen, beim Reinemachen, spinne ich so vor mich hin, und wahrscheinlich halten mich die Leute für verrückt, weil ich niemanden mehr höre und sehe.

23. 11. 63

Heute habe ich das Buch »Franziska« begonnen.

26. 11. 63

Es ist noch ganz früh, die Müllmänner klappern mit ihren Kübeln, und im Kindergarten gegenüber wird schon gesungen; die armen Hutzelkerlchen werden um fünf Uhr in ihr Ersatz-Zuhause geschleppt, sommers und winters. Seit drei Tagen habe ich eine neue Tagesordnung eingeführt – ich habe mein neues Buch begonnen. Also wieder acht Stunden Schlaf, viel Summavit, keinen Tropfen Schnaps, keine Television und ein auf das Minimum herabgesetztes Interesse an den Mitmenschen.
Gestern hatte ich zwei Seiten, habe sie abends aber wieder weggeschmissen. Zuviel Stil, weißt Du, und ich will doch lernen, wie Zola zu erzählen. Nachts fand ich dann diesen Zola-Anfang, aber jetzt zweifle ich wieder: Kann man noch so erzählen? Es klingt so, als sähe man ein Bild von Renoir, und zudem läuft alles ganz anders, als ich mir vorgenommen hatte. Auf einmal war ich mitten in diesem finsteren Tag, als ich zum erstenmal – mit knurrendem Magen – vor dem Werktor auf meinen Mann wartete, um ihm den Lohn abzulisten, und er war durch einen Hintereingang davongeschlichen und kam nachts heim, besoffen und ohne Geld... Ein Totschläger-Milieu. Übrigens ist das nicht so wichtig, es ist nur Vorgeschichte – und dann kommt die ganz große Liebe... Entschuldige, ich schreibe mal wieder in der Art, von der Dan sagt: als ob ein Schweinchen übers Papier gelaufen ist... Das macht der Gedanke an den Zahnarzt, zu dem ich gleich marschieren muß.

27. 11. 63

Ich habe die beiden ersten Seiten weggeworfen und noch einmal angefangen. Was mir vorschwebte – diese Zola-Sprache –, gelingt mir nicht, wahrscheinlich liegt's am Stoff.

Vorher meine alten Tagebücher gelesen. Was für ein Wust an Dummheit, Wildheit, verworrenen Gedanken. Und das geht so fort und fort... Woher nehme ich die Klarheit meines letzten Buches? Du verstellst dich, sagen mir Freunde, du hast die Sicherheit eines Nachtwandlers. Wann werde ich vom Dach stürzen?

29. 11. 63

Ich mag die Filme, in denen starke Geschichten erzählt werden.
Zwei Briefe aus der Sowjetunion; ein feuriger Liebesbrief von Georgi, der ohne mich »immerzu schlechte Laune« hat; ein Brief von Kostja mit sarkastischen Bemerkungen, speziell über die Dummheiten von anderen Rilke-Übersetzern.
Kennedy ist ermordet worden.

22. 12. 63

Drei Tage in Halle zur Vorstandssitzung gewesen, mit Grippe zurückgekommen. Gestern wieder aufgestanden. Referat von Koch, eine glänzende Analyse von Strittmatters »Bienkopp«, wir hörten drei oder vier Stunden gefesselt zu.

12. 1. 64

Den ganzen Tag war ich verzweifelt. Jon züchtet, bewußt oder unbewußt, das niederdrückende Gefühl in mir, ich sei ein oberflächlicher Denker; er meint, man dürfe nichts schreiben, wenn man nicht ein Problem zu Ende gedacht und eine Lösung gefunden habe. Aber wie kann denn einer

die Lösung finden? Einer allein? Warum soll ich nicht eine Meinung sagen, ohne Anspruch auf letzte Gültigkeit zu erheben? Lieber schweigen? Er zieht es vor, gar nichts zu sagen, ehe er's riskiert, etwas Falsches zu sagen. Es ist ja wahr, ich bin wirklich zu schnell, zu spontan mit meinen Ansichten, zu freudig in meinen Entdeckungen, ich habe keinen ordnenden Verstand...
Lieber Gott, es ist schrecklich, daß dieses Gefühl immer mehr in mir wächst, es mangle mir an Intelligenz, Logik. Den ganzen Tag saß ich vor einem leeren Blatt Papier. Bei Zusammenkünften wage ich kaum noch den Mund aufzutun. Bin ich dumm, oberflächlich oder nur ungeschult – oder versagt jetzt schon mein Verständnis für eine Zeit, ihre geistigen Prinzipien, ihre Theorie und Perspektiven?
Ich sterbe, wenn ich nicht mehr schreiben kann.

16. 1. 64

Fast eine Seite geschrieben. Endlich!

Petzow, 23. 1. 64

Lewerenz las das Manuskript, es fehlte ihm an »originellen Details«. Er hat recht. Es ist von des Gedankens Blässe angekränkelt, ich beginne zu philosophieren. Dumm, dumm, dumm! Ich werde alles wegwerfen und ganz neu beginnen. Wie Henselmann auf mich baut, mein Gott, und wenn ich ihn enttäusche?
Nachmittags Gespräch in der Akademie, Kurella, Herzfelde, Hermlin (letzterer sehr liebenswürdig). Natürlich war ich sehr befangen, erst nach zwei Stunden taute ich auf. Zum Schluß hatte ich einen Lacherfolg, als ich fragte, was denn nun eigentlich sozialistischer Realismus sei.

26. 1. 64

Zwei Tage mit schrecklichen Herzattacken, düstere Gedanken an den Tod. (Man glaubt zu sterben.)
Ich lese, daß die Menschen aus ihrer Einsamkeit streben. Ich flüchte zurück in Einsamkeit. Wie soll ich nur dieses verdammte Buch anfangen?

13. 2. 64

Mein erstes Kapitel ist schon in der Papiermühle, ich begann wieder von vorn, verrannte mich wieder, fand meine Dame Franziska dekadent und verkommen und von ganz unsozialistischer Traurigkeit – und heute morgen fiel mir ein, daß sich dagegen nichts sagen läßt, die Kurve beginnt in einem Tiefpunkt, wie sollte ich sonst ihre Steigung nachzeichnen? Kurz und gut, nachher werde ich wieder arbeiten. Zum Glück war mein reizendes Schwesterchen mit seinem winzigen Baby eine Woche lang bei mir, und wir hatten viel Spaß miteinander. Morgens zu hören, daß nebenan ein Kind kräht . . . Ungeahnte Genüsse. Als die beiden abreisten, zurück in ihre Studentenbaracke, fiel ich in Schwermut, ich dachte, ich hätte mein Leben anders einrichten sollen. Manchmal, selten, sehne ich mich nach Sicherheit, nach der gestärkten Hemdenbrust, an die ich meinen Kopf betten kann, nach einem friedlichen Glück mit Kind und Waschmaschine und wohlsituiertem Mann. Schauderhaft, was? Glauben Sie, daß andere Frauen auch solche Odaliskensehnsüchte haben?
Die ganze Zeit denke ich noch darüber nach, warum Hermlin gesagt hat, ich stellte ja keine künstlerischen, sondern Lebensfragen. Ich hätte ihn doch bitten sollen, das zu präzisieren. Gibt es da Unterschiede? Worin bestehen sie? Kunst erschien mir immer als das, womit man sich ganz allein herumschlagen muß. (Darum mein Horror vor Lehr-

gängen: Was ist eine Fabel? Was ist ein Konflikt? Das weiß man, oder man weiß es nicht, und Definitionen sind bloß Krücken.) Vielleicht hält mich Hermlin für allzu schlicht, weil ich immer wieder zäh auf die »Lebensfragen« zurückkam. (Ich gestehe, daß ich bekümmert wäre; ich verehre Hermlin wegen seiner herrlichen Novellen.) Aber vielleicht weiß ich noch gar nicht, wie man lebt?
Ich habe solche Anfechtungen, und dann möchte ich ausreißen – aber wohin? Man kann sich keine private Welt schaffen, säuberlich getrennt von der, die uns umgibt. Sehen Sie, nun schrieb ich das Wort »Anfechtung«, und auf einmal tut sich die Kirche auf, mit Glauben, Dogma, Ketzerei und Hölle und Verheißung auf den Garten Eden. Was für Verbindungen! Man müßte den Schleier der Anonymität zerreißen, der einen von so vielen Menschen und Erscheinungen trennt. Eines Tages werde ich aus lauter Neugierde in die Partei gehen.

15. 2. 64

Schrecklich unzufrieden mit der Arbeit. Ich komme nicht voran. Habe ich das falsche Thema gewählt?

2. 3. 64

Ein paar Tage war ich krank, bin es noch. Fieber, Übelkeit, Husten, Schlimmer: Die Seele ist lädiert. Wann fing es an? Letzten Sonnabend, glaube ich. Telefongespräch mit Dan: Er sagte, er werde den ganzen Sommer über wegbleiben, Flucht – er verriet nicht, wohin. Auf einmal wußte ich alles: Wir haben öfter daran gedacht, geplant, darüber gesprochen, jetzt wurde es Ernst. Ich setzte mich an den Schreibtisch und trank eine Flasche Wodka aus.

Hingerissen von Granins »Dem Gewitter entgegen«. Vergesse darüber meinen Kummer und bin verrückt vor Ehrgeiz, ein so aufregendes Buch zu schreiben.

6. 3. 64

Es tut mir schrecklich leid, daß wir Euch diesen Kummer machen müssen, und ich will mich jetzt auch gar nicht verteidigen oder rausreden. All das bedeutet auch nicht, daß Ihr den Dan verliert, er liebt die ganze Familie und wird auch weiter zu Euch kommen – zusammen mit mir, wenn ihr mich wieder sehen mögt, ohne mir die Augen auszukratzen.
Vorläufig ist also alles noch ungeklärt, und mir geht es noch so schlecht, daß ich nicht darüber nachdenken kann. Und schiebt nicht alle Schuld auf Jon! Er ist gut zu mir und macht mich glücklich, und das zählt doch auch ein bißchen.

12. 3. 64

Morgens ist es sehr kalt, mit Reif auf dem Rasen; tagsüber Sonnenschein und Frühlingswärme. Dienstag kamen Blumen von Dan, ein Briefchen mit Grüßen. Abends hatten wir telefoniert, ich war wieder sehr traurig. Ich rief nur an, weil ich mich so allein fühlte und auch körperlich elend. Ich übergebe mich jeden Tag, manchmal liege ich eine Stunde auf der Couch herum. Ich arbeite hart, vielleicht kommt es daher, rege mich auf beim Schreiben (Franziskas erste Liebe und das weiße keuchende Tier im Gartenweg – mir fiel ein, wie es damals gewesen war, als ich mit G. dort entlangging, und wir sahen es, fürchterlicher Augenblick, wir waren noch ganz unschuldig).

24. 3. 64

Euren Brief habe ich bekommen, und ich brauche Euch wohl nicht zu sagen, wie traurig ich war. Ihr habt ja in allem so recht – aber was hilft's? Glaubt bloß nicht, daß ich glücklich bin. Ich weine oft wegen Dan. Es ist eine schreckliche Situation, und manchmal bin ich so niedergeschlagen, daß ich den Gashahn aufdrehen möchte. Aber damit werde ich wohl doch lieber warten, bis mein neues Buch fertig ist – die Arbeit ist noch das einzige, was einem über alles hinweghilft. Wenn ich schreibe, vergesse ich alle meine Kümmernisse, bedaure weder mich noch sonst einen Menschen . . .

29. 3. 64

Heute ist Ostersonntag. Unmöglich zu arbeiten, ich bin wie gelähmt, liege die ganze Zeit herum und verschlinge Bücher. Reizende Ostern: mit Regen, grauem Himmel, Traurigkeit. Und bei jeder Handreichung, im Gespräch, bei Tisch derselbe Gedanke: Das ist nun das letztemal, daß er als mein Mann in dieser Wohnung sich bewegt. Er wird noch einmal kommen, wenn ich eine Wohnung für ihn gefunden habe, dann ist er nur noch Gast. Manchmal bereue ich meine Verfehlungen, meine Unduldsamkeit und wünsche, wir könnten wieder von vorn anfangen – dann freue ich mich auf die wiedergewonnene Freiheit und Unabhängigkeit. Bald wünsche ich den Dan weit weg, bald in meiner nächsten Nähe.

Was gebe ich auf, was bekomme ich dafür?

Eben kam Dan zu mir, er hat mein Manuskript gelesen und sagte: »Phantastisch!« Er war ganz aufgeregt, bezaubert von Franziskas Pubertätsgeschichte (fand auch alles ein wenig unheimlich, beinahe morbid – genehmigt aber unter der Voraussetzung, daß mein Mädchen in eine andere, gesündere Welt kommt, und das wird sie ja wohl auch). Keine Glätten mehr – er rühmte die Sprache, und das will was heißen, und jetzt bin ich stolz und sehr ermutigt. Es war wieder wie früher (und gewiß ist es das, was uns auch in Zukunft bleiben wird): hitziges Gespräch unter Kollegen. Ich bin jetzt wieder ein bißchen fröhlicher als vorhin, als ich zu schreiben begann.

3. 4. 64

Gestern rief mich Professor Maetzig an, der mit mir einen Film machen will. Er ist ein bezaubernder Mann, aber ich möchte doch nicht für die DEFA arbeiten. Lewerenz, der ein bißchen abergläubisch ist (wie ich), sagte, man müsse an den Tod denken und mit seiner Zeit haushalten, und da hat er recht. Seit mein Herz klappert, denke ich auch oft ans Sterben, manchmal ruhig, manchmal ängstlich. Unsere Generation wird keine fünfzig Jahre alt, da brauchen wir uns gar nichts vorzumachen. Fast alle meine Kollegen haben schon ihr Testament gemacht. Aber warum Euch mit solchen düsteren Gedanken auf die Nerven fallen? Noch leben wir ja.

6. 4. 64

Als Dan wegfuhr, weinte ich. Wir klammerten uns aneinander. Wozu das alles, wozu, um Gottes Willen?
Ich sah noch durch die Tür, wie unten der Wagen wendete und die Straße hinabfuhr, und in der nächsten Minute setzte ich mich an den Schreibtisch. Manche Leute reisen, um etwas zu vergessen, und wahrscheinlich ist das Schreiben auch so eine Art Reise in eine fremde und zugleich vertraute selbstgeschaffene – Welt.
Ich schrieb anderthalb Seiten bis zum Abend, und das ist für mich eine ganz hübsche Leistung.

13. 4. 64

Tausend Briefe, Termine, Konferenzen – und die angefangene Szene liegt herum, und ich habe doch gerade soviel Spaß daran: Franziska und Django rennen durch die Straßen, sie sind wahnsinnig vor Ehrgeiz, sie nehmen eine strahlende Zukunft vorweg. Ich sah mich wieder mit S. durch die nächtlichen Straßen jagen, wir waren völlig verrückt. S. ist wirklich Kernphysiker geworden; ich hörte, daß seine Frau ein Kind ohne Augen geboren hat. (Er arbeitet in einer Forschungsstätte in Westdeutschland, und das Ganze klingt wie eine Moralstory, wenn man es aufschreibt.)

30. 4. 64

Am 24. und 25. April II. Bitterfelder Konferenz. Scheußliches Wetter, eine scheußliche Gegend, grau und schmutzig. Auf der Konferenz war alles vertreten, was gut und teuer ist. Die Schriftsteller waren wieder groß im Rennen. (Aber über die Reden notiere ich nichts – ich habe sie schriftlich und in einer Sammelmappe). Alles in allem eine gute Sitzung, und was da von der Bühne kam, war diesmal so interessant wie die Wandelgang-Gespräche, und das will schon was heißen.

Ach, ich bin gar nicht so stark, wie andere glauben. Ich habe zuviel Angst, vor zu vielen Nichtigkeiten. Manchmal bin ich stolz auf das, was ich »selbständig« nenne: daß ich allein Sicherungen eindrehe, allein einkaufe, irgend etwas repariere – die tausend Dinge tue, die mir früher abgenommen wurden. Manchmal freut mich auch meine Freiheit, aber diese Freiheit hat einen bitteren Beigeschmack: Der Tag ist sehr lang ohne einen anderen Menschen nebenan, die Wohnung kommt mir zu groß und zu leer vor. Na, dummes Zeug, ich werde mich schon gewöhnen.

21. 5. 64

Seit zwei Tagen zurück vom Deutschlandtreffen. Lese Krimis, die ich mir bei Henselmann geholt habe.
Freitagabend hatte ich tatsächlich ein Kapitel geschafft, das Caspar im »Almanach« bringen will, und mußte noch einmal alles abtippen. Ich war nicht mehr ganz von dieser Welt – nichts gegessen, kaum geschlafen, aber glücklich erleichtert.

22. 5. 64

In Hoyerswerda wird sich nun doch – nach langem Hin und Her in der Bauakademie – allerhand verändern: Wir bekommen wieder einen Aufbaustab und einen Chefarchitekten, und es gibt eine neue vernünftige Konzeption für den weiteren Aufbau der Stadt. Ich grinste blöd vor Stolz: Das alles habe ich mit meinem Artikel in Gang gesetzt.

25. 5. 64

Noch schnell vom Deutschlandtreffen. Morgens auf der Tribüne: Der Vorbeimarsch dauerte fünf Stunden. Fanfaren, Wälder von Fahnen, Hochrufe.
Nachmittags Buchbasar in der Karl-Marx-Allee. Es war ungeheuerlich. Ich konnte keine Minute aufstehen, ich konnte nicht einmal den Lesern ins Gesicht sehen, mit keinem ein Wort wechseln. Ich schrieb die ganze Zeit Autogramme, halb erstickt von den Massen. Nach zwei Stunden hatte ich eine Blase am Daumen. Meinen Kollegen ging es nicht besser, und sicher kann man das als gutes Zeichen nehmen, obgleich es mir nicht der Sinn eines Basars zu sein scheint, daß die Autoren zerquetscht werden. Wahnsinniger Trubel in der Allee, Musik, ein Strom von schönen

jungen Leuten, Blumenräder, eine Beatgruppe. (Warum morgens diese scheußliche Marschmusik? Ich hätte eine Jazzband verpflichtet.)

31. 5. 64

Dieser Sonntag war dreimal so lang wie irgendein anderer Tag. Ich wusch und plättete und las einen ganzen Kriminalroman aus, und die Zeit wollte nicht vergehen. Ich habe alle Schrecken des Lebens, das eine geschiedene Frau führen muß, vorweggenommen.
Jetzt endlich ist es sechs Uhr. Die Sonne scheint immer noch, sicherlich kann man schon baden, ich sehe von meinem Fenster aus die Autos und Motorräder der Leute, die von ihrem Ausflug zurückkommen. Werde ich den ganzen Sommer so verbringen müssen, allein, am Schreibtisch, und zusehen, wie die Schatten auf der Giebelwand gegenüber wachsen?
Ach, es war doch wunderschön zu Hause, in diesem Lärm und Gelächter, in dem Gewühl von jungen Leuten und Kindern . . .
Bald werde ich laut mit mir selber reden, schon jetzt führe ich – noch im stillen – endlose Gespräche mit allen möglichen Leuten. Es ist zum Verrücktwerden.

29. 6. 64

Seit einer Woche arbeite ich wieder – das heißt, ich schreibe endlich wieder an meinem Buch. Vorher war ich ein paar Tage zu den Arbeiterfestspielen, hatte eine halbe Woche die junge Malerin im Haus, die mein Porträt malen soll und der ich stundenlang Modell sitzen mußte, und trieb mich eine Zeitlang mit der »Freien Welt« herum. Mein Artikel über die Stadt ist fertig und hat der Redaktion sehr gut gefallen.

Zu Deinem Nachsatz kann man schwer was sagen. Das ist nun alles nicht mehr zu ändern. Ich brauche jemanden, mit dem ich immer in Streit liegen kann (im positiven Sinne), eine starke Persönlichkeit, so eine Art Boxpartner, der mich in Atem hält und selbst andauernd neue Ideen hat, sich für alles interessiert und seine Nase überall reinsteckt.
Übrigens beobachte ich diesen Trend in letzter Zeit bei unseren Schriftstellern: Viele trennen sich von ihren selbständigen Frauen, und manchmal scheint mir, daß Künstler eben doch jemanden brauchen, der sie bewundert, zu ihnen aufsieht und so etwas wie ihr Echo ist. Neulich unterhielt ich mich mit einer sehr klugen Frau darüber – sie ist Doktor, eine charmante und energische Person –, und sie erzählte mir von ihrer Ehe, die in dem Augenblick kaputtging, als sie selbständig und kritisch wurde. Wir Frauen haben eben doch anderes Format. Ab und zu braucht man mal eine breite Brust, an der man sich ausheulen kann, aber sonst verläßt man sich doch lieber auf den eigenen Kopf und steht nicht gern auf fremden Füßen.
Jetzt werde ich noch ein bißchen arbeiten, und dann gehe ich ins Bett. Ich stehe nämlich immer schon um fünf auf, seit ich die Freuden der Morgenstunde entdeckt habe; ich bin frischer und kann besser denken, wenn ich sehr früh arbeite.

4. 7. 64

Ich wollte Euch nur ganz schnell mitteilen, daß ich bis zum 20. auf Reisen bin – damit Ihr Euch keine Sorgen macht, wenn Ihr eine Weile keinen Brief von mir bekommt. Gestern abend bekam ich den Anruf vom Leiter unserer Jugendkommission, daß wir am Montag nach Sibirien fliegen. Absagen konnte ich nicht; ich soll später darüber schreiben. Nun geht natürlich alles Hals über Kopf, ich muß mein Krämchen zusammensuchen und noch tausend Briefe schreiben und bin schrecklich aufgeregt. Zuerst war mir

ziemlich jämmerlich zumute, weil nun die Reise mit der Dorle-Schwester ins Wasser fällt; aber was hilft's? Als Schriftsteller hat man eben kein Privatleben, schon gar nicht, wenn man in einer Kommission mitarbeitet. Na, nun ist es fünf Jahre ohne Urlaub gegangen..., vielleicht wird's im nächsten Jahr was.
Auf Wiedersehen, ich muß eilen. Alles Gute für Euch. Könnt Ihr jetzt verstehen, warum ein Mann mit mir nicht verheiratet sein möchte?

4. 7. 64

Ich erinnere mich an Dostojewskis »Aufzeichnungen aus einem Totenhaus«, an die »Auferstehung« von Tolstoi . . . Kolonnen von Sträflingen, die schielende Maslowa . . ., das Lied vom herrlichen Baikalsee, den ein Verbannter auf einer Lachstonne zwingen will . . . Irgendwo sah ich ein Foto – vielleicht war es auch ein Ölgemälde – von der Angara, an deren Ufer junge Leute sitzen und Akkordeon spielen . . . Lieber Himmel, ich habe Vorstellungen von der Güteklasse: Alle Franzosen sind unmoralisch. Alle Italiener essen Makkaroni und fahren immerzu Gondel.
Vorhin im Conversations-Lexikon von 1864 nachgelesen... Das ist alles nicht sehr ergiebig.

Berlin, 7. 7. 64

Seit gestern in Berlin. Zuerst bei Kurt, der mir allerhand gute Ratschläge gab – das ist ja meine erste Delegationsreise – und forderte: exakt arbeiten; fragen, fragen, fragen; nichts mit den Maßstäben von Hoyerswerda und Berlin W 8 messen (aber das habe ich mir schon letztes Jahr in Moskau abgewöhnt); zusammennehmen, durchhalten, fleißig sein, nicht jammern..., kurzum: bester FORUM-Stil, und ich schrumpfte ordentlich zusammen.
Sonntag war Bergmannstag. Unter dem Fenster lärmte ein

Jahrmarkt, auf dem Platz, wo 1970 unser Theater gebaut werden soll. Neulich sagte der Professor, daß ein Wettbewerb um die Projektierung des Zentrums ausgeschrieben werde. Aber müßte ein Architekt nicht sehr genau die geistige und soziale Struktur einer Stadt kennen, bevor er ihr die Räume für Erholung und Begegnung entwirft? Möglich, daß ein anspruchsvolles Theater leer stehen würde: Wahrscheinlich brauchten wir etwas in der Art zwischen Theater, Kino und Konzertcafé. Wir träumen immer noch von einem unbestechlich arbeitenden Forscherteam: Soziologen, Ökonomen, Künstlern und Kybernetikern . . . Hoffentlich finde ich drüben ein bißchen Zeit, mich in den neuen Städten umzutun.
Seit ich den Roman angefangen habe, verbringe ich, statt zu schreiben, die meiste Zeit damit, die Wege zu laufen, die uferlosen Diskussionen zu führen, die meiner Franziska bevorstehen. Das arme Mädchen . . ., ich kenne schon genug Leute, die ein vernünftiges Vorhaben mit der stolzen Perspektive erschlagen werden. Die laute, taube Geschäftigkeit macht mich verrückt, mehr als die müde Resignation des Architekten R., der, als ich ihm von Franziskas leidenschaftlichen Entwürfen erzählte, die Schultern zuckte und sagte: »Ach ja, die jungen Leute haben immer große Rosinen im Kopf . . ., aber die Praxis sieht anders aus, und sie laufen uns weg, weil sie Bauelemente zählen müssen.« Wie, sollte es denn nicht möglich sein, Ehrgeiz und Feuer und alle strahlenden Pläne der Jugend zu bewahren und zu verwirklichen, später im Leben, in der Praxis, im Alltag?

Unterwegs nach Moskau

Vorhin Abschied auf dem Flugplatz Schönefeld: ein Spalier von Mädchen in blauen Blusen, Jungen Pionieren mit Blumensträußen, Fotografen, Kameraleuten vom Fernsehen . . ., großer Bahnhof. Ich war ganz bestürzt, weil ich

erst jetzt merkte, zu welch einem festlichen und gewichtigen Unternehmen wir aufgebrochen sind.
Dann rollte die TU zur Startbahn, und nun war mir sehr unfeierlich zumute: Ich habe teuflische Angst vorm Fliegen. Ich spürte bis in die Haarwurzeln das Zittern der Maschine und das hohe, heulende Pfeifen, das an die Musik zu utopischen Filmen erinnert . . .

Peredjelkino bei Moskau, 8. 7. 64

Vergangenen Herbst, als ich das erstemal in Moskau war (in einem anderen Kreis freilich, bei Schriftstellern, Übersetzern, Redakteuren), verlor ich sehr schnell eine gewisse Befangenheit: Wir konnten uns ohne geistige Vorbehalte und nationale Ressentiments begegnen. Sicher, ich hatte es gewußt, Freundschaft war ein geläufiges Wort, und im Kopf war alles gespeichert, Kenntnis durch Literatur, Unterricht, Argument – aber Wissen ist eines und Erleben ein anderes, selber hören, sehen, schmecken . . .
Gestern abend fiel kein Wort über Arbeit. Im Speiseraum war eine richtige Hochzeitstafel gedeckt, mit Lachs, Huhn, Kaviar, Obst und Salaten – und das waren nur die Vorspeisen, ich kenne schon die ausschweifenden russischen Gastmähler, die Lust, stundenlang zu Tisch zu sitzen, Trinksprüche auszubringen und den deutschen Gast, der gewöhnt ist, eilig sein Schnitzel oder eine Bockwurst runterzuschlingen, mit der liebenswürdigsten Hartnäckigkeit zu mästen. (Der mitleidige Blick auf die Taille: »Essen Sie, meine Liebe, Sie sehen nicht sehr überzeugend aus.«)
Mir gefällt dieses kräftige Vergnügen an Gastereien, am Wodka, an heiterer Geselligkeit . . .

Moskau, vormittags

Pawlow ist dreiunddreißig Jahre alt, ein erfahrener und scharfsichtiger Politiker. Gestern abend beim Essen saß ich neben ihm, in blödester Verlegenheit und aufgeregt wie immer in einem neuen Kreis, aber er war so aufmerksam, von einer ungezwungenen Galanterie, daß ich mich bald beherzter fühlte. Mir fiel auf, daß er sich sofort die Namen unserer Delegierten eingeprägt hatte, mit jedem sprach und scherzte und seine Augen überall hatte. (Ich weiß nicht, ob es das ist, was man unter der Kunst zu leiten versteht . . ., und wenn es schon eine Kunst ist, jedem das Gefühl von Teilnahme und Einbezogenheit zu geben – ist sie auf dem Weg über den Intellekt erlernbar?) Wir konnten uns nur in unbeholfenem Englisch verständigen. Er hat mein Buch gelesen und sagte mir, welche Gestalten ihm gefallen haben, und dann zog er eine rote Nelke aus dem Tischstrauß und überreichte sie mir – spätestens an dieser Stelle, wenn ich ihm davon erzähle, wird Jon aufschreien: Wie, bezaubert von einer charmanten Geste? Der pure Subjektivismus! Meinetwegen, dann bin ich eben subjektivistisch, ich mag Leute, die gern und ausgelassen lachen (»aus Herzensgrund«, sagen die alten Autoren), die nicht mit sich geizen; ich habe meist gefunden, daß die Verschwender mehr Reserven haben als die Krämer, die ihr Gesicht ängstlich hüten, ihre Kraft und Empfindung rationieren.

Moskau, mittags

Auf einmal scheint mir, als ob ich schon zuviel Freude und Bewunderung vorwegnehme, und ich möchte mich mahnen, gerecht zu sein und während der Reise nicht zu vergessen, was in den Betrieben und Projektierungsbüros westlich vom Ural geschieht, wo die Aufgaben sehr unromantische Namen tragen: Rentabilität, Steigerung der Arbeitsproduktivität, Intensivierung . . . Das Leben in der Taiga, trotz seiner Unbilden und Härten, kommt einem Bedürfnis nach Romantik und handfester Bewährung entgegen, und es gibt Berufe, denen ein Ruch von Abenteuer anhaftet. Über den Montagearbeiter, der Stromleitungen durch die Taiga zieht, werden Bücher geschrieben; wer schreibt schon über den Bäcker, der ihm sein Brot bäckt? Der Kampf gegen Bürokratismus kostet soviel Mut und Zähigkeit wie der Kampf mit der wilden Angara. Instanzenwege kann man nicht wegbaggern, die Trägheit hat kein Gesicht. Die Fronten zwischen dir und einem hungrigen Bären sind jedenfalls klar...

Einmal habe ich Protestkreuze an den Heftrand gemalt, allergisch gegen derlei Ermahnungen, die ich zur Genüge von zu Hause kenne. Pawlow sagte: »Die Revolutionäre wußten, wofür sie kämpften, weil sie die Ausbeuter mit eigenen Augen gesehen haben. Die heutige Generation empfängt das Geschaffene, als ob es so sein sollte . . . Wir müssen die Jugend ständig ermahnen, daran zu denken, in welchem Sinn die Revolution gemacht wurde und was es unsere Väter kostete, das zu schaffen, was wir heute genießen . . .«

In welchem Sinne werden denn Bratsk oder Schwedt gebaut, wenn nicht im Sinne der Revolution? Und Lernen ist nicht nur ein Vorrecht, sondern auch harte Arbeit. Ja, wir empfangen, was die Generation vor uns geschaffen hat, und genießen es, »als ob es so sein sollte«, denn wirklich, es soll so sein, darin vollendet sich der Sinn ihrer Mühen. Jede Generation, glaube ich, empfindet ihre eigene Arbeit als Fortsetzung und Vorbereitung, und während sie nimmt, gibt sie schon weiter . . .

Peredjelkino, nachmittags

Wir sahen nur flüchtig, wie auf einem eilig abgespulten Filmstreifen, die rote Kremlmauer, das Historische Museum mit dem weißen, wie beschneiten Dach, die gedrungenen Marmorblöcke des Lenin-Mausoleums, grünleuchtende Dächer, die wunderschöne Basilius-Kathedrale, ein rotgrüngoldener Strauß von Zwiebeltürmen, Kreuzen, geschweiften Bögen, und den Spasskiturm . . . Vorbei, vorbei, und doch fühlte ich wieder Ehrfurcht und Stolz wie letztes Jahr in einer Herbstnacht, als ich zum erstenmal die feierlich dröhnende Stimme des Glockenturms hörte. Fünfzehn Jahre vorher hatte ich Pogodins Stück vom Glockenspiel des Kreml gelesen – lächerlich jung, lächerlich unwissend, ganz Abwehr, endlich neugierig, ergriffen... Ich erinnere mich noch genau an diesen Abend: Zuletzt gingen wir über den Roten Platz. Das Pflaster glänzte vom Regen, der Spasskiturm stand schwarzrot in dem kalten Licht der Scheinwerfer. Ich blieb dann ein Stück zurück, ich genierte mich vor den anderen, weil ich ergriffen war, weil ich kein Wort sagen konnte und weil ich für einen Augenblick außerstande war, Legende und Geschichte, Erwartung und Wirklichkeit ordnend zu trennen.

Unterwegs nach Zelinograd, 9. 7. 64

In Moskau ist ein dünnes blondes Mädchen eingestiegen, unsere Dolmetscherin; sie heißt Nadja, glaube ich. Sie raucht aus einer langen Zigarettenspitze und blickt die ganze Zeit aus dem Fenster, sie sieht traurig aus, und ich ärgere mich, weil ich es nicht fertigbringe, aufzustehen und zu ihr rüberzugehen und zu sagen: Guten Morgen. Ich heiße Brigitte. Wie geht es Ihnen? Wie geht es Ihrer schönen Stadt?
Fünf Uhr Moskauer Zeit. Wir überfliegen den Ural und die Grenze zwischen Europa und Asien . . . Ich kann noch gar nicht begreifen, daß wir in einem anderen Erdteil sind, schon Tausende Kilometer von Moskau entfernt und immer noch in demselben Land, irgendwo in seinem zweiten Drittel . . .

Ich frage mich (zweiflerisch, weil ich Begriffen wie *Volkscharakter* oder gar *Volksseele* abhold bin), ob nicht auch diese ungeheure Weite zwischen Grenze und Grenze – »das Bewußtsein größerer Dimensionen«, sagte Jon – eine Eigenschaft prägt, die ich mir mit *Gelassenheit* übersetze, Gelassenheit nicht in der Art von Müßiggang; ein Ruhe ohne Trägheit, Zuversicht ohne Ergebung: Uns bläst der Wind nicht ins Gesicht.

Zelinograd, 9. 7. 64

Unterwegs im Flugzeug hatte ich mir ausgemalt, wie lustig es wäre, in Jurten zu wohnen... Es war herrlich, nach dieser Nacht, nach dieser Wüstenfahrt in einem gekachelten Badezimmer ausgiebig zu duschen, und ich pfeife auf Jurtenromantik. Vorhin saß ich mit unserem Dolmetscher Leo auf der Treppe, wir schwatzten über Bücher, über unsere Schriftsteller, und er versuchte mir zu erklären, warum Remarque immer noch der große Favorit ist: die traurige Faszination einer Schilderung verlorener Generationen, hoffnungsloser Liebe, vergeblicher Betäubungsversuche... Leo selbst scheint sehr sicher in seiner Welt zu stehen.
Er ist Germanistikstudent, ein magerer Junge mit langen grauen Mandelaugen. Manchmal beobachte ich in seinem Gesicht einen Zug von Starrsinn oder sogar Härte; er hat sehr entschiedene und unbeirrbar endgültige Urteile und Grundsätze, und ich kam mir einen Augenblick schrecklich alt vor; als sei es schon ewig lange her, seit wir, zwanzigjährig, uns gegenseitig unsere Prinzipien verkündet haben, gläubig und unduldsam... Heute weiß ich mehr über Prüfungen und Möglichkeiten; Leo erinnert mich an meinen Freund A., der so sicher war, frei von der verderblichen Sünde der Zweifelsucht, und der bei der ersten harten Probe so bös hinfiel, daß er bis heute nicht wieder geradegehen kann . . .

Zelinograd, 10. 7. 64

Für eine Karriere im diplomatischen Korps bin ich verloren. Ich habe für eine gewisse Art von Disziplin einfach keinen Nerv. Warum, zum Teufel, muß ich fünf Stunden am Tisch sitzen, meinen Magen ruinieren und nach rechts und links grinsen? Und draußen ist Asien . . . Übrigens mache ich mir selbst Vorwürfe: Hätte ich mich damals nicht widerwillig und genügsam mit einer schwachen Drei durch den Russischunterricht gewunden, dann könnte ich mich jetzt mit Nikara unterhalten oder mit dem Genossen Goz, der so bescheiden und unauffällig ist und vielleicht, wer weiß, ein ganz unwegiges abenteuerliches Leben hat.
Gestern mittag fuhren wir zum Sowchos »Oktjabr«.
Der Platz vor dem Versammlungshaus war ein Sumpf; mir ist schon in Zelinograd aufgefallen, daß sich hier und da an der Straße und zwischen Häusern morastige Tümpel ausdehnen, die man gleichmütig durchwatet. Wahrscheinlich stören sie niemanden außer den befremdeten Gast – aber ich war nicht einmal befremdet, ich kenne diese Bilder aus meiner Stadt, deren Plätze sich bei Regenwetter in Seen verwandeln: nachlässige Projektierung für den Straßenbau, falsche Berechnung von Abfluß und Gefälle . . ., der Bürger flucht und gewöhnt sich. Schlamperei, dauerhaft gemacht durch Geduld und Trägheit.

Zelinograd, mittags

In dem neuen Stadtteil sahen wir, wie die fürchterlichen Erdhütten abgerissen wurden, während fünfzig Meter weiter schon die ersten Etagen der Häuser entstehen, über denen der Arm der Baukräne einschwenkt. Die industrielle Bauweise steckt noch in den Anfängen, weil die Betonplattenwerke erst gebaut werden mußten, und die Häuser sind noch behaftet mit den Mängeln eines Anfangs ohne Erfahrungswerte: häßliche starre Kästen vom Fließband, ohne Phantasie und Kühnheit – Behausungen, nicht mehr und nicht weniger. Vielfalt und Formenreichtum, die der Bau mit Platten und Blöcken gestattet, sind nicht einmal angedeutet (und das ist keine Geldfrage), und es macht mich jetzt noch wütend, daran zu denken, weil es vermeidbare Mängel sind, weil wieder einmal das Fahrrad erfunden wird. In zehn Jahren werden die jungen Zelinograder ihre Städtebauer attackieren, und recht haben sie. Die Typenprojekte kommen vom Zentralen Projektierungsbüro der Region, und offensichtlich haben sich die zuständigen Architekten nicht die Mühe gemacht, sich in anderen Städten umzuschauen und Erfahrungen zu übernehmen.

Im Kolchos »18. Jahrestag«, 10. 7. 64

Heute früh unterhielt ich mich endlich mit Nadja. Sie ist klug, skeptisch, sehr gebildet und von der Sicherheit der Großstädterinnen. In ihrer Kindheit hat sie sechs Jahre auf Kamtschatka gelebt, wo ihr Vater, Ingenieur, bei der Einrichtung der Fischkonservenindustrie mitarbeitete. »Damals auf Kamtschatka . . .,« sagt sie in einem Ton, als sei die eisige Halbinsel ein Südseeparadies. Ich weiß nicht, warum ich mich zu ihr hingezogen fühle . . ., vielleicht weil sie Bücher und Gedichte liebt, in der Art von Leuten, die selbst schreiben.

Zelinograd, 11. 7. 64

Spätnachts brachten uns die Kolchosbauern mit ihren eigenen Autos bis an die Grenze. Als wir uns verabschiedeten, lud mich der Parteisekretär ein, auf ein paar Monate Gast im Kolchos zu sein, und Kurt, der übersetzte, sagte, es sei ernst gemeint und nicht bloß eine Höflichkeitsfloskel. Ich bin

auch ohnedies sicher, daß hier in Kasachstan der Fremde an irgendeine Haustür klopfen kann, und der Hausherr wird ihm öffnen und sagen: Tritt ein, trink, schlaf und sei uns willkommen.
Die Felder lagen schwarz unter dem schwarzen Himmel, keine Lichter weit und breit, erst später, vor Zelinograd, sah ich die weißen Scheinwerferbahnen von Traktoren. Auf einmal merkte ich, daß ich noch kein Heimweh hatte; ich fühlte mich auch befreit von allerlei Zweifeln und Ängsten, die ich hierher mitgeschleppt hatte. Wenn ich einmal etwas zu vergessen hätte, dann würde ich auswandern und hier leben, unter diesem Himmel von erhabenem Gleichmut, in diesem Land, das Ruhe atmet, in dem man sich recken kann, ohne irgendwo mit dem Kopf anzustoßen.

Nowosibirsk, 13. 7. 64

Wir empfanden von der ersten Minute an das schärfere Tempo dieser Stadt, die präzise Organisation: alles funktionierte planvoll und pünktlich, Reden wurden nicht gehalten, die Toasts waren kurz, freundschaftlich, aber ohne die orientalische Buntheit wie in Kasachstan.
Nachts hatten einige von uns noch ein Gespräch mit Genossen Shurawljow, der zum Rat der Jungen Gelehrten beim Komsomol-ZK gehört. Der Rat beschäftigt sich mit den Perspektivgebieten der Wissenschaft, mit Einführung elektronischen Rechnens in Soziologie und Volkswirtschaft, und er kontrolliert die Arbeit der jungen Gelehrten, die dem Rat Rechenschaft über ihre Forschungen ablegen. Shurawljow arbeitet auf einem Gebiet, das man hier *Mathematische Soziologie* nennt: soziologische Forschungen mit Hilfe mathematischer Methoden und elektronischer Rechenmaschinen. Die Arbeiten sind zum Teil Aufträge des Komsomol: über die beruflichen Neigungen der Jugend, über die Wirksamkeit ideologischer Propaganda . . .

Die achtzehnjährige Renate, die mich öfter besucht, klagt, daß viele ihrer Klassenkameraden nicht wissen, was sie nach dem Abitur anfangen sollen, daß sie nicht beraten werden oder, wenn sie fragen, die Antwort hören: »Was wollen Sie? Sie wohnen doch in einem wichtigen Kohlebezirk.« Renate lernt nicht mehr gut, sie will abgehen – wozu sich plagen, wenn man nachher *in die Kohle* gehen soll? Die Schüler sind nicht sicher informiert, welche Berufe sie in unserem Bezirk lernen können, das ist die eine Seite – und die andere: Es gibt Berufe ohne augenfällige Attraktivität, zu denen die Schüler einfach keine Lust haben. Aber irgend etwas werden, nur damit man untergebracht ist, Geld verdient . . ., das hieße ja, ein Drittel des Lebens – falls so eine Rechnung überhaupt angängig ist – ohne Freude, ohne Ehrgeiz, ohne Erfüllung zu verbringen, und ich könnte Renate und ihren Freunden stundenlang von allen möglichen Perspektiven und Idealen singen und hätte nur die Luft bewegt, solange *die Kohle* ein umrißloses schwarzes Gespenst für sie ist.
Vorhin lief ich vors Hotel, um mir noch einmal die Straße anzuschauen, die ich gestern nur flüchtig und in abendlichem Dunkel gesehen hatte, und mein Herz klopfte vor Aufregung: Das ist die Stadt, von der mein Romanmädchen geträumt hat; die Straßen, weiträumig, modern und heiter, sind gesäumt von Läden und Cafés im Boutiquestil, die Häuser zwischen hohen Kiefern scheinbar launisch verstreut, aber so planvoll geordnet, daß es überall freie Durchblicke gibt, kein Block einen grünen Platz abriegelt..., und Stille, lebendige Stille. Hier kann man arbeiten.

Nowosibirsk, mittags

Wenn ich recht verstanden habe, wird die Frage *Was tut der Mensch in seiner Freizeit?* nächstens auf dem Forschungsprogramm der jungen Soziologen stehen.
Hier sitze ich und profitiere lauter Dinge, die ich für mein

Buch brauche. Das Aufregendste an dieser Stadt ist für mich, daß sie Vergleiche und Wünsche provoziert, heftiger als die Städte und Landschaften vorher. Man schleppt ja immer doch seine Welt mit sich herum. »Bei uns zu Haus...«, sagt der Reisende, auch wenn er vorher Tucholsky gelesen hat über die Kunst, falsch zu reisen... Und nun denke ich an zu Haus und an Freizeit-Untersuchungen, obgleich ich vollgestopft bin mit Pelmeni, den sibirischen Fleischklößchen, und obgleich unter den Fenstern des Bungalows die sanfteste grünste Wiese leuchtet. Ich möchte so viel wissen . . ., welche dunklen Sehnsüchte sich hinter der Frage verstecken, die ich so oft in meiner Stadt höre: *Was hat man eigentlich vom Leben?*, und ob man Sehnsüchte steuern kann und warum einem manchmal die Decke auf den Kopf fällt und ob Genießen erlernbar ist wie Produzieren und warum sich nette Jungs aus der Nachbarschaft aufs Automatenknacken verlegt haben... Langeweile ist nur ein Symptom, man muß den Herd aufspüren...
Genosse Aganbegjan, Korrespondierendes Mitglied der Akademie, ein wunderschöner schwarzhaariger Mann . . . Himmel, wenn er seine zehn Zentimeter langen Wimpern hebt! Er sieht aus wie ein Prinz in einem persischen Märchenbuch, und vor der Tür zum Rechenzentrum sollte ein weißes Pferd für ihn parken. Ach, kein Wort mehr, hier wagt man nicht mal zu schwärmen, und der persische Prinz leitet das Labor für Mathematische Ökonomie und löst die Optimierungsaufgaben zur Entwicklung der Produktivkräfte in Sibirien. Er arbeitet mit der Soziologengruppe an dem Modell der beruflichen Neigungen der Jugend und an der Erforschung der Gründe für die Fluktuation in Betrieben; die meisten Leute wechseln ihren Arbeitsplatz nicht wegen der Wohnung oder wegen schlechten Verdienstes, sondern aus Unzufriedenheit mit ihrer Arbeit. Man muß also ergründen, welche Einstellung die Menschen zu ihrem Beruf haben und wie die fachliche Ausbildung und die Arbeitsbedingungen verbessert werden können . . .

Irkutsk, 15. 7. 64, abends

Mittags besuchten wir das Wasserkraftwerk von Irkutsk. Unvergeßlicher Anblick, aus der Höhe des achten Stockwerks, auf die wildweißen Wasserfälle und den glasklaren grünen Strom . . . Aber später, nachmittags im Aluminiumkombinat von Schelechow, empfand ich zum erstenmal, daß ich nichts mehr speichern konnte – als sei die Fähigkeit, aufzunehmen, zu staunen, sich zu freuen, erschöpft. Zwei Stunden, in denen hundert neue Gesichter vorüberziehen, Zahlen und technische Daten auf uns niederprasseln . . ., nein, das zerflattert, ich kann nichts mehr festhalten, höre imponierende Zahlen, aber es sind eben nur Zahlen, mit denen sich für mich keine Bilder, Geschichten, Namen verknüpfen.

Die Aluminiumwerker in ihren Schutzanzügen betrachteten uns flüchtig, ohne Neugier; ihre Arbeit ist hart, trotz moderner Technik, in dieser Luft, die einem die Lungen ausdörrt, und wenn man als Delegierter mit Schlips und Kragen und Notizbuch an ihnen vorüberwandert, überfällt einen das fatale Gefühl eines müßigen Spaziergängers, der nicht dazu gehört und eigentlich stört.

Einmal, einen Augenblick lang, war ich wieder bewegt: als der Werkleiter Panschuk jedem von uns einen kleinen Barren des ersten in Sibirien geschmolzenen Aluminiums überreichte, in den das Datum des festlichen Tages eingeprägt ist: 10. 2. 1962. (Bald wird Sibirien ein Drittel der Weltproduktion an Aluminium liefern.) Ich erinnere mich lebhaft, wie bei uns in Schwarze Pumpe die ersten Briketts gepreßt und – lackiert und mit Datum versehen – verschenkt wurden und wie mir die Veteranen, die in der Lausitzer Heide Bäume gefällt hatten, erzählten, daß ihnen die Tränen gekommen seien, als sie zum erstenmal aus den Schornsteinen Rauch aufsteigen sahen . . .

Bratsk, 16. 7. 64

Heute war ein wunderschöner Tag . . ., nichts mehr von den bedenklichen Anzeichen einer Abgestumpftheit gegen Eindrücke. Wie konnte ich nur denken, nach Nowosibirsk werde uns dieses erstaunliche Land keine Wunder mehr zu bieten haben?

Heute morgen landeten wir in Bratsk. Als wir die Gangway runterstiegen, bemerkte ich einen großen, schlanken, korrekt gekleideten Mann, der sich im Hintergrund hielt, hinter dem Blumenbeet der mit Sträußen beladenen Pioniere und Komsomolzen und der ernsten Gruppe von Ingenieuren und Sekretären, und ich stieß Nadja an und sagte: »Teufel, das ist ein Mann!« Kurzgeschorenes schwarzes, mit Grau untermischtes Haar, schmaler schwarzer Schnurrbart, dunkle Mandelaugen . . ., meiner Nadja blieb die Luft weg. »Eine gelungene Mischung zwischen Nasser und Günter Grass.« Wir lachten, wir blöden, ahnungslosen Gänse . . ., und jetzt zappeln wir schon in den Fallstricken der Liebe.

Jemand schleppte mich zu ihm. »Begrüßt euch. Darf ich vorstellen: Alexej Martschuk, Oberingenieur in Bratsk.« Da war er also, und wir wechselten ein paar Höflichkeiten in Schulenglisch.

Der Bus schaukelte uns über die wilden Taigawege. Martschuk hatte die Arme über die Brust verschränkt, er saß still und aufmerksam, mit seinem merkwürdigen Lächeln, das gleichzeitig schüchtern, gelassen und verschmitzt ist. Ich sagte zu Nadja: »Du kannst den Genossen Martschuk seelisch darauf vorbereiten, daß wir ihn heute nachmittag ausbeuten werden.« Mein Schreck, als Martschuk sich umdrehte und auf deutsch sagte: »Nein, nein, ich werde nichts von mir erzählen. Das ist ganz uninteressant.«

Über Bratsk aber wollte er alles berichten, was ich zu wissen wünschte.

Nun, da Martschuk über Bratsk sprach, hatte er, ein neuer Antäus, den sicheren, geliebten Boden unter den Füßen, ich brauchte keine Fragen mehr zu stellen und mußte nur, atemlos, soviel wie möglich mitzuschreiben versuchen. Aus seinen Worten leuchtete so viel Kraft und Leidenschaft, trotz der Übertragung in eine fremde Sprache, daß ich wünschte, wir hätten ein Tonband laufen lassen, statt uns auf armselige Notizen beschränken zu müssen.

. . . »Die ersten Jahre in Bratsk zeichneten sich durch einen hellen, durch nichts zu besiegenden Enthusiasmus aus. In jedem Menschen lebt der unzerstörbare Wunsch, ein Bahnbrecher zu sein – und das war die Stimmung der ersten Jahre. Wir hatten viel Begeisterung und wenig Komfort. Der Winter ist hart. Morgens standen wir im eiskalten Zelt auf und zogen die nassen Kleider vom Abend zuvor an; sie waren über Nacht steifgefroren und standen auf dem Boden wie Ritterrüstungen. Wir versuchten, die Traktoren anzuwerfen, und verbrannten uns die Hände an den Metallteilen. Die Maschinen sprangen nicht an, der Frost zerbrach das Metall. Wir mußten die Maschinen und Aggregate Tag und Nacht arbeiten lassen.

Es war, als wollte die Natur selbst uns auf unsere Standhaftigkeit prüfen... Jetzt seht ihr einen stillen See; damals übertönte das Gebrüll der Angara den Maschinenlärm und die Menschenstimmen. In den Wäldern gab es Bären und Wildkatzen. Einmal verirrte sich der Junge, der den Genossen an der Stromleitung die Zeitungen brachte, und als er nach drei Tagen aus der Taiga zurückkehrte, war sein Haar grau geworden... Mit der Zeit haben sich die Bären zurückgezogen; der letzte ist bis 59 geblieben – übrigens ein Bär mit Sinn für Humor. Er kam jede Nacht ans letzte Haus der Siedlung und fraß die Abfälle. Der Hausherr setzte seinen Hund auf die Fährte und ließ sich zur Höhle führen. In der nächsten Nacht verzichtete der Bär auf die Abfälle und fraß den Hund.

Wir bewegten uns damals in einem verhexten Kreis. Um schneller voranzukommen, mußten wir neue Arbeiter einstellen. Freiwillige gab es genug, der junge Kaderleiter

schlief auf einem Sack, der gefüllt war mit Briefen von Komsomolzen, die nach Sibirien wollten. Wenn wir sie aber einstellten, mußten wir sie auch unterbringen. Um sie unterzubringen, mußten wir Wohnungen bauen. Um zu bauen, brauchten wir Arbeitskräfte... Das war unser Teufelskreis. Wir zerschlugen ihn erst, als wir Großblöcke herbringen und hier zusammensetzen konnten.«
Die Ansiedlung wuchs, Häuser und Restaurants wurden gebaut, es gab bessere Bedingungen für kleine Leute (ich wiederhole Martschuks Ausdruck und erinnere mich an die *Kleinmenschen* bei Strittmatter); in den ersten schweren Jahren war hier kein Platz für sie. Martschuk und seine Genossen lebten nur für ihre Arbeit; sie waren ja ganz grün vom Institut gekommen, ohne praktische Erfahrungen, und wurden sofort vor die kompliziertesten Aufgaben gestellt, inmitten einer ungebändigten Landschaft.
»Wir Komsomolzen«, sagte Martschuk, »haben nur diese eine Seite des Lebens gesehen. Wir bemerkten nicht, wie sich das Gesicht der Stadt veränderte, wie die anderen sich einzurichten begannen und der Enthusiasmus abflaute . . . Aber das Leben hat sich an uns gerächt, weil wir seine andere Seite verachteten. Wir erlebten den sinnlosen Tod eines unserer Genossen, mit dem wir uns durch die Berge gekämpft hatten. An einem Abend brachte er ein Mädchen nach Hause. Sie wurde von Betrunkenen belästigt, es gab einen dummen Streit, eine Schlägerei, er wurde erschlagen... Da verstanden wir endlich, daß wir auch die Verantwortung für unsere Stadt tragen, daß wir kein Recht haben, die Straßen, die wir mit unseren Händen gebaut haben, denen preiszugeben, die später und in ein leichteres Leben gekommen sind. Wir verstanden, daß wir Herren der Stadt bleiben müssen.«
Die Komsomolzen schlossen sich zu einer freiwilligen Miliz zusammen, deren Kerntrupp sich wiederum aus den ehemaligen Studenten der Bauhochschule rekrutierte.
Endlich entsann ich mich einer der Fragen, die wir vorge-

merkt hatten. »Der Bürokratismus«, antwortete er, »hat viele Gesichter, aber er entspringt immer einer kalten und formalen Einstellung zur Arbeit. Der Bürokratismus kann es sich bei uns nicht bequem machen.« Er lächelte. »In dieser Hinsicht sind wir früher als Moskau zum Kommunismus gekommen.«

Die ganze Zeit, während ich von Martschuk schrieb, fragte ich mich: Warum ist Martschuk eigentlich berühmt? Warum spricht jedermann mit soviel Liebe und Achtung von ihm? Kann man Helden *machen* – durch die Zeitung, durch so eine vertrackte Schallplatte? Wir sind so vielen schönen und mutigen Leuten begegnet, so vielen klugen Konstrukteuren, und gesungen wird überall, auf der Straße, im Bus und bei Tisch. Warum also dieser Martschuk? Ich weiß es nicht. Ich finde ihn wunderbar.

Shelesnogorsk, 17. 7. 64

Nun ist es wirklich an der Zeit, ein Loblied auf die Toljas zu singen. (Die Irkutsker Komsomolzen, die uns begleiten, heißen alle Anatoli.) Die russischen Männer sind ritterlich. Wo immer wir herumsteigen, findet sich, ohne daß es eines Blickes oder einer Bitte bedürfte, eine hilfreich ausgestreckte Tolja-Hand.

»Bei uns«, sagt Nadja, »wirst du nicht erleben, daß eine Frau in der Trambahn stehen muß.« Ich dachte daran, wie oft ich mit dem Bus zum Kombinat rausgefahren bin, verrenkt an einer Haltestange baumelnd, während ein Dutzend Männer mit gußeiserner Prinzipientreue auf Gleichberechtigung beharrte . . .

Wir waren verblüfft, einen Tagebau zu sehen: Das Eisenerz liegt nur zwei bis drei Meter tief und wird mit Baggern abgebaut. Die Ausbeute beträgt zweiunddreißig Prozent – ein Drittel reines Erz im Gestein . . .

Auf einmal sprach mich ein Arbeiter an. »Sie kommen aus der

DDR . . . Kennen Sie Aue?« – »Aber ja«, sagte ich. Er freute sich, und wir schüttelten uns die Hände. »Und kennen Sie Johanngeorgenstadt?« – »Aber klar.« – »Ich war Schachtmeister in Aue«, sagte er. Nun wollte er wissen, wie es in Aue aussieht, und ich winkte Siggi herbei, der eine Zeitlang im Uran gewesen war. Veteranentreffen in Sibirien... Damals war ich freilich weniger glücklich, als ich, ausgerissene Abiturientin, im Dunkeln durch knietiefen Schnee stapfte, heulend an ein Zettelchen geklammert: angestellt in einem Kulturhaus, das ich nie gesehen hatte... Ach, von Romantik träumt nur der Durchreisende. Später ist es ganz ulkig, daran zu denken, aber damals fand ich es schauderhaft: die kalte Baracke, eine Messerstecherei nebenan, die triste Landschaft, Schnee und Lehm und das horrible Mannweib mit dünnem Zopf und Baßstimme, das mir beim Milchholen unzüchtige Anträge machte . . . Manchmal wünschte ich, wir hätten Goldfelder und hohen Norden, wo sich abenteuerlustige junge Leute austoben können. Oder locken nur die Namen? Kasachstan, Koktschetau. Mecklenburg klingt wie *Guten Tag, Herr Nachbar* am Gartenzaun.

Wonach suche ich? Was erwarte ich? Wenn man näher hinsieht, besteht das große Abenteuer – in Bratsk wie in Schwarze Pumpe – aus Alltag und Arbeit, Sonnenbrand und Frostbeulen, Normen und Verbesserungsvorschlägen und jenem stolzen Blick zurück . . . Einmal trafen wir im Zug einen Trupp junger Schornsteinbauer, die eine Menge Pilsner tranken, ein Kofferradio brüllen ließen, die sich bald halbstark, bald weltmännisch gebärdeten und allen Leuten im Abteil auf die Nerven gingen. Es war schon dunkel, als wir nach Vetschau kamen; die roten Warnlampen der Schornsteine sahen aus wie in den Himmel gehängt. Die Jungs drängten sich zum Fenster durch. Einer drehte sich um und sagte: »Die haben wir nämlich gebaut«, und bis Spremberg fachsimpelten sie über Gleitfertigung und versicherten immer wieder, daß sie das verdammte Herumreisen satt haben (jetzt nur noch Schwedt, und dann nur noch Boxberg, und dann...), daß es ihnen überhaupt nichts ausmacht, in hundertzwanzig Meter Höhe herumzuturnen, und daß Schornsteinbauer der schwerste, beschissenste und einzig akzeptable Beruf für tüchtige Männer ist.

Irkutsk, 18. 7. 64

Nadja und ich hielten uns an der Hand; wir haben einmal darüber gesprochen, wie wir uns *Frieden* vorstellen, einfach so, als Bild: Nadja sah die Bienenstöcke unter Apfelbäumen in einem russischen Dorf, ich die warmen duftenden Kiefern an einem Kornfeld in der Lausitz. Nun gehört auch der Abend von Bratsk dazu. Und Martschuk gehört dazu, und seine Stimme, die bald schmelzend zart und dunkel, bald scharf und aggressiv klingt... Er sang russische Romanzen und amerikanische Volkslieder, »Bandiera rossa« und »The Battle of Jericho«, Cowboysongs und die dreisten, poetischen Lieder, die irgendwo auf den Großbaustellen in Sibirien gedichtet werden.

Endlich, gegen Mitternacht, kamen die anderen. Billi konnte nur mit den Händen reden; er ist stockheiser, er hat, verführt durch fünfunddreißig Grad Hitze, in der eiskalten Angara gebadet.

Ja, und dann mußten wir Martschuk auf Wiedersehen sagen. Was für eine schöne Sitte, sich beim Abschied zu umarmen und zu küssen – und das sind keine symbolisch in die Luft gehauchten Küsse...

Im Flugzeug erzählte uns Kurt von Ust-Ilim: Nächstes Jahr beginnen sie dort mit dem Bau des neuen Wasserkraftwerkes; jetzt strömt die Angara noch ungebändigt zwischen wilden Ufern und jungfräulichem Land, die Bären kommen bis an die Siedlung heran, und die Männer und Mädchen tragen Colts an der Hüfte. »Haha«, sagte ich, »du hast zuviel Cooper gelesen.« In Wahrheit wurde ich grün vor Neid, weil

ich das nicht gesehen hatte und nicht die Jungs, die in Einbaumbooten mit angebautem Motor über die Angara knattern, und nicht den hundert Pfund schweren Stör, den die Ingenieure für ihre Gäste gefischt haben.
»Aber wir«, sagte ich schließlich, »wir hatten Martschuk.« Die anderen grinsen..., dabei ist doch nichts natürlicher, als daß man der Anziehung folgt, die von Güte und Klugheit ausgeht. Manchmal im Gespräch, wenn jemand ein Bild des *neuen Menschen* entwarf, dachte ich: Das ist natürlich alles wahnsinnig edel. Ein Glück, daß ich diese sterbenslangweiligen Burschen nicht mehr erleben werde. Jetzt sind wir einem Menschen begegnet, der diesem Bild gleicht; wer wollte es uns verdenken, daß wir hingerissen sind von unserer Entdeckung, daß Harmonie nichts mit Langeweile, Festigkeit nichts mit Starrheit zu tun hat. Alexej *ist* ein harmonischer Mensch, ohne jene verbreitete Zwiespältigkeit, die vorsichtig unterteilt in *Ich als Mensch Ich als Genosse;* er ist ganz geschlossen. Es wäre irgendein gutaussehender, Gitarre spielender Mann, wüßten wir nicht von seinen kühnen Konstruktionen, seiner Brücke in Bratsk; er wäre irgendein achtbarer Ingenieur – ohne seine Gedichte, seinen Charme, seine Empfindsamkeit; er wäre nicht vollkommen ohne seine Hingabe an die Partei, seinen klugen Mut und die prometheische Unrast, die ihn treibt, Stellung und Wohnung aufzugeben und nach Ust-Ilim zu übersiedeln; ein Kommunist, der sich nicht mit seinen Erfolgen häuslich einrichtet. Und wir sollten ihn nicht bewundern, sein heiteres, weises, schüchternes Lächeln nicht lieben? Wir müßten ja Herzen aus Stein haben...

Irkutsk, 18. 7. 64

Hier müßte man ein halbes Jahr und länger bleiben. Ich habe alle meine Kümmerchen vergessen – die Welt ist groß und weit geworden und wunderschön.

Irkutsk, 19. 7. 64

Der besungene Baikal lag in Nebel gehüllt, die schroffen Ufer verschwammen und die schneegekrönten Berge an der Grenze zur Mongolei. Von einem Felsen, hoch über der Mündung der Angara, sahen wir den breiten Strom zwischen Wäldern und Zirbelkiefern, ein paar Flöße, den See, dessen graue Wellen gemessen auf den Strand rollten. Eine Weile standen wir still, feierlich berührt. Als wir uns umwandten, balancierte auf dem Felsvorsprung ein Tisch, den die Toljas herbeigezaubert hatten, und ein halbes Dutzend Flaschen Sekt. »Trinken wir auf den Baikal«, sagten die Zauberer, »trinken wir auf die Freundschaft!«

Es heißt vom Baikal wie von jenem römischen Brunnen, man werde noch einmal zurückkehren, wenn man ihm ein Geldstück opfert. Hier kostet es eine Kopeke Pfand. Ich habe mich schlau versichert und gleich zwanzig Kopeken ins Wasser geworfen.

Peredjelkino, 20. 7. 64

Sieben Flugstunden von Irkutsk nach Moskau, mit kurzer Zwischenlandung in Omsk. Sascha rechnete aus, daß wir eine Strecke zurückgelegt haben, die dem halben Erdumfang entspricht.

Heute nachmittag gingen wir ins GUM, um unsere Rubel umzusetzen. Ohne Nadja würde ich wahrscheinlich jetzt noch im GUM herumlaufen, hoffnungslos verirrt und durch idiotische Einkäufe ruiniert. Es fällt mir schwer, von meinem lieben klugen Mädchen Abschied zu nehmen. Zum erstenmal seit der Schulzeit habe ich wieder eine Freundin, und selbst die Gesten einer zärtlichen Übereinstimmung wiederholen sich so natürlich, als sei nichts unterbrochen und verschüttet: im Gehen die andere umschlingen (und sie hat eine atemberaubende Taille), einen schnellen Blick wechseln, boshaft oder vergnügt, wenn wir gleichzeitig etwas entdecken... Einmal, als ich mich bis zu Tränen über jemanden geärgert hatte, besänftigte sie mich mit Gedichten. Sie sprach russisch; unvergeßlich der musikalische Wohllaut der Verse von Pasternak, in denen du den Regen rieseln, das nasse Laub rauschen hörst... Wir haben über tausend Dinge gesprochen, über Sozialismus und Liebe und italienische Schuhe und Matisse, aber nicht ein einziges Mal darüber, daß wir zwei verschiedenen Nationen zugehören.

Eben habe ich mit Berlin telefoniert: Jon wird am Flugplatz sein. Ich bin so aufgeregt, als wäre ich ein halbes Jahr weg gewesen, als habe mich erst seine Stimme wieder mit dem Alltag und der Stadt verbunden, mit dem morgendlichen Lärm der Schichtbusse, Kohlenstaub und Kiefernwäldern, mit den von Baggern aufgerissenen Feldern entlang der Straße und allem, was *Zuhause* einschließt. Das Herz ist mir schwer, wenn ich daran denke, daß wir morgen das Land verlassen werden, und doch bin ich auf eine überraschende Weise glücklich, furchtlos und ins Leben verliebt . . .

26. 7. 64

Als wir uns auf dem Flugplatz Wnukowo verabschiedeten, war uns doch zum Heulen zumute: Wir umarmten und küßten uns, wie es Brauch ist, und winkten noch lange von der Gangway. Da war meine liebe Nadja, dieses komplizierte Mädchen, und Sascha und Leo und Sergej und Jura – und eigentlich kann man sich nicht vorstellen, daß man sie vielleicht nie wiedersehen wird. Ich möchte zurück, irgendwann, bald, und nach Bratsk und Ust-Ilim und zu Martschuk, und ich werde es tun, das ist sicher. Merkwürdig, wie nahe diese Ferne gerückt ist. Mir scheint auch, als sei es nicht viel weiter als bis Berlin (und ist es auch, wenn man die bloße Fahrzeit rechnet).

1. 8. 64

Die ersten Tage war ich schrecklich unsicher beim Schreiben, fürchtete, es sei alles Mist – schließlich las es Jon. Ich zitterte vor seinem Urteil. Er sagte: »Das ist gut, das möchte man weiterlesen, es ist frisch und ursprünglich.« Gott, war ich froh. Jetzt machte es mir noch mal soviel Spaß. Auch Lewerenz hat mir zugeredet: Eine Reise durch mich selbst, das sei interessant, das werde gelesen, der Reisebericht wie früher sei nicht gefragt (muß noch Tucholsky nachlesen, das Pyrenäenbuch). L. war gestern, da, den ganzen Vormittag. Er kam mit einem Rosenstrauß und setzte mir mächtig zu wegen der »Franziska«, die unbedingt er rausbringen will. Er provozierte meinen Wagemut, und dann tranken wir Rum und aßen, was sich im Kühlschrank vorfand, und waren sehr vergnügt. Ich bin aber doch noch nicht entschlossen – außerdem muß erst das Buch fertig sein, ich weiß nicht, wie nach dieser Reise, die Fenster in die Welt geöffnet hat, mein Verhältnis zu Franziska sein wird.

17. 9. 64

Übrigens soll die Sibirienreportage beim Neuen Leben in einem Büchlein rauskommen, ich bin aber nicht sicher, ob mir das recht ist – ich finde sie nicht so gelungen, weil ich so schnell schreiben mußte.

14. 10. 64

Wir sind geschieden. Das Urteil ist mit Delikatesse formuliert, ohne Peinlichkeiten. Auf einmal, auf dem Gerichtskorridor, mußte ich doch weinen, und während der Verlesung habe ich mir die Lippen kaputtgebissen. Jetzt, da es wirklich und endgültig ist, tut es verflucht weh.

21. 10. 64

Am 7. November wollen wir heiraten – eigentlich bloß, weil am Tag darauf die große Lesungsreise durch die Republik beginnt, auf der mich Jon begleiten wird. Offen gesagt: Schon während wir darüber sprachen, wurde mir unbehaglich zumute; wir haben uns aber versprochen, daß jeder sein Territorium behalten wird, daß diese Legitimierung unserer Beziehungen nicht bedeutet, daß einer dem andern irgendwelche Rechte einräumt: ein Höchstmaß an vernünftiger Freiheit für jeden.
Wir wissen zuviel voneinander – und dabei ist jeder für den andern terra incognita. Ach, das ist schon schwierig. Jon sagt, wir seien ein Liebespaar, wie geschaffen für eine Tragödie.

24. 10. 64

Hast Du verfolgt, wer sich in den letzten zwei Jahren scheiden ließ – vor allem: warum? Eine deutliche Tendenz: weg von der intellektuellen, von der selbständigen oder nach Selbständigkeit strebenden Frau. Ich könnte Dir sofort ein halbes Dutzend Fälle aus unserem Bekanntenkreis aufzählen. Mir scheint, die Männer verlangt es nach Herdwärme, nach Geborgenheit – und man kann ihnen zugute halten, daß sie hart arbeitende Leute sind, sich selbst dauernd Spannungen und geistige Abenteuer schaffen und eine aufregende Frau mit eigenen Problemen einfach nicht verkraften können. Was beweist, daß wir wohl doch die Stärkeren sind (trotz gelegentlicher Sehnsucht nach einer gestärkten Hemdbrust, zwecks Ausheulen), weil wir die Starken, Interessanten suchen.

31. 10. 64

Man sagt, D. sei ehrgeizig, ohne Skrupel und »kalt wie Hundeschnauze«. Vielleicht stimmt es – und wenn . . . Anders kann sich eine Frau doch nicht durchsetzen in einer Männerwelt, gegen eine skrupellose und kalte Konkurrenz. Auf mich wirkte sie eher still und bescheiden, aber das will auch nichts besagen. Sie wäre mir sogar interessanter, wenn sie dem Bild entspräche; sie erinnert mich an meine Franziska, schließlich an mich selbst. Die Männer wundern sich tot, wenn eine Frau Ellenbogen gebraucht. Schön wär's ohne, aber so schön und edel ist eben die Welt noch nicht.

15. 12. 64

Mein Selbstbewußtsein – ohnehin nicht sehr stark – ist mächtig angeschlagen . . ., ach, vielleicht ist es auch nur gekränkte Autoreneitelkeit: Ich bin ganz an den Rand gerückt, ein Nichts hinter Wolf und Neutsch und Max Walter Schulz. Ihnen kann ich das sagen, was ich andern nicht zu gestehen wage, Sie verstehen mich, nicht wahr? Sie haben denselben brennenden Ehrgeiz. Da helfen nun alle Freundlichkeiten meiner Freunde nicht und nicht die liebenswürdigen Aufmerksamkeiten aller möglichen »Persönlichkeiten« (zumal ich immer den – von boshaften Reden genährten – Verdacht hege, daß man meinen Augen, nicht meinen Leistungen Beifall spendet).

17. 12. 64

Wenn ich in den Himmel komme, wünsche ich mir nur eine Wolke, auf der ich in Ruhe schmökern kann, und hunderttausend Bücher ringsum.

19. 1. 65

Ab nächster Woche will ich überhaupt keine Unterbrechung mehr dulden; wenn ich sehr mutig bin, fange ich heute nachmittag mein Buch wieder an, und ich muß, wenn ich dann richtig in der Arbeit bin, eine schöne, lange, freie Strecke fest vor mir haben.

20. 1. 65

Ich habe die Form noch nicht, ich beginne schon zum drittenmal. Ungeheure Aufregung, ich kenne das alles, und es ist ganz neu, das ist die Stimmung, in der man Gläser an die Wand schmeißt.

22. 1. 65

Am Sonntag ist Hans Marchwitza gestorben; gestern war seine Beisetzung. Ich bin nicht nach Potsdam gefahren – Friedhöfe im Januar . . . (Wenn mir recht ist, fanden alle Begräbnisse, an denen ich je teilnahm, im Januar statt, bei dem scheußlichsten Wetter.) Ein bißchen schlechtes Gewissen: Ich hab den Hannes gern gemocht, mir fielen unsere allnachmittäglichen Gespräche im Schriftstellerheim ein und seine biederen Neckereien mit dem »Teufelchen«. Er war ein guter Mensch.

7. 2. 65

Montag abend haben wir mit dem Neuen Leben den Vertrag gefeiert. Jetzt brauche ich aber wirklich Ruhe für meine Arbeit, ich schreibe fleißig, einfach so eine Szene, die vielleicht gar nicht ins Buch kommt... Manchmal ist mir ganz schön mies, wenn ich an den Vertrag denke – aber wenigstens übe ich mich wieder im »richtigen« Schreiben, denn eine Reportage ist doch mehr eine rasche und aktuelle Arbeit.

11. 2. 65

Willst Du mir nicht endlich mal ausdauernde Treue zugestehen?
Du hast mir einen langen Brief geschrieben und viel Böses und leider auch Wahres über die deutschen Männer, welche sich für flirtöse Spiele so wenig eignen, auch Ritterlichkeit vermissen lassen, und über die Sekretärinnenehen waren wir uns ja einig. Aber . . . wenn wir mal die professionellen Hähnchen beiseite lassen und die schmierigen Burschen, die einen Korb mit Verleumdungen beantworten, kurz das ganze Gesocks, das einem auf den Busen statt ins Gesicht sieht – da bleiben doch eine Menge Leute, die zu verteidigen sich lohnt. Ich habe mir oft genug den Hof machen lassen – auf meine verklemmt prüde Weise, die Du so tadelst –, und die Hofmacher wollen wir nicht rechnen, obgleich es auch unter ihnen Kavaliere gibt, die die Spielregeln respektieren. Aber die, die einem nicht den Hof machen und weder spielen noch Spielregeln anerkennen, die vom Stamme Azra, welche sterben, wenn sie lieben . . .
Worauf wollte ich doch hinaus? Ja . . ., ich habe wieder geheiratet, ganz still und heimlich, wir sind glücklich, und im übrigen hat sich – außer dem Stempel im Ausweis – an unserem Leben nichts verändert. Denn damit hast Du nun tausendmal recht: Der Alltagskram kann die schönste Ehe und Liebe erschlagen. Wie andere für sich dieses Problem lösen, weiß ich nicht, wir versuchen's zu lösen, obgleich wir keineswegs finanzstarke Leute sind. Wir wohnen getrennt, Jon in seiner Einzimmerwohnung im Hochhaus, ich bin in meiner Lilo-Hermann-Straße geblieben, und der ganze

Spaß kostet dreißig Mark, Jons Miete. Na, vielleicht sind wir keine guten Rechner, macht nichts, dafür gibt es jedenfalls keinen Zank, kein gemeinsames Bad, keinen Zeugen für schlechte Laune, Kopfschmerzen, Nachtcreme und dergleichen, und der andere ist immer ein lieber Gast. Jeder besorgt seinen Haushalt und seine Wäsche und arbeitet ungestört; Koch ist, wer gerade die beste Marktbeute gemacht hat, und jedes gemeinsame Essen ist ein kleines Festdiner. Wir sind so leidenschaftlich und verliebt wie am ersten Tag (und der liegt nun schon mehr als vier Jahre zurück), und ich habe Herzklopfen, wenn ich auf ihn warte oder ihn auf der Straße treffe. Ich verstehe jetzt nicht mehr, warum ich solche Angst vor einer Bindung hatte; wir haben ein Papierchen, das uns vor Klatsch und ähnlichen Unannehmlichkeiten (die sich in der Provinz zu Katastrophen auswachsen können) schützt – aber ich glaube nicht, daß es einem Ansprüche und Sicherheit verleiht. Wenn einer den anderen betrügen oder ihm davonlaufen will, baut ihm der Stempel auch keine Schranke, und unser Verhältnis ist so geartet, daß ein Betrug auch das Ende bedeuten würde.

25. 2. 65

Ich arbeite und arbeite, so, daß ich abends tot umfalle und nicht einmal mehr imstande bin, ein paar Zeilen ins Tagebuch zu schreiben. Gott sei Dank, ich habe den Faden und erzähle, und heute nachmittag war es, als schriebe ich nach Diktat, so liefen mir die Geschichten und Erinnerungen zu. Wundervoll, nach solch einem Tag schlafen zu gehen – er war doch *gelebt*.
Nachts schneit es, tags scheint die Sonne, die Stadt ist weiß, keine Spur von Frühling, trotz blauen Himmels.
Manchmal ist im Hintergrund die Angst, daß die Geschichte schlecht ist, überflüssig, niemanden interessiert außer mir – aber das vergesse ich dann meist über der Lust am Erzählen.

Ob ich freilich je über dieses erste und vielleicht ein zweites Kapitel hinauskomme . . ., ich sehe keinen Menschen außer Jon, mag auch keinen sehen. Ich führe das regelmäßigste Leben, Arbeit bis zur Erschöpfung, keine »Unterhaltung«, es ist mir leid um die Zeit, ich kann auch keinen Geschmack daran finden. Gestern las ich, nach langer Zeit, wieder in der Bibel, die fünf Bücher Moses, und las mich fest, obgleich ich nur, nach Manns »Gesetz«, einiges hatte nachschlagen wollen.

5. 3. 65

Ich arbeite also wieder am ersten Kapitel des Romans, glaube auch endlich den Punkt gefunden zu haben, von dem aus ich die Geschichte erzählen kann, eine Geschichte ohne Fabel, immer schwebend zwischen Erinnerung, Erlebnis und Gespräch – aber nicht so sehr die Arbeit erschöpft mich derart, daß ich mich abends fühle, als hätte ich Steine gekarrt; vielmehr ist es der Kampf gegen das eigene Unvermögen, das Bewußtsein der Grenzen, die man doch immer wieder zu verschieben, zu erweitern sucht.

30. 3. 65

Jetzt kann ich ja zugeben, daß ich gelitten habe, solange alles noch in der Schwebe war – ich konnte gar nicht mehr arbeiten vor Aufregung. Der Mann-Preis ist unsere angesehenste Literaturauszeichnung und der stille Ehrgeiz aller jungen Schriftsteller. Meiner natürlich auch. Die Verleihung war am Sonntag in der Akademie, und ich war erst lange nach Mitternacht aus Demmin zurückgekommen, wo wir mit der Jugendkommission eine Freizeituntersuchung gemacht hatten. Du kannst Dir vorstellen, daß ich in dem feierlichen Kreis – nur erste Garnitur – vor Aufregung fast starb, und als ich aufgerufen wurde und vorn auf dem Podium stand, zitterte ich so, daß ich dachte, ich würde gleich umfallen. Das ist natürlich albern, denn alle Leute waren sehr nett zu mir, vor allem die »Alten«, Abusch, Kurella und Gotsche – wahrscheinlich schon deshalb, weil ich eine junge Frau bin. Hinterher, beim Empfang, stürzte ich gleich ein paar Glas Sekt runter, um wieder ins Gleichgewicht zu kommen. Also ein großer Tag, und jetzt bin ich glücklich und zufrieden.

2. 4. 65

Nun habe ich also den Heinrich-Mann-Preis bekommen. Bin ich glücklich? Ich weiß nicht. Es war wie mit dem ersten Buch: Wenn ich es in der Hand hielte, dachte ich, würde ich rasend glücklich sein. Und dann, da es erreicht war, verlor alles an Glanz. Vielleicht habe ich zuviel vorweggenommen. Ich bin stolz, ja, und fühle auch so etwas wie Ermutigung – aber das hält nicht an, wenn ich wieder bei der Arbeit bin. Ich freue mich auch über die Glückwünsche, aber das alles ist gefärbt von einer Art Tristesse – erreicht, der heftige Ehrgeiz gestillt, was nun? Also weiter. Anerkennung ist sehr schön, ich weiß, ich bin eitel; die Aufmerksamkeiten, die man mir erwies, schmeicheln mir, natürlich, aber mein Selbstbewußtsein ist überhaupt nicht gestärkt, ich bin mit Schüchternheit geschlagen wie zuvor.

24. 4. 65

Herzlichen Dank für Ihre Glückwünsche; ich erwidere sie – wieder heftig verspätet – für den Verdienstorden. Ich mußte lachen über die »Generalprobe zum Begräbnis«, aber es ist wahr, Geburtstagsartikel schmecken ein bißchen nach »de mortuis nil nisi bene«, und sind am lustigsten, wenn sie von jemandem stammen, der es mit seinem besungenen Freund so bene meint, daß er ihm dreimal am Tag in den Hintern treten möchte. Aber man kennt die eigenen Unzulänglichkeiten ja zu gut, um sich nicht einen Tag der Hymnen und Triumphe leisten zu können.

Schade, daß Sie nicht in der Akademie waren. Sie hätten mir zuzwinkern können – ich starb fast vor Aufregung ... Haben Sie schon Bobrowskis Buch gelesen? Eines der wenigen, glaube ich, die die nächsten fünfzig Jahre überdauern werden. Außerdem scheint er ein liebenswerter Mensch zu sein, hintergründig verschmitzt, und schon sein Anblick – er sieht ein bißchen wie Fernandel aus – ist herzerhebend. Manchmal wünsche ich doch in Berlin zu leben, der fünf oder sechs Leute wegen, mit denen ich befreundet sein möchte. So bleibt es immer nur bei einer kurzen Begegnung, einem Händedruck, ein paar freundlichen Worten, zumal meine Favoriten stille, sogar schüchterne Menschen sind.

Aber ich wollte Ihnen ja, wenn auch nur mit ein paar Sätzen, von dem Buch erzählen. Vor zwei Monaten habe ich endlich den Faden gefunden, an dem ich die Geschichte aufspulen kann. Nein, eine strenge Fabel hat es wohl nicht, aber gewisse Freiheiten, die ich mir herausnehme, gehen gewiß nicht auf Kosten der Unterhaltsamkeit oder sogar der Spannung. Das Ganze ist, so wie es sich mir jetzt darstellt, der Monolog des Mädchens Franziska für ihren Geliebten, aber nicht als Monolog aufgemacht – vielmehr gehen Autorentext, Erinnerung und Kommentar der Hauptpersonen ineinander über. Sie verstehen die Ausgangssituation: Da ist auf einmal ein Mensch, den man fünfundzwanzig Jahre lang nicht gekannt hat – jetzt gibt es ihn und seine unbekannte Vergangenheit. Wer ist er? Woher kommt er, was hat ihn geformt? Und nun: tausend Erinnerungen, längst vergessene Bilder und Begebenheiten, der lange, lange Weg ohne den anderen – und der Versuch, das alles aufzudecken, zurückzuholen, sich dem anderen zu entdecken und dabei sich selbst zu finden ..., das will ich schreiben. Und die

Frage: War es wirklich so, was ordnet man im Nach-Denken anders, weil man, wie Franziska sagt, »weiß, was danach kam?« Ja, und wenn ich das nun so könnte, wie es mir vorschwebt! Immerhin will ich unverdrossen das zweite Kapitel beginnen, noch bewege ich mich in der Geschichte wie in einem dunklen Zimmer... Aber genug für heute, das nächste Mal kann ich Ihnen schon besser sagen, wie das Interieur aussieht, und vielleicht habe ich dann auch den Lichtschalter gefunden.

3. 5. 65

Wir waren in Muskau und sind im Park spazierengegangen. Endlich wieder blühende Sträucher gesehen, die Knospen und hellgrünen Blätter an den Kastanien, Vögel singen hören... Wenn man in dieser Stadt lebt, wird die Natur wieder zum Abenteuer, und jedes Gänseblümchen wird zur Sensation.

Das Schloß des Fürsten Pückler sieht wie ein englischer Landbesitz aus und ein bißchen wie die Schlösser, die wir als Kinder malten, rot und weiß, mit zwei runden Türmen, mit Auffahrt und Söller und einem Schloßteich, auf dem ein weißer Schwan schwimmt, unter der Fontäne.

Auf der Rückfahrt besahen wir uns ein paar Tagebauaufschlüsse und die künftige Baustelle des Kraftwerkes Boxberg: Kiefernwald, Bündel gefällter Bäume, zwei oder drei Baracken. Auf den Waldwegen konnten wir nur Schritt fahren. Der Sand ist zerpflügt von Kettenfahrzeugen, die metertiefen Löcher stehen voll Regenwasser. Ein paar verschlafene sorbische Dörfer, nicht mal ein Hund auf der Straße. Hühner, eine reizende kleine Holzkirche. Eine todeinsame Landschaft im Wald, und in ein paar Jahren wird es dort aussehen wie bei uns in Pumpe, Wohnblocks, Industriebauten, Asphaltstraßen, Fremde in den Dörfern. Schließlich verirrten wir uns, blieben im Sand stecken, der

Wagen quälte sich gewaltig (er kam mir vor wie ein geplagtes Tier, das über seine Kraft arbeiten muß), es dauerte lange, bis wir aus dem zähen Sand raus waren und den Weg wieder fanden.
Ich habe Franziskas Abenteuerlandschaft aufgenommen.

15. 5. 65

Gestern ist das Sibirienbuch gekommen. Im Druck sieht es gleich nach etwas aus, ich habe es noch mal gelesen, es ist ganz ulkig, manchmal mußte ich lachen. Ich wußte gar nicht, daß ich Humor habe.
Morgen fahren wir nach Weimar, zum Internationalen Schriftstellertreffen.

21. 5. 65

Bei dem Empfang lernte ich so viele Leute kennen, daß ich nur noch Wirbel von Gesichtern in Erinnerung habe, Kubaner, Syrer, Franzosen, Engländer . . . Mir fiel wieder mein Schülerenglisch ein, und es ging ganz gut mit den Gesprächen, zumal sie kurz waren, weil ich so schnell wieder von jemandem geholt und anderen zugeschleppt wurde, die mich kennenzulernen wünschten. Übrigens habe ich das nur meinem Gesicht zu verdanken, sie hielten mich für eine Spanierin oder Kubanerin und sagten mir die reizendsten Dinge, erstaunt, daß es auch schöne Schriftstellerinnen gäbe. Aber alle diese Komplimente hatten nichts von der platten Zudringlichkeit, mit der deutsche Männer einem auf die Nerven gehen. Die meisten ausländischen Männer sind von zarter Höflichkeit und respektvoll, sie küssen einem die Hand, und obgleich das – vor allem bei den Orientalen – ein bißchen nach Harem schmeckt, ist es angenehm.
Dienstagvormittag fuhren wir nach Buchenwald. Ich habe

nicht viel davon gesehen (die Erinnerung an Theresienstadt . . .), ich zitterte schon vor dem Krematorium, und in dem Keller mit den Fleischerhaken und vor der Meßplatte wurde mir schlecht. Ich mußte mir vorstellen, was ich empfunden hätte, wäre ich in diesen Keller geführt worden . . . Ich glaube, ich hätte versagt, ich bin kein Held, schon der Anblick dieser Haken in der düsteren Kellerwand . . . Draußen traf ich Caspar, der es auch nicht mehr ertragen hatte. Wir saßen auf einem Stein, auf dem Platz, wo früher die Baracken gestanden haben. Die Sonne schien, Wind ging, blauer Himmel, und zu unseren Füßen das liebliche Tal, die hold hingebreitete Landschaft. Das hat uns am heftigsten erschüttert, der ausgeklügelte Sadismus, ein KZ auf dem Ettersberg zu errichten... Wir versuchten uns vorzustellen, was die Häftlinge empfanden, wenn sie Stunde um Stunde auf dem schrecklichen Appellplatz standen – vielleicht im Mai – und immer den Blick auf das Bild süßesten Friedens, auf die blühenden Bäume jenseits des Stacheldrahtes . . .
C. nahm mich mit in die Stadt, unterwegs trafen wir noch Anna Seghers und Jeanne Stern, die mir Mut zusprachen und mich baten, mit unseren Gästen zu reden... Auch dieses Bild, das ich nicht vergessen werde: die beiden wunderbaren Frauen, klug, gütig, weltläufig, schön, Arm in Arm am Eingang zur Gedenkstätte. Ihr Lächeln, ihre weißen Haare – ach, ich fühle mich vor ihnen so klein, so blöd – und doch wunderbar ermutigt: ein anständiger Mensch sein zu können...

27. 5. 65

Ich muß noch von der Manifestation im Weimarer Nationaltheater erzählen. Auf der Bühnenrückwand sah man ein aufgeschlagenes Buch, aus dem sich ein Schwarm Tauben erhob. Ein ganzer Saal voll Schriftsteller. Früher war das für

mich eine beklemmende Vorstellung; jetzt erfüllte es mich mit Stolz – ja, ich war wieder stolz auf unseren Beruf und überzeugt von der Macht des geschriebenen Wortes (obgleich eine Woche später die Boxweltmeisterschaften unser Treffen in den Schatten stellten und tausendmal mehr Leute interessierten). Ich weiß nicht, ob unser Kongreß dem Pariser Kongreß 1935 in seiner Bedeutung gleichkommt – das wird die Zukunft lehren. Aber eins ist sicher: ein hoher Prestigegewinn für die DDR. Wir haben nicht erwartet, daß die ausländischen Schriftsteller (auch solche, die Repressalien in ihren Ländern zu befürchten haben) so entschieden ihre Sympathie für uns bekunden würden, zum Beispiel Peter Weiß, über den inzwischen eine Flut von Beschimpfungen hereingebrochen ist, und James Aldridge, der sagte, daß er erst hier wieder, bei uns, die Deutschen liebengelernt habe. (Er hatte gleich nach dem Krieg das KZ Maidanek gesehen.)
Natürlich gibt es unter all diesen Schriftstellern aus zweiundfünfzig Ländern zahllose Meinungsverschiedenheiten, wie anders, aber in ihrem Aufruf zu Frieden und Menschlichkeit waren sich alle einig. Ach, wenn die Welt auf ihre Dichter hören würde ... Zuerst sprach Anna Seghers, eine schöne, ergreifende Rede, die mich wieder zu ihr zurückführte (ihre Geschichten in den letzten Jahren fand ich kalt und klassisch), dann Fedin, in tadellosem Deutsch, ein Satz vor allem ist mir im Gedächtnis geblieben – ich weiß nicht, ob ihn Yuri Suhl oder Alan Marshall sagte: »Bevor die Nazis Menschen zu verbrennen begannen, verbrannten sie Bücher.«

2. 7. 65

Warum, mein lieber Holzfäller, willst Du alles von mir wissen? Bist Du sicher, daß ich Dir die Wahrheit sage? Ich lüge entsetzlich – das ist so wahr wie: Ich lüge nie. Alles, was ich streng prüfe, entpuppt sich als Teilwahrheit. Und wie stellt man Motive für eine Handlung dar? Er tat es, weil . . ., und dann kannst Du fünf Seiten schreiben und kommst doch nicht auf den Grund, immer ist noch eine Schicht darunter. Allmählich komme ich dahinter, daß wir uns mit den Lesern auf einen gewissen Code geeinigt haben und ihnen nur Kurzformeln hinwerfen.

Was ich gern esse? Bananen, Pampelmusen (in der Badewanne), Hühnerbeinchen und lauter ordinären Kram: Kohlsuppe, Bohnen, Linsen... Frage zwei ist viel schwerer. Männer..., das ist ein weites Feld. Während meiner ersten Ehe habe ich soviele Sünden auf mich geladen, daß sie für das ganze Leben vorreichen – das ist eine Zeit im Nebel, ein wüstes Jahr, meistens war ich schon mittags stockbetrunken. Aber daran mag ich nicht mehr denken, es war ein Alptraum. Ich habe von einem Tag auf den anderen Schluß gemacht mit dem Unleben, und seitdem ist meine Kaderakte beinahe blütenweiß. Der einzige schwarze Fleck in diesen zehn Jahren ist Jon, aber die Partei hat mir auch diesen Fehltritt verziehen, nachdem ich ihn geheiratet habe.

Dich erschreckt meine Hingabe an die Arbeit. Mich auch, manchmal, wenn ich spüre, daß diese einzige große Liebe so viele andere Gefühle und Sehnsüchte erstickt hat. Früher habe ich mir ein Kind gewünscht, so sehr, daß ich nachts aufwachte, weil ich fühlte, wie mir so eine kleine Pfote im Gesicht herumgrapschte. Heute – nichts mehr davon. Früher konnte ich noch heftigen Schmerz empfinden und Tränen um eine Liebe vergießen; heute weiß ich, daß ich niemals vor Kummer sterben werde. Stimmt wieder bloß zur Hälfte. Oft bin ich rasend glücklich, albern vor Seligkeit und Lebensfreude, oft schwermütig und ohne Grund verzweifelt, so daß ich tagelang wie gelähmt bin und keinen Menschen sehen kann, aber irgendwo im Dunkeln blinkt ein freundliches Lämpchen. Weißt Du, was wirklich schlimm ist? Daß meine Begabung in keinem Verhältnis zu dieser

Leidenschaft steht. Noch habe ich Hoffnung, Zorn, Ehrgeiz, noch ist Zeit für Prüfung und Bewährung . . ., später vielleicht wird einen frommer Selbstbetrug retten oder Vernunft und Bescheidung mit der Rolle eines braven Arbeiters im Weinberg der Literatur.
Deshalb sehe ich mir bei allem, was ich tue, genau und ein bißchen spöttisch zu. Ich wünschte, ich könnte auch andere so genau sehen, ihr Gehirn aufklappen, ihre Nerven bloßlegen, ihnen, wie man so sagt, ins Herz schauen . . . Kommen zu Dir auch die Leute, um zu beichten? Wenn ich zehn Minuten in einer Kneipe sitze, schleicht sich einer an den Tisch, redet ein bißchen herum – Sie sind doch Schriftstellerin – und erzählt seine intimsten Sorgen. Seh ich vielleicht alt und würdig und himmelsmild wie ein Priester aus? Ich erfahre entsetzliche Geschichten, gegen die noch das Finsterste, was sich in unseren Büchern findet, eine Plauderei für höhere Töchter ist.

25. 7. 65

Was nur kann ich Dir erzählen, ohne Dich zu erschrecken? Geehrter Herr, ich bin, je nach Erfolgserlebnissen, 1,60 bis 1,62 groß, wiege 94 Pfund, Taille 56 (wenn ich den Bauch einziehe), also schlk., dklbr., konfessionslos, schuldlos geschieden. Willst Du Zeitungsartikel? »Eine warmherzige junge Frau«, »klein, fast zierlich«, »charmant« (das schreiben sie immer, wenn nicht mal ihr weites journalistisches Gewissen die Bezeichnung »hübsch« zuläßt); neulich traf ich jemanden, der mich intelligent fand. Gefällt Dir das besser? Ach, und lebst Du überhaupt noch?
Gestern hörte ich in der Europäischen Stunde, daß sich bei Euch zulande ein Karawankenbär herumtreibt, der, nach den Schadensersatzklagen der Bauern zu urteilen, den ganzen österreichischen Schafbestand verschlungen hat und, on dit, auch Menschen nicht verschmäht. Die Innen-

handfläche soll am besten schmecken, eine Delikatesse, das wird dir jeder Kannibale bestätigen. Ich habe da noch ein paar alte Bekannte . . . Sind Dir eigentlich meine langen baumelnden Arme aufgefallen, der gefräßig vorgebaute Unterkiefer, der hungrige Blick? Sag mal, spielst Du gern Wolf? Oder Gespenst? Ich schon. Leguan kann ich auch, das habe ich aus einem Film gelernt.
Und welcher Ruf, bitte schön, geht dem deutschen Weibe voraus? Daß sie es direkt – oder daß sie es eben nicht direkt sagt? Aus den oben mitgeteilten Verwandtschaftsverhältnissen kannst Du ersehen, daß ich kein sehr deutsches Weib bin.
Du, ich bin heute so blödsinnig glücklich, ich schwebe drei Zentimeter über dem Erdboden – ohne Wodka, ohne Marihuana. Weil ich heute eine hübsche Stelle geschrieben habe, nachdem ich zwei Wochen lang einfach festgefahren war und in grimmigster Laune herumlief.

2. 9. 65

Vorgestern waren wir in Berlin, zum Empfang beim Aufbau-Verlag, der seinen 20. Jahrestag feierte. Dan war auch beim Empfang, und wir haben uns eine Weile unterhalten. Er schreibt jetzt Kurzgeschichten, im nächsten Jahr will er einen ganzen Band zusammenhaben. Es ist schon ein komisches Gefühl, seinem früheren Mann zu begegnen – man fängt noch einmal an, zu prüfen und zu vergleichen, und fragt sich, ob man richtig gehandelt hat. Aber ich finde es doch richtig und gut so, wie es nun ist.

5. 9. 65

Johannes Bobrowski ist gestorben. Ein schrecklicher Verlust. Mir wurde ganz schlecht, als ich die Zeitung aufschlug und den schwarzen Rahmen um das freundliche verschmitzte Fernandel-Gesicht sah. Ich konnte nicht mehr arbeiten, weil mir zumute war, als sei ein Freund gestorben. Und wie gern hätte ich mich mit ihm befreundet! Henselmann hatte ein Treffen mit ihm vorbereitet. Da hätten wir uns richtig kennenlernen können, aber da war er schon krank . . .

19. 9. 65

Die ganze Zeit keine Lust: hänge immer noch am vierten Kapitel fest, an ein paar teuflischen Zeilen. Übrigens komme ich jetzt endlich dahinter: Wenn es von innen her nicht stimmt (wenn es nicht *wahr* ist), kann ich es nicht schreiben, selbst wenn ich mir hundert originelle Formulierungen einfallen lasse; sie sind hübsch unverständlich und klingen gut. Alles Schwindel.

19. 9. 65

Habe ich Euch eigentlich schon geschrieben, daß Jon wieder eine Raupe fährt? Er ist ganz zufrieden mit seiner Arbeit, aber gestern sagte er, daß er in Schichten arbeiten soll, und da trete ich in Streik. Ich weiß noch, wie scheußlich das war, als er Schichtbetrieb im Tagebau hatte; jedesmal hockt man zwei Wochen lang Abend für Abend allein zu Haus, sieht sich höchstens zum Mittagessen – nein, das ist kein Leben.

25. 9. 65

Ist das nicht schrecklich, wie schnell ein Jahr vergeht? Früher habe ich das nicht so empfunden, aber je älter man wird, desto bedrohlicher erscheint einem die Zeit, vor allem, wenn man ein Jahr mißt an dem, was man inzwischen

geschafft hat. Hundertfünfzig Seiten von einem Roman, der vielleicht nie fertig wird oder ins Auge geht (mir fallen immer zuerst die bösen Möglichkeiten ein) – das ist wirklich nicht überwältigend. Über den toten Punkt in meinem Kapitel bin ich hinweg, Gott sei Dank, und kann nun wohlgemut auf den nächsten toten Punkt warten. Ich weiß auch nicht, wie es kommt, daß man manchmal wie ein Blödmann tagelang vor ein paar Zeilen sitzt – und auf einmal reißt der Knoten, und man findet in fünf Minuten, wonach man so lange vergebens gesucht hat.
Eine schöne alte Kaminuhr habe ich wieder erworben, sogar ziemlich billig. Jetzt tickt und gongt es aus allen Ecken; vielleicht bekomme ich nächstens auch eine Spieluhr, irgendeinen Tick muß der Mensch haben.

12. 10. 65

Noch eine erfreuliche Nachricht: am Vorabend zum Republikstag habe ich den Carl-Blechen-Preis erster Klasse bekommen – das ist ein Preis, den der Bezirk Cottbus für Kunst und Literatur vergibt. Es gibt nicht nur eine pfundschwere Medaille, sondern auch ein hübsches Sümmchen dazu, so daß wir für die nächsten Monate wieder gerettet sind.

12. 10. 65

Der Schreibende soll nur auch alles auskosten, was seinen Leuten widerfährt, ihren Zorn, ihre Ohnmacht, ihre Triumphe – und alle Theorien, die wider solch persönliches Engagement ausgeheckt werden, entspringen vielleicht nur der Furcht, mit den Gemeinheiten des Lebens allzu nahe in Berührung zu kommen. Von der »Königsebene« herab sieht alles viel einfacher aus, man kann das »große Ganze« im Auge behalten und die Proportionen wahren – bloß wenn man auf dieser Ebene schreibt, macht man keinen kalt oder heiß damit.

19. 10. 65

Vorige Woche ist Erwin Hanke bei einem Autounfall tödlich verunglückt. Ihr erinnert Euch doch sicher noch an ihn – mein dicker lustiger Meister, den ich als »Hamann« in mein Buch aufgenommen habe. Wir waren alle sehr bedrückt, als wir die Nachricht hörten – da jeder Hanke kannte, hat sie sich natürlich sofort im Kombinat und in der Stadt herumgesprochen –, und konnten gar nicht begreifen, daß dieser unerschütterliche Mann tot ist. Der Wagen ist gegen einen Baum geprallt, die Unfallursache kennt man noch nicht, weil der Fahrer bewußtlos im Krankenhaus liegt. Erwin war sofort tot, er hatte innere Verletzungen. Ja, das ist eine schlimme Geschichte, und sie geht mir sehr nahe: Ihr wißt ja, wie ich für Erwin geschwärmt habe.

4. 11. 65

In Berlin hatten wir eine schreckliche Aufregung: Der nette, liebe, sympathische Herr F. ist von einem Tag auf den anderen abgesetzt worden, weil er eine Liebesgeschichte mit einer verheirateten Frau hat. Immer trifft es die Anständigen, die sich ehrlich verlieben und für ihre Liebe leiden, und die fröhlichen Sünder, die ihre Frauen wechseln wie die Hemden, kommen ungestraft davon.

10. 11. 65

Ja, unser armer F. ist auch verheiratet, aber wenn Ihr ihn kennen würdet, dann würdet Ihr ihm auch diese doppelte

Sünde vergeben. Wo die Liebe hinfällt . . . Da kann man nichts machen, das weiß ich ja von mir. Kein Mensch hat verstanden, warum ich Dan laufenließ und mich an die »verkrachte Existenz« Jon hängte. Und wie schwer ist mir die Entscheidung gefallen! Gerade darum kann ich F. gut verstehen, sicher hätte er auf die Dauer auch seine Verhältnisse in Ordnung gebracht, aber dazu muß man einem Menschen eben Zeit lassen. Man zerreißt solche Bindungen nicht von heute auf morgen, und die Beteiligten leiden so entsetzlich darunter, daß es Strafe genug ist.

13. 1. 66

Über Mus schönen, langen Brief habe ich mich sehr gefreut. Ich fand ihn gestern abend, als ich ganz zerschlagen von der Vorstandssitzung des Schriftstellerverbandes zurückkam – moralisch zerschlagen vor allem. Ihr werdet ja aus der Zeitung wissen, was wir für Schwierigkeiten haben. Ich will Euch Schilderungen ersparen. Es war furchtbar, und ich bin so unglücklich wie seit langem nicht. Mu wird es vielleicht gar nicht verstehen, daß man sich über »Politik« so grämen kann – aber alles, was jetzt gesagt und angeordnet wird, betrifft mich ja ganz persönlich, mein Leben, meine Arbeit vor allem. Ich habe gar keinen Mut mehr, an meinem Buch weiterzuschreiben. Aber das ist kein Briefthema. Erwähnt auch im Familienrundschreiben nichts davon – Lutz muß nichts davon wissen, daß ich mit der Partei uneins bin. Wenn ich Euch sage, daß erwachsene Männer in Tränen ausgebrochen sind, dann könnt Ihr Euch vorstellen, was für Auseinandersetzungen es gegeben hat. Kein Wort mehr davon, ich kann nicht mal dran zurückdenken, ohne zu heulen. Macht Euch nicht zuviel Gedanken darum, wir werden uns schon durchbeißen, und irgendwie werde ich auch seelisch wieder ins Gleichgewicht kommen. Es dauert eben seine Zeit.

18. 1. 66

Ich schreibe so weiter, wie ich begonnen habe, nehme nichts zurück und mache keine ängstlichen Zugeständnisse – nicht bloß, weil ich hoffe, glaube, daß sich wieder ein vernünftiges Gleichgewicht herstellen wird, sondern gewissermaßen aus Prinzip: weil ich das, was ich da schreibe, für wahr und richtig halte. Möglicherweise kommt eine etwas unfreundliche Zeit auf uns zu. Übrigens zerbreche ich mir nicht den Kopf darüber, irgendwie wird sich alles finden, und jetzt bin ich erst mal froh, daß ich wieder »Anschluß« an meine Geschichte gefunden habe und weiterschreiben kann, sogar mit viel Spaß an der Sache und einem gehörigen Pensum jeden Tag. Außerdem lese ich fleißig Thomas Mann – jetzt habe ich mich sogar an »Doktor Faustus« gewagt, der übrigens gar nicht so schwer verständlich ist, wie viele Leute behaupten – und zu alledem habe ich ja den Jon.
Jetzt werde ich mich wieder auf mein Kapitel werfen; im März soll ich Lewerenz einen festen Termin nennen.

25. 1. 66

Ach ja, Gysi . . . Schade, mit Exzellenz kann ich nicht mehr flirten. Abgesehen von seinem Charme – er ist einer der gescheitesten, vielleicht auch schlauesten Männer, die ich je kennengelernt habe. Er hat einen sechsten Sinn, er hat, um es lieber so zu sagen, »die Antenne«. Ich weiß nicht, ob man als Minister mit Antenne was anfangen kann; im Umgang mit Schriftstellern ist sie aber vonnöten. Ich erinnere mich eines langen Gesprächs mit ihm, über mein neues Buch, das damals noch im Denk-Stadium war, und da ich meine Geschichten sowieso nicht erzählen kann, stammelte ich ein paar ungelenke Sätze . . ., und da war es dann geradezu unheimlich, wie Gysi vorwegdachte, vorwegfühlte, was ich meinte, und nun von sich aus weitererzählte – nicht die

Fabel, versteht sich, sondern den Hintergrund, das Hintergründige, wenn man so will. Er hat Seele, die Sorte von Seele, die sehr sinnlichen Menschen eigen ist, und das gemischt mit einem messerscharfen Intellekt . . . Du siehst, ich bin außerstande, jemanden nur als politische Größe zu betrachten. Jon ist weniger angetan von »profilierten Männern« in hohen Funktionen. Persönlichkeiten neigen dazu, ihrem Amtsbereich und allem, was darin geschieht, den Stempel ihrer Persönlichkeit aufzudrücken, sie treten *vor* ihr Amt. Sie können so gefährlich werden wie Lektoren mit zuviel Geist und einem zu ausgeprägten guten Geschmack. Übrigens haben wir bei der Durchsicht unserer Archive ein paar interessante Dokumente gefunden: Shdanow über die Formalisten und Volksfremden Schostakowitsch, Prokofjew, Kabalewski etc. und die Reden auf dem 5. Plenum der SED (1951) wider den Lukullus, wider dekadente Musik und Malerei und wider Brecht, dessen »Mutter« eine »Mischung aus Proletkult und Meyerhold« ist und dergleichen. Scharfe Polemik gegen Arnold Zweigs Behauptung, daß sich der Künstler und sein Lukullus wahrscheinlich in zehn Jahren durchgesetzt haben werden . . .

17. 2. 66

Letzte Woche war ich in Berlin. Lewerenz war sehr angetan von meinem Buch, die Heldin findet er »allerliebst« – ein bemerkenswertes Wort in seinem Mecklenburger Mund –, und das Ganze nennt er »90% Klassik«, was sein höchstes Lob ist. Mir war ein Stein vom Herzen – aber mit Geld gibt es trotzdem Schwierigkeiten, es sei denn, ich bin damit einverstanden, daß ich einen Vorschuß bekomme, den ich zurückzahlen muß, wenn das Buch erschienen ist. Damit bin ich aber nicht einverstanden, meine vielmehr, daß auch der Verlag ein gewisses Risiko tragen soll. Wer weiß, was für ein Schicksal meinem Buch beschieden ist . . . Wir haben uns

darauf geeinigt, daß L. versucht, ein Stipendium lockerzumachen, das ich ein halbes Jahr bekomme – vorerst, wir werden dann weitersehen. Ich muß also in diesem halben Jahr sehr, sehr fleißig sein, und Mitte nächsten Jahres soll das Buch abgeschlossen sein, damit es zur Frühjahrsmesse 1968 (!) erscheinen kann. Ich bin ja sehr im Zweifel, ob ich das schaffe. Nach dem L.schen Lob habe ich mich zwar mit Verbissenheit in die Arbeit gekniet, aber es geht halt doch langsam, und andauernd kommt was dazwischen, momentan eine richtige Besucherschwemme, die mich langsam nervös macht.
Übrigens tragen wir uns mit vagen Umzugsplänen. Beim Verlag hat ein Schriftsteller aus Neubrandenburg mit mir gesprochen, um uns abzuwerben. Sein Bezirk rührt mächtig die Trommel . . . Wir hätten schon Lust, mal wieder die Tapeten zu wechseln, auf die Dauer ist Hoyerswerda auch eine Geißel Gottes.

2. 3. 66

Wir waren also in Cottbus, bei den Architekten, und haben uns Material besorgt. (Ich muß ja auch für mein Buch wissen – selbst wenn ich dann gar nichts davon schreibe –, wie die ökonomischen Zusammenhänge sind und die ganze Stufenleiter der Planträger, Investträger, Auftraggeber etc.) Der Architekt – das heißt, er ist Städtebauer – war sehr nett und gründlich, und ich habe in den paar Stunden mehr kapiert als sonst in langen Konferenzen. Es hat aber doch so lange gedauert, daß wir den zweiten Besuch — im Projektierungsbüro Hoyerswerda – auf morgen verschieben müssen.
Die letzte Woche habe ich mit einem fürchterlichen Schnupfen zugebracht, daß ich nicht mehr arbeiten konnte. Manchmal wundere ich mich, wie ich diesem jämmerlichen Körper mit seinen tausend Beschädigungen immer noch die Kraft für acht Stunden Arbeit abringe. Aber wahrscheinlich ist

Arbeiten das beste Mittel, mit allen Beschwerden fertig zu werden.

2. 3. 66

Auf einmal mußte ich meine Arbeit unterbrechen, um Ihnen ein paar Worte zu sagen – mitten in einer Abschiedsszene, die mich ärgert, weil sie mich rührt: Franziskas Eltern, die notorischen Bürger, verlassen endlich die DDR, weil »dies hier nicht ihre Welt ist«, und ich bin beunruhigt, weil ich sie verstehe, beunruhigt über dieses ewige Andereverstehenkönnen, das aber etwas merkwürdig Distanziertes, sogar Unverbindliches hat. Dieses Buch belastet mich mit Problemen, die nicht so sehr seinen Inhalt und seine Form betreffen; vielmehr meine eigene Haltung, Übereinstimmung (oder: Nichtübereinstimmung) von Leben und Wünschen; Korrektur eigenen Verhaltens auf Manuskriptseiten. Manchmal euphorische Freuden: ein paar Seiten über Franziskas Mutter, die Anlagen zu einer Balzac-Figur hat, ein zähes, schlaues Weib mit fürchterlichen Erwerbsinstinkten. Schade, die muß ich mir aufheben für das nächste Buch, jetzt würde sie den Rahmen sprengen, die ganze Konzeption zertrampeln.
Briefe sind schon mißlich, Telefongespräche erst recht. Sie sagten, mein Schweigen habe psychologische Gründe. Das ist richtig. Ich quälte mich mit Professor Reger, Franziskas Lehrer, den sie liebt, gegen den sie rebelliert, weil er sie nach seinem Bild zu formen versucht. In einem gewissen Alter verwirft man seine Vorbilder, sie sind einem im Wege, wenn man nach Selbstbestätigung sucht. Ein extremer Charakter wie F. beginnt die liebenswürdigen Fesseln zu hassen. Kurz und gut, bei alldem kamen andauernd Sie mir in die Quere . . ., ein verwickelter Prozeß. Sie beobachten und analysieren Leute mit dem schamlosen Schriftstellerblick, allerdings, vielleicht, ohne den Gedanken an »Verwertbar-

keit«. Nun, und ich habe Sie beobachtet, sogar mit der Absicht, dem Reger Züge von Ihnen zu geben. Unmöglich! Sie haben mir einfach eine Niederlage bereitet, und ich frage mich, woran das liegt. Sie sind so bunt, so vital, mit so erstaunlichen Schwächen, die aber eben in ihrer Summe die Stärke, die Persönlichkeit ausmachen (erlauben Sie, daß ich derart unumwunden rede – es geht ja jetzt gewissermaßen um einen Produktionsprozeß), daß Sie mir als Reger, der nun in den ersten Kapiteln ins Spiel kommt, die anderen Figuren glatt totschlagen würden. Ich habe versucht, durch Äußerlichkeiten zu verfremden, vergebens (das ist das dürftigste und dümmste Verfahren) – und jedenfalls ist der Reger mißlungen, aufs ärgerlichste danebengeraten, und ich muß das alles später noch einmal schreiben.
In den letzten Monaten habe ich fast ausschließlich Thomas Mann gelesen, Romane, Aufsätze, Reden, Briefe. Im »Roman eines Romans« – zu »Doktor Faustus« – schreibt er über das Erfinden von Figuren. Aber kann man eigentlich von »Erfundenem« sprechen, da doch nichts in uns ist, was wir nicht von außen aufgenommen haben? Mir fällt auf, daß der phantasievollste Utopiker nicht imstande ist, wirklich verblüffende Sternbewohner zu erfinden; sie mögen noch so abstrus aussehen, mit fünf Füßen und Antennenohren – sie sind immer »bekannt«, zusammengestückelt aus Dingen, die es bei uns auf der Erde gibt.
Haben Sie Brandys' »Briefe an Frau Z.« gelesen? Ein sehr, sehr schönes und kluges Buch, finde ich.

10. 3. 66

Unser Material haben wir nun zusammengeschleppt, nächstens werde ich ein paar Tage »hospitieren« gehen bei den Architekten, bloß so zusehen, wie sie zeichnen, was für Gesichter sie dabei ziehen usw., also »Atmosphäre schnuppern«. Mit theoretischem Wissen bin ich jedenfalls vollge-

stopft, das langt für zwei weitere Bücher. Mein Roman geht voran, allerdings ziemlich langsam, aber man ist ja froh, wenn jeden Tag eine Seite »steht«. Sehr Fröhliches gibt es von uns nicht zu melden, außer daß wir schrecklich verliebt sind (ineinander, versteht sich), aber das ist beinah noch wichtiger als die Arbeit.
Mit Geld sieht es nun ganz trübselig aus. Momentan besitze ich noch achtunddreißig Mark auf der Bank, und meine Hoffnung sind die Außenstände: siebenhundert Mark sind noch bei meinen Freunden, die ebenfalls in der Tinte sitzen. Künstlerschicksal. Übrigens, damit Ihr Euch nicht etwa Sorgen macht: Wir sind in glänzender Laune und lassen uns durch solche Kleinigkeiten nicht verdrießen. Hauptsache, das Buch wird fertig und wird gut und vielleicht sogar ein Schlager. (Lewerenz prophezeit dergleichen – aber bis jetzt liegt knapp ein Drittel vor, und man kann noch eine Menge vermurksen.)

20. 4. 66

Hatte ein langes Gespräch mit meinem Lewerenz und dem neuen Verlagsleiter Bentzien, der mir übrigens noch denselben guten, sogar sehr guten Eindruck macht wie früher: Er ist sehr liebenswürdig, still, sehr gebildet und kann gut zuhören. Er selbst kann nur flüstern, weil er schon seit Monaten an einer Erkrankung der Stimmbänder leidet. Er hat Gott sei Dank ministerielle Maßstäbe mitgebracht, was die Finanzen angeht, und innerhalb weniger Tage durchgesetzt, worum mein armer L. so lange und so vergeblich gerungen hat: Ich bekomme für ein halbes Jahr ein – nicht rückzahlbares – Stipendium von brutto fünfhundert Mark und, wenn das abgelaufen ist, Vorschuß so lange, bis mein Buch fertig ist. Außerdem bot er mir jede erdenkliche Hilfe an, Beratung und – auf Kosten des Verlages – einen vierteljährlichen Aufenthalt in Schloß Wiepersdorf, wo ich

in Ruhe schreiben kann. Darauf bin ich allerdings noch nicht eingegangen, weil ich noch Material brauche, um richtig arbeiten zu können – und natürlich nicht ohne Jon auskommen kann. Wir haben diese Wiepersdorf-Sache also bis zum großen Endspurt vertagt. Die Gegenleistung: Ich muß mich verpflichten, zwischendurch keine Arbeit anzunehmen (wozu ich sowieso keine Lust habe) und muß im Oktober zweihundertfünfzig Seiten vorlegen und im Mai 1967 ganz fertig sein. Wie ich das schaffen soll . . . Wenn ich merke, daß die Schnelligkeit sich auf die Qualität auswirkt, werde ich natürlich stoppen, ganz egal, was passiert.
Montag waren wir wieder in Berlin, um an einer Soziologietagung bei Henselmann teilzunehmen (es ging um Architektur, sonst wäre ich nicht hingefahren), und es war auch sehr interessant und bestätigte meine privaten Theorien, die ich mir über modernen Städtebau aufgestellt habe.

4. 5. 66

Habe ich Euch von meiner Leistungstabelle erzählt? Ich fühle mich schon wie ein volkseigener Betrieb mit Planung und Normen und so Zeug. Über meinen Schreibtisch habe ich einen Bogen Papier geklemmt, auf dem ich jeden Tag vermerke, wie viele Zeilen ich geschrieben habe, und auch – mit verschiedenen Buchstaben gekennzeichnet – alle anderen Leistungen: Überarbeitungen, Korrektur, Briefe etc. Man sollte nicht glauben, wie einen das anspornt. Jon, wenn er kommt, guckt sich immer zuerst die Leistungskurve an, dann weiß er gleich, was für Laune ich habe. Gott sei Dank lassen uns andre Leute auch in Ruh, Sitzungen sage ich ab, und so gefällt mir das Leben, wenn ich jeden Tag mein Pensum schreiben kann, meinen Jon habe und genug Brot, Kaffee und Zigaretten. Manchmal sind wir bei D.s; Frau D. ist eine entzückende Person, charmant, gastfreundlich, immer gut gelaunt, sie jammert nie, obgleich D. ein schwieri-

ger Patron ist wie alle diese verrückten Künstler und manchmal kein Geld im Haus (dafür schmeißen sie es andermal mit vollen Händen raus) und drei Kinder mit Temperament...
Vor ein paar Tagen habe ich einen Brief von Lutz bekommen, über den ich mich sehr gefreut habe, weil er eben richtig wie an eine Schwester schrieb, und Ihr wißt ja, wie sehr ich an ihm hänge, trotz aller politischen Streitereien. Er rät uns auch zu, nach Neubrandenburg zu ziehen; der Tollensesee sei wahrscheinlich die schönste Gegend der Republik. (Ja, er hat sogar Republik geschrieben, wenn auch in Gänsefüßchen – aber das ist immer noch besser als Zone.) Er hat mal an dem See gezeltet.
Ihr seht, in der freundlichen Sonne fallen mir auch lauter freundliche Dinge ein. Wenn ich erst mal eine Datsche am Tollensesee habe, schreibe ich bloß noch lustige Bücher.

Juni 66

Nimm meine herzlichsten Glückwünsche zum 20. Jahrestag des Verlages; obgleich sie natürlich allen Mitarbeitern gelten, richte ich sie ausdrücklich an Dich: Wir haben ja zur gleichen Zeit, vor zwölf Jahren, beim Neuen Leben angefangen – Du kamst eben von der Universität, ein unduldsamer junger Lektor, und ich schrieb an meinem ersten Buch – und haben seitdem zusammengearbeitet und zusammen teilgenommen am Schicksal des Verlages, an seinen Entdeckungen, Erfolgen und ärgerlichen Umwegen.
Sehr friedvoll, sehr seriös ist es im Haus in der Markgrafenstraße nie zugegangen – wie denn auch anders, wenn man Bücher von jungen Leuten, Bücher für junge Leute verlegt? Das Verlagshaus selbst erscheint mir noch so anziehend merkwürdig wie am ersten Tag, ein »Haus in den sieben Winden«, das den Krieg überdauert hat in diesem schrecklich heimgesuchten Viertel, und merkwürdig auch der Blick

aus den Fenstern: auf den zerbombten Dom, geradezu auf ein Stück Friedrichstraße und neonbeschriftete Giebel und, linker Hand, die Häuser schon jenseits der Grenze . . . Gelegentlich der Gratulationscour werdet Ihr viel Angenehmes hören und lesen über die Verdienste des Verlages, über Talentförderung und Riesenauflagen und über Bücher, die eine Generation erziehen, ihr – um das Wort aus einem Brief von Thomas Mann anzuwenden – leben halfen. Mir erlaube, alle offizielle Begrüßung beiseite zu lassen und Dir endlich einmal Dankeschön zu sagen für Deine Lektorenmühe in den zwölf Jahren, für Ermutigung und streitbares Verständnis.

3. 6. 66

Langes Gespräch mit Dr. M. über Selbstmorde, speziell Gasvergiftungen. Hauptmotiv (jedenfalls das auslösende) ist Liebeskummer. Zeit: meist an Sonn- und Feiertagen, Hochkonjunktur im Mai. Ich mußte mich genau unterrichten . . ., ich brauche das für meine Gertrud.

8. 6. 66

Zurück aus Neubrandenburg. Sonnabend zuerst in Neustrelitz, bei Sakowski, der ein aufwendiges Haus bewohnt. S. ist bald lebhaft und lachlustig, bald finster und in sich gekehrt. Ich glaube, er sucht nach neuen Ausdrucksformen, möchte Prosa schreiben . . .
Ein Abend in Weisdin, im Gästehaus des Bezirks, herrlich gelegen an See und Tümpel, in dem tausend Frösche quarrten; zum erstenmal hörte ich auch Unkenrufe, tief und dunkel (aber »Glockenruf« ist eine poetische Übertreibung; es klingt eher wie das Geräusch von Pumpenschwengeln).

Lubos, der Abteilungsleiter Kultur, machte einen sehr guten Eindruck auf uns, ein ruhiger liebenswürdiger Mann mit Liebe zur Kunst und zu den Künsten, nicht so ein Kulturbeamter, der sowieso alles besser weiß. Sein Willkommen war unverstellt: Neubrandenburg legt viel Wert darauf, daß wir übersiedeln.

Am Sonntag in Neubrandenburg las ich aus meinem Romanmanuskript mit verblüffendem Erfolg: Alle die großen Diskutierer schwiegen, schwiegen, bis mir unbehaglich wurde, und schließlich sagte Wohlgemuth: So möchte ich auch mal schreiben können. Er und Sakowski waren begeistert und sagten es auch, und Lubos küßte vor Entzücken seine Fingerspitzen . . . Am meisten bewegt hat mich die Reaktion von Jon; er kannte das Kapitel noch nicht und war ganz erschüttert, und während ich las, setzte er seine Sonnenbrille auf, damit ich – gestand er – nicht sehen konnte, daß ihm Tränen in den Augen standen. Von diesem Geständnis zehre ich heute noch.

22. 6. 66

Heute kommt mein lieber Lektor Walter, um sich anzusehen, was ich so in der letzten Zeit zusammengekritzelt habe – das heißt, ich habe ihn darum gebeten, weil ich immer in der Angst lebe, die Qualität könnte leiden unter der Eile, mit der ich jetzt schreibe. Manche Seiten finde ich selbst ganz gut, aber was weiß man schon als Autor? Die Lieblingsstellen sind meistens die miesesten. »Was du besonders ›schön‹ findest, mußt du rausstreichen« – das war so eine Lehre von meinem alten Freund Georg, meinem strengen Erzieher. Schade, daß ich ihn gar nicht mehr sehe, ich möchte wissen, wie er heute auf mich wirken würde – damals habe ich jedes seiner goldenen Worte bedingungslos geglaubt. Aber ich war eine grüne Pflanze, und heute bin ich eine Persönlichkeit . . . Mit dieser Bekundung von Größenwahn möchte ich mich für heute verabschieden. Wenn der liebe Walter abreist, werde ich wahrscheinlich wieder ein paar Zentimeter kleiner sein.

9. 8. 66

All die Wochen habe ich auf heitere Stimmung, wenigstens Anfälle von Optimismus gewartet, um Dir schreiben zu können, aber sie stellen sich nicht ein, also gibt es eine traurige Epistel. Mein Buch macht mir keinen Spaß mehr; ich habe es – vor zwei Jahren – unter anderen Voraussetzungen begonnen, und jetzt bedrückt mich mehr und mehr das Bewußtsein, beim Schreiben immer nur bis an eine bestimmte Grenze gehen zu können, auch was die Seelenanatomie angeht. Ich gebe nur die Hälfte von dem, was ich geben könnte, wenn ich unbefangen, sogar rücksichtslos schriebe, und meine Leute kommen mir nur wie Konturen derer vor, die sie sein sollten. Sogar mein Ehrgeiz zerbrökkelt, und es kommt vor, daß ich ganze Nachmittage lang in einer Ecke sitze und nähe – miserabel genug – und Jon bitte, mich zur Hausfrau und zur Mutter von zwei, drei netten Kinderchen zu machen. Also, tiefer geht's nimmer für eine, die mit soviel Feuer in ihren Beruf eingestiegen ist.

22. 8. 66

Tagelang hintereinander sind auf der Pensumliste jeweils nur drei oder fünf Zeilen »Leistung« vermerkt. Ein richtiges Tief, dazu Herzanfälle, Übelkeit und dergleichen – aber wahrscheinlich nicht als Ursache, sondern als Folge der Schwierigkeiten mit dem Buch. Jon erinnert mich von Zeit zu Zeit daran, daß es bei den anderen Büchern genauso war, daß also alle diese Depressionen gewissermaßen dazugehören und kein Zeichen dafür sind, daß ich unfähig bin, einen Roman zu schreiben. Aber ich bringe es nicht fertig, trotz aller guten Ratschläge von Arzt und Ehemann, während solcher Zeiten auszuspannen und mich mit etwas anderem zu beschäftigen, sondern ich setze mich jeden Tag wieder stur vors Manuskript und probiere – und abends heule ich mir die Augen aus dem Kopf. Gestern habe ich endlich mal wieder mein Pensum geschafft und bin wieder guter Dinge. Am Sonnabend haben wir uns einen Ausflug nach Dresden geleistet und Antiquitätenläden abgeklappert, in denen es aber Gott sei Dank nichts Verlockendes zu kaufen gab, und nachmittags haben wir im Zwingerhof gesessen, der einen durch den bloßen Anblick beruhigt und tröstet und einem das Herz erhebt. Himmel und Menschen natürlich, und wie immer auffallend viele sowjetische Soldaten, die die Gemäldegalerie besuchen.

11. 9. 66

Obgleich es immer ein bißchen peinlich ist, von jemandes Neigung zu hören: Du bist der einzige unter meinen Freunden und Bekannten, den Jon ganz bejaht – neulich, anläßlich eines Streites mit Lewerenz über Deinen NDL-Aufsatz, hielt er wieder eine Laudatio auf Dich, Deine Integrität, Deinen Witz, Deine Bücher, die mehr Gegenwärtiges, auf uns Bezogenes enthalten als ein Dutzend Gegenwartsbücher im gebräuchlichen Sinn. L. hatte nämlich einige Einwände, meist vom Verleger-Standpunkt, betreffs Auflagenhöhe etc., und ging so weit, es als ungerecht zu bezeichnen, daß die Spannungsautoren bedeutend mehr verdienen als beispielsweise seine Autorin B. R. Das fand ich nun wieder ungerecht (obgleich ich, mit meinen vierhundert Mark Stipendium, beim Wort Honorar rote Ohren kriege), denn schließlich ist es mein privates Vergnügen – oder Unvermögen –, wenn ich drei Jahre lang an einem Buch pinsele, das dann vielleicht doch ein Mißerfolg wird: Wenn man die Marke zu hoch steckt, reißt man die Latte, das ist eben nicht anders. Warum sitze ich denn einen Tag lang an einer Seite (ohne daß meine Leute tiefgründiger werden als Deine)? Weil, sagt Jon, weil ich das Bewußtsein habe, Kunst zu machen. Das scheint eine Art Verkrampfung zu sein, die auch die Kritiker befällt: Während sie den unsäglichen Gegenwartsroman von Frau S. mit Bierernst analysieren und kommentieren, schenken sie einer dreimal besser geschriebenen und gebauten Chandler-Novelle keine Beachtung, höchstens als Krimileser.

Andererseits gibt es im Gegenwartsgewerbe höhere Schwierigkeitsgrade beim Slalomlauf zwischen den gewissen Täfelchen... L. war fasziniert, als ich ihm endlich mal im großen Zusammenhang erzählte, wie ich zum Städtebau gekommen bin: Das ist in der Tat ein Stück Geschichte, leider nicht darstellbar, weil zusammengesetzt aus hundert Zufällen, Winkelzügen pragmatischer Tagespolitik, Fehlern und Vorwänden. Trotzdem sieht man zurückschauend (und begreifend, daß man bloß ein »kleiner Stein im großen Spiel« war) eine historische Linie, die sogar, in diesem Fall, aufwärts führt. Ein Haufen Blessierter am Wegrand . . . Vielleicht kann man in zehn oder zwanzig Jahren davon schreiben, wenn all die Winkelzüge, die Schmutzarbeiten, die die »Kunst des Möglichen« erfordert, durch den Begriff Geschichte geadelt sind. Aus den angedeuteten Gründen halte ich es auch für unmöglich, den Roman eines Leiters zu schreiben – und wenn der DSV noch so fasziniert ist von seiner Entdeckung des Generaldirektors. Beim nächsten Rahnsdorfer Gespräch soll die führende Frau abgehandelt werden. Ich glaube, ich werde doch lieber schwänzen. Neulich rief der Verband an und wollte mit mir ein Werkstattgespräch führen, weil ich doch »über Leitungsprobleme« schreibe. Das war mir neu. Meine kleine Dame Franziska als Leiterin! Sie boxt sich halt durch die Männerwelt, so gut es geht.

31. 12. 66

Wir sind bankrott. Unsere Silvesterfeier heute, bei unseren Maler-Freunden, die ebenfalls pleite sind, wird so romantisch wie vor Jahren: Einer spendiert die letzte Flasche Wodka, einer Bockwürste und einer Pfefferminztee.

4. 1. 67

Es war doch ein merkwürdiges Gefühl, als wir um zwölf Uhr aus dem Fenster sahen und uns sagten, daß das nun die letzte Silvesterfeier in der alten Heimat ist. Von Spremberg aus kann man das Kombinat sehen und hören, und die Kraftwerke begrüßten das neue Jahr, indem sie zwölfmal hintereinander Dampfstöße ausströmen ließen – das ist ein durchdringendes Geräusch, das irgendwie an Meeresbrandung erinnert. Komisch, was man so alles vermissen wird, wenn man hier erst einmal weg ist!

12. 1. 67

Merkwürdig, die Schwierigkeiten, die Du hast, gleichen genau denen mit meinem Buch: diese Geschichten, die die Konzeption durchbrechen. So was passiert bloß den »Spinnern«, Leuten, die Spaß am Erzählen haben, und da Lektoren keine Fabulierer sind, nehmen sie ein Ärgernis daran. Laß Dich nicht totreden! »Konzeption« und »Fabel« und der ganze Quatsch sind Erfindungen von Literatur-Eunuchen. Es gibt kein göttliches Gebot, daß ein Roman eine Fabel haben müsse und daß er nicht aus lauter Abschweifungen bestehen dürfe und aus lauter Geschichten, die sich vierhundert Seiten lang damit vergnügen, die *Konzeption* zu durchbrechen. Mein Lektor zieht auch eine saure Miene und liegt mir mit irgendwelchen Gesetzen in den Ohren, und ich stelle mich taub. (Allerdings haben Frauen kein Rechtsempfinden, las ich neulich bei einem Kriminalpsychologen – keine Beziehung zu Gesetzen und Verboten.) Wenn Du Dein Buch gut und recht findest, wie es nun einmal ist, dann setz halt Deinen Holzfällerkopf und Bauernschädel durch.

28. 3. 67

Ich schreibe an einem neuen Kapitel, das mir bis jetzt – unberufen – wunderbar von der Hand geht. Ich habe in den letzten zwei Wochen mehr geschafft als sonst in einem Monat – jeden Tag Übererfüllung des Solls um fünfzig, manchmal um hundert Prozent! Morgen ist es mit dem Spaß vorbei, da ist endlich meine Kieferoperation fällig, vor der ich solche Angst habe, daß ich schon nächtelang davon träume.

4. 4. 67

Leider ist es wahr, daß ich mich ins Schweigen versenkt, zurückgezogen, in meine Höhle verkrochen habe. Schwer zu sagen, warum – wahrscheinlich weil ich fühle, daß mit mir kein Staat zu machen ist. (Das klingt doppeldeutig, sehe ich eben, solche Streiche spielt einem das Unterbewußtsein.) Ein Schriftsteller, der ziemlich bald nach seinem Debüt in Vergessenheit geriet . . . Sie schreiben, Sie hörten oft von anderen über mich, du lieber Gott, ich wüßte nicht, was andre über mich sagen könnten als: Von der Reimann hört man auch nichts mehr. Nicht mal Klatsch: nie besoffen (dabei, Grund hätte man schon) und seit sechs Jahren immerzu in denselben Mann verliebt, vernarrt.
Sie sind erfolgreich (um es auf diese primitive Formel zu bringen), und mich macht das Bewußtsein meiner Erfolglosigkeit scheu. Ich denke oft an Sie, mindestens so oft wie

meine kleine Dame Franziska an ihren Professor, und immer schleicht sich der Gedanke dazu: Den hast du auch enttäuscht, hast noch immer kein anständiges Buch zustande gebracht. Nicht wahr, Sie haben doch mal auf mich gesetzt? Aber was ist? Seit drei Jahren schreibe ich ins Leere und sehe noch einmal drei Jahre vor mir, eine Durststrecke – und nachher, wer weiß, ist es bloß ein Allerweltsbuch, das man nebenbei zur Unterhaltung liest, nichts weiter, keine Literatur, ich hab mich übernommen, überdies in hundert Nebengeschichten verzettelt, die traurige alte Geschichte: mehr Ehrgeiz als Talent . . . Kann sein, es wird auch gar nicht gedruckt. Die Verlegergesichter jedenfalls werden immer länger: Diese Person ist gar keine Heldin, überhaupt hat das Ganze zuwenig Optimistisches, Vorwärtsweisendes.
Das sind so meine Heimsuchungen. Hinzu kommen ein paar äußere Schwierigkeiten, Geldmangel und so Zeug. Ich muß mich nach einer Brotarbeit umtun. Anfälle von Existenzangst sind selten, mein Lebensstandard ist bescheiden, ich habe nicht viel zu verlieren, im übrigen vertraue ich auf Gott. Schlimm ist nur das eigene Unvermögen und das Unbehagen, das aus mangelnder Übereinstimmung mit der Gesellschaft herrührt, genauer: mit ihren Ansichten über Kunst, ihren Forderungen an die Literatur. Aber wem sage ich das? Sie kommen mit mehr Schriftstellern zusammen als ich, und es kann (es darf) nicht sein, daß ich die einzige bin, die sich bedrückt fühlt und glaubt, sie würde Besseres und freudiger arbeiten, wenn das, was man so »Atmosphäre« nennt, ermutigender, meinetwegen weltoffener wäre. Habe ich mich einigermaßen verständlich gemacht? Nach zwei verrückten Arbeitswochen bin ich ein bißchen wirr, Katzenjammer nach einer Art Rausch, aber ich wollte gleich antworten . . ., ich glaube, ich habe da eine gute Szene geschrieben. Nur gut, daß ich ab und zu noch in Größenwahn falle; dann finde ich, es gibt im Manus ein paar bemerkenswert schöne Sätze, und meine Franziska ist die

lebendigste Weibsperson in unserer ganzen DDR-Literatur...

27. 4. 67

Ein Haufen Briefe liegt unbeantwortet herum, in der Abstellkammer stapelt sich die Wäsche, und es gibt tausend Dinge zu nähen und auszubessern. Großreinemachen ist auch mal wieder fällig. Das alles sehe ich erst jetzt – während der Schreiberei habe ich keinen Blick dafür oder schiebe es bedenkenlos beiseite, und es ist mir auch schnuppe, wenn Leute kommen und mich in meinen geflickten Nietenhosen und einem ollen Pullover sehen – das ist eben Arbeitszeug. Innerhalb der letzten zwei Wochen habe ich mindestens fünf Pfund abgenommen.

13. 5. 67

Ich habe eine eiserne Reserve für den Notfall, einen Teil meines Heinrich-Mann-Preises. Die muß ich mir unbedingt aufheben für den Fall, daß ich krank werde und nicht mehr verdiene, das heißt auch nicht arbeiten kann. (Jetzt arbeite ich ja noch wie ein Kümmeltürke.) Ich sehe bei manchen Kollegen, die ebenfalls ein kaputtes Herz haben, daß sie manchmal für Monate, für ein halbes Jahr oder länger »ausfallen«. Dann ist Holland in Not. Für eine bestimmte Romanarbeit gibt man mir sicher eine Beihilfe, aber nicht für Krankheit, und ich habe eine Mordsangst vor dieser Möglichkeit.
Und die schlimmste Möglichkeit muß man auch einkalkulieren: daß mein Buch nicht gedruckt wird oder daß ich aus irgendeinem Grunde noch daran scheitere. Dann habe ich nicht nur jahrelang umsonst gearbeitet, sondern bin auch für lange Zeit seelisch fertig und aus dem Rennen geworfen, das

ist völlig klar. Wie gesagt, das wäre der schlimmste Fall. Es wäre mir also lieber, das Geld in einiger Entfernung zu wissen, so daß ich nicht leicht herankann. Wenn mir etwas passieren sollte, könnt Ihr bzw. Jon davon die Beerdigung bezahlen. Das klingt wie ein Witz, ist es aber nicht. Da Du selbst ein umsichtiger Mensch bist, wirst Du verstehen, daß ich ein bißchen Vorsorge treffe (was mit Schwarzseherei nichts zu tun hat).

28. 5. 67

Hatte immerzu Ärger wegen meines Buches; in solcher Stimmung soll man keine Briefe schreiben. Die Streitereien mit dem Verlag hatten sich so zugespitzt, daß ich nach Berlin fuhr, um meinen Vertrag zu kündigen. Mir unverständlich, warum sie darauf nicht eingehen wollten. Selbst Bentzien, der die stärksten Einwände hatte und das Buch kurzerhand als »nörglerisch« bezeichnete, hat sich offenbar bei unserer Bezirksvorsitzenden für mich verwandt. Nun soll der Vertrag doch ratifiziert werden.
Weißt Du, mir kommt es manchmal vor, als ob in der Literatur nichts so wenig gefragt sei wie der Alltag, normales Leben, Leute, die über so profane Dinge wie Geld nachdenken. Christa Wolf hat ihr Manus dem Verlag gegeben (die »Christa T.«), und man wartet gespannt auf die Entscheidung, als ob das eine Entscheidung auch für andere wäre (und vielleicht ist es wirklich so). Günter de Bruyn, mit dem ich jetzt öfter zusammenkomme, schreibt ein sehr gutes Buch, von dem der Verlag freilich nicht gerade entzückt ist – eben auch so Alltagszeug, Liebesgeschichte, Ehekonflikt, zudem in einem miesen Berliner Mietshaus. (B. wohnt selbst in einem unsäglichen Hinterhaus, gleich an der Linienstraße.) Im »Sonntag« war ein längerer Ausschnitt – aber den hast Du sicher gelesen. Ich fand ihn ausgezeichnet (ermutigend, daß er gedruckt wurde).

Ich muß gleich fort, zu einer Lesung in der Bezirksparteischule, und weiß noch nicht, was ich auswählen soll.

9. 7. 67

Manchmal möchte ich kapitulieren, wenn ich mir vorstelle, wieviel ich noch zu schreiben habe – tausend Jahre lang, kommt es mir vor. Den Bescheid wegen meines Stipendiums habe ich noch nicht. Ich muß nun doch ein paar Kapitel zwecks Besichtigung (oder Kontrolle) rausrücken und hoffe nur, daß niemand ideologischen Unrat in meinem Buch wittert.
Jon wird wahrscheinlich für ein, zwei Monate nach Boxberg gehen, wo ein neues Kraftwerk gebaut werden soll, vielleicht gehe ich für eine Weile mit, um mich umzuschauen und mal abzuklopfen, ob ich darüber schreiben kann. Ich brauche Boxberg sowieso für mein Buch, wenn auch bloß für ein paar Passagen, und eventuell kann ich das Angenehme mit dem Nützlichen verbinden und mir ein bißchen Geld nebenbei verdienen. Höpcke vom ND fragte nämlich schon voriges Jahr, ob ich nicht für seine Zeitung eine Boxberg-Reportage schreiben möchte.

9. 7. 67

Auf dem Rückweg haben wir uns Bücher aus der Verbandsbibliothek geholt, auch einen Dos Passos.
Sein jüngstes Buch »Der große Tag« ist interessant, weil es einen fatalen Beweis für die parteiseits verfochtene These gibt, Gesinnungswechsel – zum Reaktionären – gehe einher mit literarischem Versagen. Erinnerst Du Dich an den »42. Breitengrad« und die anderen großartigen Bücher, die eine ganze Dos-Passos-Schule gemacht haben? Damals stand er, wenn ich recht unterrichtet bin, ziemlich weit links;

heute ist er Isolationist und Intellektuellenfresser, ein richtiger Hexenjäger mit amerikanischem Sendungsbewußtsein, der ebenfalls ein paar Geschütze auf die gelben Untermenschen in Vietnam abfeuern würde, und sein Buch ist ein schmieriger dummer Reißer, unsäglich schlecht geschrieben, und wenn sein Name nicht drauf stünde, würdest Du denken, es stammt von einem fünftklassigen Schreibsöldner. Er beschreibt seine Gegner – also alle diese verweichlichten, von Verständigung schwafelnden Liberalen – ungefähr in der Art, wie die DEFA in ihren finstersten Zeiten die kapitalistischen Agenten darzustellen pflegte, mit abstoßenden Fratzen, schwammigen Bäuchen, Schielaugen und was weiß ich. Ein toter Mann, ein mausetoter Schriftsteller.

Und die These von der Diktatur der Abstrakten erscheint mir auch nicht mehr so absurd und lächerlich, seit wir neulich ein großes Palaver mit Malern hatten (im privaten Zirkel), darunter Rumänen, die Deutsch und Französisch sprechen und eine Frau mit Handkuß begrüßen. Du kannst Dir nichts Intoleranteres denken als einen Modernen. Anschluß an den Westen, keine Chance dem Realismus (nicht mal dem »ohne Ufer«), tiefe Verachtung fürs Publikum – Publikum als Synonym für Dummheit und Primitivität – und der Künstler als Verkünder ausschließlich seiner subjektiven und natürlich höchst subtilen Empfindungen, Verzicht auf Verständlichkeit, erst recht auf Wirkung. Da wir uns nicht gerade für Schwachköpfe und empfindungslose Banausen halten, eröffneten wir das Gegenfeuer. Aber nichts zu machen. Das Publikum muß sich gewöhnen – oder eben seine blöden Augen abwenden von den Kompositionen in Violett. Was uns am meisten hochbrachte: Sie sehnen sich direkt danach, nicht verstanden zu werden, möglichst auch nicht erlaubt. Man sollte ihnen sämtliche Galerien öffnen – sie wären in ihrem Lebensnerv getroffen.

Das Merkwürdigste ist, daß diese Künstler (und Literaten) zwar tatsächlich diktatorisch sind, in Wirklichkeit aber ganz unschädlich, weil sie eben auf Wirkung verzichten. Sie finden sich kühn und sind wünschenswert harmlos.

23. 7. 67

Jon hat mir zum Geburtstag eine alte Uhr geschenkt (bezahlt ist sie allerdings noch nicht), ein prächtiges Monstrum im Jugendstil, französisches Werk, Zifferblatt aus Emaille – und sie geht sogar richtig und hat einen hübschen Schlag. Zugegeben, wir sind leichtsinnige Leute, und Ihr habt völlig recht, wenn Ihr jetzt sagt: Kein Hemd am Hintern, aber alte Uhren kaufen!
Habe ich Euch schon geschrieben, daß ich nun doch ein Stipendium vom Schriftstellerverband bekomme? Für das nächste halbe Jahr bin ich also gerettet – und mit dieser erfreulichen Nachricht möchte ich schließen.

6. 9. 67

Ich bin schrecklich aufgeregt und in Eile, weil ich noch bis zum Sonnabend abend einen Artikel für den »Sonntag« schaffen will, aber leider nicht so recht weiß, was ich schreiben soll – und natürlich wie früher in der Schule, wenn es um einen Aufsatz ging, viel zu spät angefangen habe.
Eine Neuigkeit: die DEFA hat mir das Angebot gemacht, einen Film zu schreiben, den zwei junge Absolventen der Filmhochschule drehen sollen, als Abschlußarbeit. Ich werde wahrscheinlich ablehnen müssen, sonst geht mein Buch dabei baden.

Petzow, 4. 11. 67

Werkstattgespräch mit Annemarie Auer. Die Geschichte, meint A., ist noch nicht deutlich, das Anliegen noch nicht ablesbar. Ich weiß selbst, das Buch besteht aus lauter Abschweifungen, kann aber nicht erklären, warum ich's

gerade so schreiben will: einfach Leben ballen, Alltäglichkeit mit Zufälligem, Nichtnotwendigem. Protest gegen die Fabel, die Romankonstruktion, die mir zu kristallen, zu rein erscheint, zu künstlich, zu klar.
In der letzten Woche mehrere Lesungen, eigentlich um Geld zu verdienen, aber da werden es manchmal Erlebnisse, die auch anderes lohnen. Begegnungen mit Leuten, die man gern wiedersehen würde. L., ein Dorf; der Vorsitzende ist mit seiner Frau, die noch nachträglich Landwirtschaft studiert hat, aus der Stadt gekommen. Kluge und liebenswerte Leute; nachts stapften wir mit ihnen über die stille Dorfstraße, weil sie uns den neuesten sowjetischen Traktor zeigen wollten, einen Riesenpanzer; ein Rad ist noch ein Stück größer als ich, die Fahrerkabine nur über eine Treppe zu erreichen. Jon war begeistert. Der Vorsitzende schwärmte: Wenn drei dieser Ungeheuer im Verband über ein Feld fahren, mit zwölf Meter breiter Pflugschar – das ist das beste Argument für Kooperation. Auf dem Land beginnen interessante Prozesse, Übergang zur Industrialisierung, Massenviehzucht; für die Bauern ein schwererer Konflikt als damals der Zusammenschluß zu Genossenschaften. Heimfahrt gegen Mitternacht (wir wurden noch von den Bauern zum Abendessen eingeladen); am Dorfausgang mußten wir eine Weile halten: Ein Bulle ließ uns nicht über den Weg.

17. 11. 67

Am liebsten würde ich mal einen ganzen Tag im Bett bleiben und schlafen, aber das läßt sich leider nicht machen, weil ich noch eine Unmenge zu tun habe, bevor es Montag wieder losgeht mit der DEFA. Wir wollen nächste Woche unser Film-Exposé schaffen und dann im Januar das Szenarium schreiben. Wir hatten, obgleich wir am Tag an die vierzehn Stunden arbeiteten, eine sehr lustige und interessante Woche, weil die beiden so fröhliche Leute sind. Sie gefallen uns sehr, sehr gut. Sie haben hier in der Zwischenbelegung gewohnt, waren aber den ganzen Tag bei mir, und ich muß sagen, man kann sich keine besseren Gäste wünschen. Sie sind von einer natürlichen Herzlichkeit, hilfsbereit und aufmerksam, sie kümmern sich darum, daß ich esse, decken den Tisch und stellen sich noch spätabends in die Küche, um die Abwäsche zu machen, und dabei singen sie Volkslieder und Opernarien und geben richtige Konzerte, und morgens gehen sie einkaufen . . . Also es ging wunderbar mit uns dreien, und da sie ebenfalls finden, daß man mit mir sehr gut arbeiten kann, wollen wir – falls wir mit dem Film überhaupt so weit durchkommen beim Studio – auch das Drehbuch zusammen schreiben. Allerdings fahren wir dazu nach Petzow, wo wir uns nicht um Essen und Reinemachen zu kümmern brauchen. Vielleicht tut es meinem Roman auch ganz gut, wenn ich ihn ab und zu mal ein paar Wochen links liegenlasse. Jon ist sehr froh, daß ich diese Arbeit übernommen habe, zu der er mir schon lange geraten hat. Natürlich wird es eine harte Zeit, aber das ist nicht zu ändern. Wir spinnen sogar schon vom nächsten Film, den wir zusammen machen wollen . . . Den Dezember über schreibe ich dann wieder an meinem Buch.

20. 11. 67

Eben sind meine Campañeros wiedergekommen. Noch einmal eine harte Arbeitswoche. Vorige Woche Arbeit am Exposé, vom Morgen bis in die Nacht. Hinterher fiel ich zusammen, habe aber die Woche über ohne Erschlaffung durchgehalten, ein Tier im Göpel. Ich bin nun also doch bei der DEFA eingestiegen, hätt's aber nicht getan (nicht mal, um meinen Roman zu finanzieren), wenn mir unser Teamwork nicht so gefiele. Arbeit mit zwei jungen Regisseuren (ihr erster Spielfilm, Abschlußarbeit – nach Kähnes Buch »Martin Jalitschka heiratet nicht«), Roland Oehme und Lothar Warneke.

6. 12. 67

Eben haben meine Compañeros angerufen und mir gesagt, daß die DEFA von unserem Exposé nicht so begeistert ist wie wir und daß wir eine Menge ändern müssen, wenn wir den Stoff retten wollen. Das war ein Schlag in die Magengrube. Wir sind alle drei betrübt – aber was soll man machen? Wir sind nun mal abhängig von der DEFA und können den Film nicht zu unserem Privatvergnügen drehen.

14. 12. 67

Sie haben wieder eine Botschaft in mein Schneckenhaus geschickt, dafür danke ich Ihnen herzlich – und natürlich für die Vorlesung, die ich heute abend lesen werde, wirklich lesen, nicht bloß überfliegen, wie Sie vermuten. Sie haben eine aufmerksame Schülerin, die sich Ihre Briefe, Aufsätze, Plenumsreden immer wieder vornimmt und mit Respekt und Vergnügen verfolgt, wie sich durch alle diese schriftlichen Äußerungen über Jahre hinweg – und trotz gelegentlicher Kompromisse und taktischer Ausweichmanöver bei den Attacken von rechts und von links – eine feine, genaue Linie zieht, eine bewundernswerte Konsequenz. Die ganze Zeit haben Sie schlau und zäh Ihre Ideen durchs Getümmel getragen, ohne die Verbitterung oder Erstarrung, die einem manche Ideenträger so unleidlich macht. Und was mich entzückt, schon von Profession wegen: Ihre Fähigkeit zu formulieren und Ihre Phantasie eines Poeten, Eigenschaften, über die kaum noch einer Ihrer Berufskollegen, schon gar nicht Unsere Tüchtigen Jungen Leute verfügen. Ich habe neulich den Band »Manifeste« gelesen, die Briefe der Architekten, der Bauhäusler... Verzeihen Sie, daß ich Ihnen bloß solche Bruchstücksätze hinschmeiße (übrigens kennen Sie bestimmt den Band und wissen, was ich meine), ich schreibe in geradezu unhöflicher Eile, weil ich morgen früh nach Neubrandenburg fahre, heute aber schon mein Dankeschön sagen, ferner meine Ballszene schaffen will: der Ball, auf dem meine kleine Dame zum erstenmal mit ihrem zukünftigen Liebsten spricht, ein Abenteuer, beinahe ein Schock für sie, wenn ihr Geschöpf (bis jetzt hat sie ihn nur von fern gesehen) auf einmal ein Mensch ist, unerreichbarer und fremder als der Fremde, über den sie so lange verfügen, dem sie ein Leben und alle möglichen Geschichten zuschreiben konnte.

Natürlich habe ich Seite zehn aufgeschlagen – wenn ich behauptete, ich hätte es nicht getan, würden Sie es sowieso nicht glauben. Es ist ermutigend, daß Sie sich so zu der Skizze äußern; hierzulande ist man nämlich sauer, und ab und zu höre ich – wie eine Drohung –, daß man mit mir darüber diskutieren wird (weil ich unsere sozialistischen Errungenschaften in den Schmutz gezerrt habe). Der Himmel ist hoch, und Berlin ist weit, und wer beispielsweise Sätze vom letzten Plenum wiederholt, ohne Quellenangabe, der kann erleben, daß Cottbus nach dem Staatsanwalt schreit.

25. 12. 67

Was die DEFA betrifft: Jetzt ist mir auch klargeworden, warum das Unternehmen schiefgehen mußte: Wir haben einen Stoff gewählt (von dem Buch haben wir uns übrigens weit entfernt), von dem man hierzulande seit vielen Jahren die Finger läßt – eine alltägliche Geschichte von ganz einfachen Leuten: ein Arbeiter, eine Verkäuferin, Mietshäuser, Alltagssorgen, eine Liebesgeschichte wie tausend andere (ohne happy end) zwischen unreifen jungen Leuten, Du verstehst. Keine Königsebene, kein Generaldirektor. Einfach so Fußvolk . . . Und beim Schreiben dachten wir an diese englischen Filme, »Bitterer Honig« etc. So was wollten wir machen, wir Idioten.

Über Neubrandenburg schreibe ich Dir das nächste Mal. Nur soviel: ich habe eine Wohnung bekommen, ganz reizend, Erdgeschoßwohnung in einem Einfamilienhaus, mit Veranda, Terrasse, einem Stück Garten und einem Nachbarn, neben dem ich mich in sicherer Hut fühlen kann, dem 1. Sekretär der SED-Kreisleitung. Ein interessanter Mann, Väterchen Zar, aber gut, gut schon deshalb, weil er Henselmann sehr ähnlich ist, meinem väterlichen, despotischen Freund. Sie sind befreundet, und falls du H. kennst, kannst Du Dir meinen Sekretär vorstellen. Er eilte gleich mit wehendem Mantel durch die Wohnung und diktierte Änderungen...

16. 2. 68

Übrigens hat sich herausgestellt, warum ich ewig Kopfschmerzen habe. Ein Halswirbel ist lädiert, ich habe keine Ahnung, wodurch, jedenfalls ist irgendwas kaputt und malträtiert die Nervenstränge. Ich komme mir schon vor wie der arme Vater Hiob . . . Scheußlich, wenn man andauernd mit seinem Körper zu kämpfen hat, um sich Arbeitsleistungen abzuringen. Manches ist auf der Welt sehr ungerecht verteilt; ich finde, das Hinken allein reicht schon aus für einen Menschen.
Neulich habe ich D. in Berlin getroffen. Er spricht in einem herablassenden Ton von allen möglichen Leuten, als ob es lauter Idioten wären, und so was geht mir auf die Nerven. Es gibt eine ganze Menge Leute, die ich gern habe oder bewundere und deren Schwächen ich einfach übersehe (weil ich selbst genug habe), und ich bin nun einmal überzeugt, daß ein Schriftsteller die Menschen lieben sollte, nicht bloß sein eigenes, kostbares Ich – sonst wird er nie was Rechtes zustande bringen.

26. 2. 68

Möglich, daß aus dem Buch nichts wird, die Leute drehen sich im Kreise, quälen sich und andere, keine *action,* verstehst Du? Aber das liegt nicht am Stoff und nicht nur an mir, sondern an einer Wirklichkeit unterhalb der Wünsche betreffs unserer Wirklichkeit. Es hat ja seine Gründe (die natürlich keiner unserer Literaturwissenschaftler untersucht), daß die Autoren, die überhaupt noch versuchen, Gegenwartsbücher zu schreiben, drei, vier, fünf Jahre über ihrer Arbeit sitzen und daß in den Büchern, die demnächst erscheinen, mehr geredet, empfunden, gemutmaßt wird als gehandelt – jedenfalls nach den Ausschnitten zu urteilen, die ich kenne (Wolf, de Bruyn). Christa schreibt über eine Tote: Was hätte aus ihr werden können? Meine Dame lebt, und sie (oder ich) will nicht, daß sie's nach dem schlichten Rezept tut: »etwas durchsetzen«, ein Kino bauen, Schrittmacher werden, Punktum.
Ich lag darnieder, mehr psychisch, wenn auch aus physischen Gründen, weil mir da etwas zugewachsen ist (wie Kafka sagen würde), was rechtens nicht in einen Weibskörper gehört – also kein Baby, beileibe nicht. Ich habe jeden Morgen beim Aufwachen geheult, aber dann stramm gearbeitet, weil ich mich schon tot sah, mein Werk unvollendet, – jedoch keine Briefe geschrieben, weil ich dazu neige, mich beklagenswert zu finden. Inzwischen habe ich alle möglichen Untersuchungen hinter mir, und alles spricht dafür, daß es sich um einen »gutartigen« Zuwachs handelt. »Da war die Geiß aber froh.« (Fühmann)
Nächste Woche fahren wir mal wieder nach Neubrandenburg nachschauen. Nochmals: Ihr müßt unbedingt vorbeikommen und auf meiner *Terrasse* Kaffee trinken. Und Käse essen, alle fünfzig Sorten aus dem berühmten Käseladen . . . Was mich schreckt, ist nur der Gedanke, allein umziehen zu müssen; der Jon will noch bis Jahresende in Boxberg bleiben und sich zum Programmierer qualifizieren.

Ich sehe ihn immer in meterlange Datenfahnen gewickelt, und eines Tages wird er sich der Einfachheit halber ein eigenes Elektronengehirn einbauen lassen. Trotzdem hat er neulich ein zauberhaftes Aktfoto an die Wand gepinnt, ein Mädchen mit dem reizendsten, rundesten Popo, den Du je gesehen hast – er ist also noch nicht für diese Welt mit ihren profanen Freuden verloren. Übrigens kannst Du das Foto auch bei mir bewundern; ich mußte es neulich umhängen, weil jeder, der mal eben telefonieren wollte, angesichts des Rückens gegenüber dem Telefon zu stottern anfing.

9. 3. 68

Was nun diesen Vorabdruck im »Sonntag« betrifft: Natürlich freue ich mich sehr, daß Sie ihn mit Interesse gelesen haben, aber desto mehr ärgert mich die Kürzung. In der Szene mit diesem Schafheutlin gibt es ein paar Stellen, die A. »erotisch« oder »flirteus« nannte. Übrigens handelt es sich um eine – absichtlich von mir so dargestellte – ziemlich verklemmte Erotik, ein bißchen komisch, ein bißchen traurig, wie sie eben zu diesem biederen, schon petrifizierten, pflichttreuen und neuerdings – da er von Liebe zu Franziska heimgesucht wird – von Jugendsehnsüchten gestörten Schafheutlin paßt. Er tut mir schon richtig leid; meine junge Dame wird ihn höchstens tanzen lassen, falls ihr Sinn für Ritterlichkeit nicht doch stärker ist als ihre Biestigkeit einer ehrgeizigen jungen Weibsperson.
Was den Text des Ausschnittes betrifft: dieser Schafheutlin redet oder räsonniert vom »Star-Architekten«; das wird verständlich, wenn man seine Entwicklung, seine Dienststellung, seinen Charakter kennt. Er ist ein braver Arbeiter im Weinberg der Architektur, ein »Architekturbeamter«, wie ihn Franziska nennt, er erfüllt Pläne, er baut Wohnungen, phantasielos, aber er tut immerhin, was notwendig ist: Leute behausen, die in Baracken und Lagerstädten wohnen.

In gewisser Weise gebe ich ihm sogar recht gegen die Franziska, die von der Stadt von morgen träumt, später allerdings nicht nur träumt, sondern plant, denkt. – Da fällt mir eben ein, daß es einen Vorabdruck in der »Tribüne« gibt, zwar auch zusammengestrichen, gegen Schluß, so daß man nicht mehr versteht, worum's sich dreht, aber das macht nichts, ich suche Ihnen den Ausschnitt raus und schicke ihn mit, damit Sie so ein Zankmodell zwischen den beiden haben. Nebenbei: Schafheutlin hat auch eine persönliche Aversion gegen den Reger, bei dem er ein Jahr gearbeitet hat; er findet R. »aufwendig«. Anders gesagt: Wilhelm, der Bruder F.s, der in Dubna arbeitet und sich russische Ausdrucksweise angeeignet hat, nennt R. »eine breite Natur«. Klar, daß die beiden, Schafheutlin und Reger, nie unter einen Hut kommen werden. Reger, obgleich nach Jahren viel älter als Sch., ist vierzig Jahre jünger, immer auf der Jagd nach neuen Ideen, wenn es ihm zuweilen auch an Ausdauer mangelt, sie zu verwirklichen (wobei man noch die tausend Widerstände von Institutionen und Dazwischenquatschern und Verhinderern in Rechnung stellen muß).

Und Franziska – die liebt ihren Professor, die bejaht ihn samt seinem sogenannten Startum, sie verdankt ihm nicht nur eine gute fachliche Ausbildung, sondern die Liebe zu ihrem Beruf, Idealismus, Ethos – obgleich ihr gerade das die Routinearbeit in einem Projektierungsbüro einer Provinzstadt so schwer, manchmal unerträglich macht. Ich brauche Ihnen nicht ausdrücklich zu versichern, daß ich meine eigenen Ansichten über diesen Professor und die wenigen anderen seinesgleichen durch Franziska aussprechen oder denken lasse. Nein, nein, darin ist das Buch nicht »genehm« in dem Sinne, wie Sie es mir erklären. (Übrigens ist auch der genehme positive Schluß, der im Interview erzählt wird, vielleicht gar nicht der Schluß, den ich dann später finden werde. Das ist alles noch offen. Aber irgendwas muß man ja sagen, wenn einen die Zeitung schon fragt. In Wirklichkeit weiß ich nicht, wie es ausgeht; kann sein, ich stelle ein paar Möglichkeiten zur Diskussion: Durchsetzen oder Aufgeben oder Anpassen, wer weiß, man wird sehen. Sollte nicht auch eine glückliche Synthese zwischen den Machern und den Denkern möglich sein? Dafür gibt es doch in letzter Zeit Beispiele.)

4. 4. 68

Ich hätte schon eher geschrieben, aber ich lag ein paar Tage im Bett, halb wahnsinnig vor Kopfschmerzen, die sich durch kein Betäubungsmittel mehr bekämpfen lassen. Wahrscheinlich war das die Reaktion auf zwei Tage Berlin, wo wir Vorstandssitzung hatten und den zweiten Abend bei Strittmatters verbrachten – übrigens einen schönen und interessanten Abend; beide, Erwin und Eva St. sind sehr herzlich und anregende Gesprächspartner. Aber ich bin eben schon seit langem in einem Zustand, daß mich jede Reise, jede kleinste Aufregung einfach umwirft; manchmal traue ich mich nicht mehr rauszugehen aus Angst – ich weiß selbst nicht, wovor – oder fange auf der Straße an zu heulen. Ich denke mir, das liegt zum großen Teil an den Sorgen wegen meines Buches, an der Beanspruchung durch irgendwelche Pflichten, denen man sich nicht entziehen kann (Schriftsteller sind nun mal »öffentliche Personen«); zum Teil liegt es auch an physischen Schwächen; ich habe nun mal so einen jämmerlichen Körper, und gegen einen lädierten Halswirbel und dergleichen Zeug kann man nicht immer durch Willensstärke aufkommen. Ich glaube auch nicht, daß eine Verschnaufpause viel Zweck hätte; ich muß erst mein Buch fertigschreiben – das ist gewissermaßen ein Wettlauf mit einer möglichen ernsten Krankheit.

Mein armes Buch! Wenn ich mich mal gesund und munter fühle, Spaß am Arbeiten habe, kommt bestimmt eine Sitzung oder so was dazwischen, durch die ich den Faden verliere. Ich habe jetzt das zehnte Kapitel begonnen, aber es hat Wochen gedauert, bis ich den Anfang hatte. Die Hälfte seiner Zeit verbringt man mit Zweifeln an sich selbst...

10. 4. 68

Vielen Dank für die Ostereier! Wie ich uns kenne, hätten wir uns ja doch nicht dazu aufgerafft, selbst ein paar Eier zu färben; wenn wir Kinder hätten oder zusammen leben würden, täten wir es vielleicht, aber so verbleibt es, und mit der Zeit vernachlässigt man all die schönen Bräuche aus seiner Kinderzeit. Aber etwas Österliches wollen wir doch unternehmen und uns ein Schauspiel ansehen, das einem nur in dieser Gegend hier geboten wird: das traditionelle Osterreiten. In Wittichenau, einem erzkatholischen Dorf in der Nähe von Hoy, werden die Osterreiter auf dem Marktplatz gesegnet, reiten dann, singend und prächtig aufgeputzt, mit Zylinder und Gebetbuch zum Kloster Rosental, hören die Messe, und zur selben Zeit reiten die Rosentaler los und haben ihre Messe dann in Wittichenau. Das also wollen wir uns ansehen, vielleicht auch am Hochamt teilnehmen. (Das habe ich schon seit Jahren nicht mehr erlebt, bloß noch in dunkler Erinnerung.)

1. 5. 68

Ich war mächtig deprimiert und bin es auch heute noch. Ich habe lange mit Jon und mit den D.s gesprochen, um meinen Standpunkt zu überprüfen. Wir sind auch kritische Leute, durchaus keine Hurraschreier, aber wir waren uns darin einig, daß wir nun mal unseren Staat vorziehen, was immer man für Einwände haben kann. Wenn man erst anfängt, sich das Unrecht vorzurechnen, das der eine und der andere Staat (und alle Länder der Welt) jemals in ihrer Geschichte

begangen haben . . ., du lieber Gott, das führt zu keinem Ende. Es ist schlimm, daß sich die Standpunkte so verhärtet haben. Ich habe Euch auch Kummer genug gemacht. Das stimmt, aber inzwischen bin ich älter geworden und habe manches eingesehen (mit zwanzig Jahren rebelliert man immer gegen die Älteren), und ich wünsche jetzt von Herzen, Euch keinen Kummer mehr zu machen.
Ich habe Euch von den Schmidts geschrieben. Was sind das für gute Menschen! Sie kommen nie ohne einen Strauß oder ein Buch oder irgendeine Aufmerksamkeit. Heute morgen war ihr kleines Mädchen hier und hat mir zum 1. Mai Blumen gebracht. Ich habe mich so darüber gefreut . . . Ich erzählte Euch von dem Bruder von Frau Schmidt, dem »Faun«, der ebenfalls in Hamburg wohnt. Gestern sagte sie mir, daß sie mir dankbar wären für die drei Abende, die ich mit ihnen und ihrem Bruder verbracht habe. Er war wohl sehr beeindruckt von mir, ich weiß auch nicht, warum; jedenfalls hält er mich nicht für einen Narren oder Psychopathen wie mein Bruder – im Gegenteil: Gerade durch unsere Gespräche und durch das, was er von mir gelesen hat, ist ihm unser Land nähergekommen. Die letzten Tage seines Besuches waren friedlicher, die Männer verstanden sich besser, weil der Faun fand, daß an diesem Staat was dran ist, wenn ein Mensch wie ich dafür ist. (Merkwürdig, was? Er findet mich klug und charmant, und ich höre das mit Vergnügen.) Ich war richtig froh, als Frau Schmidt mir davon erzählte, aber andererseits auch bekümmert, weil ich bei meinem eigenen Bruder so gar nichts ausrichten kann. Er hält mich ja für halbverrückt – durch meine Krankheit, ich meine: wegen meines Hinkens. Und durch den Umgang mit Künstlern . . . Er hat eine ganz falsche Vorstellung von meinem Leben, aber das wird man ihm nicht ausreden können.

22. 7. 68

Heute nur eine Karte, weil ich mitten in einer Szene bin, die ich zu Ende schreiben muß, ehe der Faden wieder abreißt. Am Montag war ich bei Professor S. Ich bin gesund! Ich kann Euch nicht sagen, wie glücklich ich war, als ich aus der Klinik kam.

25. 7. 68

Mir ist ein Stein vom Herzen. Nun muß ich bloß noch mal einen Tag opfern, um mir bei Dr. M. den Knoten rausschneiden zu lassen. Dieser Montag war ein richtiger Glückstag. Wir waren dann noch beim Verlag, und auch dort ließ sich alles gut an; eine neue Auflage von »Ankunft im Alltag« ist erschienen, durch die ich für einige Monate finanziell wieder gesichert bin, zwar sehr bescheiden, aber immerhin . . . Außerdem besteht der Plan, auch die anderen Erzählungen noch mal rauszugeben, in einem Band gesammelt. Inzwischen habe ich tüchtig gearbeitet, gewissermaßen beflügelt; jetzt graust mir bloß davor, die vielen zerkritzelten Seiten Rohmanuskript ins reine abzuschreiben, weil sich dabei meistens herausstellt, daß alles viel schlechter geschrieben ist, als man so im Eifer des Produzierens sich einbildet.

29. 7. 68

Von meinem Roman, dem wir den Arbeitstitel »Franziska Linkerhand« gegeben haben, liegen jetzt etwa 450 Seiten vor, aber ich werde noch ungefähr ein Jahr brauchen, bevor ich das Buch abgeschlossen habe, denn die Geschichte hat sich zu einer Art Entwicklungsroman ausgeweitet, was zu Beginn der Arbeit nicht vorauszusehen war.

Ich möchte Dich bitten, daß wir den damals abgeschlossenen Verlagsvertrag noch einmal überprüfen und, wo es sich als nötig erweist, korrigieren. Solche Änderungen sollten z. B. bei der Angabe des Termins erfolgen (neuer Termin, sagen wir: 30. 12. 69 – um vorsichtig zu sein) und des Manuskriptumfangs wegen (der mit 500 Seiten angegeben ist; es werden aber mindestens 700 – und dabei habe ich die jedenfalls sich ergebenden Streichungen schon mitgerechnet, ich meine: abgezogen).

8. 8. 68

Die Operation habe ich gut überstanden, bin allerdings wieder ein bißchen beunruhigt, weil sich während des Schneidens herausstellte, daß doch noch etwas »im Busch« ist, nämlich einige weitere Knoten (ich habe sie mir nachher angesehen), die nun wirklich nicht alle verkapselte Fäden sein können. Dr. M. schickt sie nun doch ans Institut.
Der Bürgermeister von Neubrandenburg hat tatsächlich angerufen: Am 15. September ist die Wohnung bezugsfertig.

9. 8. 68

Ich denke jetzt oft an früher, an die Zeit vor fünf und vor zehn Jahren, als wir hierherkamen. Alles schmeckt nach Abschied... Merkwürdig, wie man sein Herz an diese öde Landschaft gehängt hat, an diese unmögliche Stadt, an die Leute, an – Gott weiß was. Wenn ich denke, daß nur ein paar Blöcke in einer Sandwüste standen, als wir hierherkamen, und jetzt ist es eine Stadt von fast sechzigtausend Einwohnern, und das Kombinat ist ein riesiger Komplex geworden.

10. 9. 68

Nur ein paar Zeilen – nach langem Schweigen. Heute habe ich das Urteil erfahren, auf das ich seit Monaten wartete, in gewisser Weise auch vorbereitet war. Ich habe Krebs. Da das fleißige Tierchen Tag für Tag an seinem Werk arbeitet, bleibt mir nicht mal Zeit für den Möbeltransport nach N., ich muß sofort ins Krankenhaus (hier in Hoy, wo es einen verläßlichen Chirurgen gibt und, was beinah noch wichtiger ist, meinen lieben Herrn, den ich jetzt mehr brauche denn je und der eine wunderbare Art hat, einem Mut zu machen). Wenn Du kannst, schreib mir mal. Übrigens: Sag niemandem, was mit mir los ist; ich weiß nicht, warum, aber ich empfinde Krankheit immer wie einen Makel. Herrgott, und ich hoffte, Dich dieses Jahr noch in meinem Haus begrüßen zu dürfen... Noch eine Bitte, die freilich ein bißchen absurd klingt: Falls Du Krimis auftreiben kannst, würdest Du mir welche schicken? Ich finde Krankenhaus entsetzlich, man denkt zuviel über sich nach, und gute Bücher sind meistens traurig. Dann lieber James Bond oder so was.
Drück mir die Daumen. Ich habe Angst. Ich möchte so gern ein Held sein, aber dazu reicht's noch nicht.

11. 9. 68

Ihr dürft Euch das nicht allzu schlimm vorstellen. Da ich rechtzeitig zum Arzt gegangen bin, hat sich die Geschwulst noch nicht sehr ausgebreitet, und es besteht keine Lebensgefahr. Natürlich ist es scheußlich, so halbiert zu werden. Heute früh habe ich mächtig geheult, aber jetzt bin ich schon ruhiger. Ich bin mit der Kinderlähmung fertig geworden, ich werde auch mit dieser Sache fertig werden. Ich habe den festen Willen, mich nicht »hängen«zulassen und so schnell wie möglich gesund zu werden. Ich versichere Euch, daß es nicht gefährlich ist und daß Ihr Euch keine Sorgen machen müßt.

Und ich bitte Euch nochmals: kein Mitleid. Wenn Ihr mir ein Wort dazu sagen wollt, dann tut es später, wenn ich wieder gesund und munter bin. Für mich wäre es eine Extrabelastung, wenn ich wüßte, daß Ihr Kummer meinetwegen habt. Ich beiße mich schon durch. Für die Nächte habe ich ein starkes Schlafmittel, damit ich gar nicht erst dazu komme, mir abends im Bett den Kopf zu zerbrechen. Tagsüber bin ich ja »ausgelastet«, ich habe die Absicht, noch ein bißchen zu schreiben, auch einiges zu verpacken, damit nachher nicht allzuviel auf mich zukommt, denn eine Zeitlang werde ich den rechten Arm nicht richtig gebrauchen können. Na, zur Not kann man auch mit der linken Hand tippen. Es wird schon alles gut gehen, und ich versuche, die Nase nicht hängenzulassen. Besser so, als wenn ich es zu spät gemerkt hätte. (Ihr seht, ich habe die Reimannsche Fähigkeit, aus allem noch das Beste zu machen.)
Wehe, wenn Ihr meinetwegen auch bloß Herzklopfen habt. Ich bin zäh, auch wenn ich nicht so aussehe, und ich möchte auf jeden Fall, daß Ihr – wie ich – unseren Familienoptimismus bewahrt.

15. 9. 68

Inzwischen habt Ihr sicher meinen Brief bekommen.
Der Jon ist sehr, sehr lieb. Er verbringt jetzt jeden Abend mit mir und schleppt mich, wenn irgend möglich, in der Gegend herum. Vorgestern waren wir in Boxberg und Cottbus, und gestern sind wir nach Dresden gefahren und haben natürlich auch die Gemäldegalerie besucht. Wir leben wie die Fürsten. Jon hat mit seinem obersten Chef gesprochen, daß er in der nächsten Zeit öfter freinehmen wird, und da kam heraus, daß die Frau von seinem Chef dieselbe Krankheit gehabt hat. Also ist schon mal Verständnis und Hilfsbereitschaft von dieser Seite gesichert. Übrigens erzählte der Chef, daß seine Frau schon nach dreizehn

Tagen entlassen werden konnte, und nun habe ich natürlich den Ehrgeiz, das auch zu schaffen, und da ich eine gute »Heilhaut« und einen starken Willen habe, werde ich den Rekord vielleicht noch unterbieten.
Finanzielle Schwierigkeiten habe ich bis Weihnachten jedenfalls nicht. Der Verlag, also mein lieber Walter L., hat mir eine Beihilfe aus dem Entwicklungsfonds verschafft (dem Walter habe ich es mitgeteilt, das ist klar, wir sind ja alte Freunde), außerdem bekomme ich zu meinem – allerdings höchst bescheidenen – Krankengeld ein Zusatzkrankengeld von täglich acht Mark. Ich habe (mein sechster Sinn!) Anfang dieses Jahres eine Zusatzversicherung abgeschlossen, von der ich früher immer nichts wissen wollte. Ihr seht also, es steht alles zum besten, und der Rest ist meine Sache.

18. 9. 68

Ich bin sehr froh, daß Ihr es so aufnehmt und Euren guten Mut nicht verliert.
Eigentlich sollte ich morgen in Hoy operiert werden, aber als ich das Krankenhaus sah, bin ich völlig zusammengebrochen. So einen schmutzigen, düsteren, vergammelten Kasten habe ich noch nicht gesehen. Ich wäre einfach gestorben darin. Jon fand, es sei nicht nötig, wenn man schon so nicht gerade selig ist, sich zusätzlichen Kummer einzuhandeln, und setzte einige Hebel in Bewegung. Ich hätte ins Regierungskrankenhaus gehen können, aber dann ergab sich eine geradezu ideale Variante: Ich rief Henselmann an und fragte ihn um Rat, und er war ganz erschrocken und auch aufgebracht, weil ich nicht schon längst einen Pieps gesagt habe. Er rief sofort seinen Freund an, Professor Gummel, der eine weltbekannte Kapazität für Geschwulstkrankheiten ist und das Forschungsinstitut in Berlin-Buch leitet. Innerhalb einer Stunde war alles klar: Morgen nimmt

mich Professor Gummel in seine Klinik auf. Ich bin also in den besten Händen Europas, und wenn einer was retten kann, dann ist es dieser Mann. Natürlich wage ich nicht, auf Wunder zu hoffen, aber jedenfalls . . . Zuerst bekam ich einen Schreck und sagte Henselmann, daß ich so was gar nicht bezahlen kann, aber da wurde er ganz wild und sagte, ich solle nicht so unpraktisch sein, und außerdem leben wir in einem sozialistischen Land, wo man Gesundheit nicht kauft. Kurz und gut, auch von der Seite her scheint alles gut zu stehen. Ich schreibe Euch das extra, damit Mu, wenn sie in Hamburg von dieser Klinik erzählt, darauf hinweisen kann, daß mich das nichts kostet. Meine Freunde haben mir eine Menge Krimis gebracht, ich bin also bestens versorgt.
Inzwischen geht beruhigt auf Eure Reisen – Eure Tochter ist geradezu zu beneiden, soweit das in einem solchen Fall möglich ist.

20. 9. 68

Jon hat Hilfsaktion eingeleitet. Sakowski auch, wie ich gestern abend erfuhr, als er anrief, um mir zu sagen, daß die Neubrandenburger nach wie vor mit offenen Armen auf mich warten. Mir fiel ein Stein vom Herzen. Hatte die verrückte Vorstellung, sie wollten einen Menschen nicht haben, der so einen Knacks hat. Helmut hatte aber nur aus Verlegenheit, wie er es nannte, nicht gleich angerufen. Hatte vermutlich erwartet, ein heulendes Bündel Frau am Telefon quieken zu hören.
Inzwischen hat Henselmann mit Buch die beste Variante geliefert. Eine wunderbare Klinik, vor den Fenstern hohe alte Bäume. In G.s Zimmer hängt ein herrlicher Grundig (Original, versteht sich), ein weiblicher Akt, Leas Züge; im Hintergrund die weißlichen Geisterpferde. G. untersuchte mich mit seinen berühmten Händen, fand, es fühle sich nicht

bösartig an, sagte aber, ich solle mir keine Hoffnung machen; er muß erst die Gewebeprobe untersuchen. Natürlich hoffe ich doch auf ein Wunder, wenigstens ein ganz kleines. Der Strohhalm, nun ja. Mache mich trotzdem gefaßt auf OP. Wenigstens die Umgebung ist ein Trost; man weiß sich in guten Händen. Die Rössle-Klinik ist ja auch Forschungsstätte. Inzwischen bin ich nochmal mit Jon nach Hause gefahren und arbeite am Umzug weiter. Dienstag bekomme ich Bescheid über die Probe und so. Dazwischen liegt also noch ein Sonntag mit Jon. Ich bin glücklich über jeden Tag, der mir noch bleibt.
Vati und Mutti haben geschrieben. Sie versuchen's halt nicht so schwer zu nehmen, und in meinen Briefen explodiere ich geradezu vor Munterkeit und Optimismus.

Berlin-Buch, 1. oder 2. 10. 68

Das Ärgste ist überstanden. Professor Gummel versichert, wenn ich entlassen werde, bin ich gesund, also keine verdächtige Zelle mehr. Alles weggeschnitten. Achselhöhle völlig verstümmelt, muß erst wieder lernen, den Arm zu gebrauchen. Immerhin, ich kann schon schreiben – so unleserlich wie immer. Bin wieder ziemlich heiter, habe bloß Angst vor dem Augenblick, wenn der Verband entfernt wird. Muß ein scheußlicher Anblick sein.

29. 10. 68

Seit ein paar Tagen bin ich wieder zu Hause. Hab noch mal Dank für die schönen Bücher. Der »Chandler über Chandler« hat mir sehr gefallen; wär schön, wenn das Buch hier auch gedruckt würde; daß man über Literatur auch auf eine fesselnde oder gar spannende Art schreiben kann, würde unsere staubdürren Gelehrten sicher verblüffen.

Um von mir zu berichten: Ich bin gesund. Demnächst will ich auch den Umzug nach N. riskieren, obgleich ich schon jetzt vor Angst vergehe (oder gerade deshalb). Allerdings werden sich die Kollegen dort kümmern, da bin ich sicher, vor allem, was unseren Förster betrifft, der mir aus irgendeinem Grunde zugetan ist. (Und ich muß gleich hinzufügen, daß wir beide, Jon und ich, obgleich sehr zurückhaltend in Sachen Freundschaft, zu freundschaftlichen Gefühlen für ihn geneigt sind; er ist ein überaus interessanter Mann geworden.) Leider habe ich ihm in den letzten Wochen ein paarmal Gelegenheit gegeben, sich meinetwegen – und ohne daß ich drum bitten mußte – zu engagieren. Fatale Gelegenheiten, allerlei Gerüchte und Verleumdungen: daß ich aus meinem Buch gelesen habe, das für schädlich und negativ erachtet worden sei, daß man das Erscheinen des Buches verhindern werde. Ärgerlich, weil die Schwätzer keine Zeile meines – Du weißt ja: freundlichen – Buches kennen. Trotzdem bedrückt es mich ein bißchen, daß ich mit dieser Hypothek belastet nach N. komme, das von hier aus verständigt und vor Ansiedlung des Elements gewarnt worden ist. (Bei diesem Anlaß hat S. eingegriffen.) Bloß weg von hier! Ich muß unter andere Menschen. Ich kenne die Kollegen, auch andere Leute, Genossen, künftige Nachbarn, schon ganz gut von den vielen Besuchen in N.; Streit wird nicht ausbleiben, klar, aber man kann doch durchatmen, reden. Drück mir die Daumen, daß mir die neue Heimat ein bißchen mehr Glück beschert.

18. 11. 68

Der letzte Tag in Hoyerswerda. Sechs Uhr früh; gleich kommt der Möbelwagen. Die allmorgendlichen Geräusche, Schritte auf der Treppe, M.s überlautes Radio, B.s Husten (deutlich zu hören durch den Luftschacht), der Lärm der Baumann-Kinder.

Neubrandenburg
Dezember 1968 – Dezember 1972

16. 12. 68

Wenn Ihr mich in der letzten Woche gesehen hättet, dann hättet Ihr mir eine stille Träne geweiht: Eure frostelige Tante B. in einer eiskalten Wohnung, in eine Wolldecke gewickelt, eine Heizsonne im Rücken . . .
Inzwischen ist das Wunder geschehen: Ich habe einen Gasofen bekommen, und es ist wunderbar warm. Wenn ich vor zwei Tagen weitergeschrieben hätte, dann hättet Ihr sagen können: Siehste, wärste in Hoy geblieben! Und ich hätte Euch nur recht geben können, denn ich war wirklich ganz erfroren (einschließlich Frostbeulen an den Zehen – ohne Spaß!). Die Partei, speziell mein Nachbar Kreissekretär, hat die Rettungsaktion eingeleitet und mit Nachdruck durchgeführt. Anordnung: Bis Weihnachten muß die Genossin Brigitte warme Füße haben. Und siehe, die hat sie nun. Ich hätte nie gedacht, daß sie den Termin schaffen, aber hier geht eben alles, wenn der »Durchreißer« Müller dahintersteckt. Ich hätte in unserem Bezirk auch nicht für möglich gehalten, daß es ein so herzliches und offenes Verhältnis zwischen Schriftstellern und Funktionären gibt. Ihr wißt ja noch, was für Ärger ich andauernd hatte. Hier kommen sie zu Besuch, man trinkt, man redet miteinander, man ändert auch seine Meinung, wenn der andere die besseren Argumente hat, und man spricht über alle möglichen persönlichen Dinge. Wirklich eine schöne Atmosphä-

re. Ich fühle mich schon ganz heimisch, kenne eine Menge Leute, erobere mir allmählich die Stadt, ihre alten und neuen Straßen, die Wege über den herrlichen Stadtwall, an dem die alte Mauer mit ihren »Wiekhäuschen«, den kleinen Wächterhäusern, verläuft. Auch das Einkaufen macht hier mehr Spaß, es gibt viele Geschäfte, eine große Auswahl, vor allem bei Lebensmitteln (eine verfressene Gegend!). Das einzige, was ich vermisse: Mir fehlt einfach die tägliche Schwatzstunde mit Euch.
Worum ich Euch noch bitten wollte: Könnt Ihr mir auf irgendeine Weise ein Faß Bergmannsschnaps besorgen? Erstens wird hier erstaunlich viel getrunken (es ist zwecklos, pädagogisch einwirken zu wollen und die Leute zu Kaffee zu bekehren), und mein ganzer Vorrat ist schon alle. Zweitens hat es sich herumgesprochen, daß der Bergmannsschnaps bei der R. ein feines und sauberes Gesöff ist, und nun möchte man davon kosten. Kurz und gut, ich brauche Nachschub, und es wäre sehr lieb von Euch, wenn Ihr mir helfen würdet.

20. 12. 68

Schon vier Wochen in Neubrandenburg. Merkwürdig, kein Heimweh nach Hoyerswerda; freilich vermisse ich ein paar Leute, D.s, Schömanns, die Schmidts. Zu Anfang, als Jon wieder abgereist war, fühlte ich mich abends manchmal sehr einsam, ich hatte auch ein bißchen Angst: die Wohnung zu ebener Erde, Schlafzimmerfenster zur Terrasse, die Erkerfenster. Einmal spätabends klopften ein paar Männer ans Fenster. Todesschrecken (ich lese gerade »Kaltblütig«!), aber es waren unsere netten Möbelpacker, die wieder einen Umzug nach N. hatten, und wir tranken eine Runde, und von dem stärksten Mann ließ ich ein Fenster aufreißen. Die Fenster waren alle nach dem Lackieren geschlossen worden und nun wie zugenagelt.

21. 12. 68

Die Rettungsaktion ist abgeschlossen, der Elektroofen aus dem großen Zimmer ist in die Diele umgesetzt worden, und jetzt habe ich es auch dort einigermaßen warm.
Ich muß noch ein paar Lobesworte zu den Handwerkern sagen. Erstens sind sie – wie übrigens erstaunlich viele Leute hier – sehr freundlich und höflich, und zweitens haben sie schnell und solide gearbeitet, vor allem der Klempner. Er kam selbst, sprach ein Platt, von dem ich kein Wort verstand, und sagte, daß seine Leute kein Trinkgeld, auch keine Zigaretten oder so was nehmen; sie werden von ihrem Meister anständig bezahlt, und daß sie auch ohne Trinkgeld anständige Arbeit leisten, versteht sich von selbst. Und so war es denn auch. Kein Chaos, wie ich befürchtet hatte, sie arbeiteten mit mecklenburgischer Ruhe und Bedachtsamkeit, und nachher baten sie um Handfeger und Schippe und räumten selbst den unvermeidlichen Dreck weg. Kaum vorstellbar, was? Ich könnte Euch noch ein Dutzend Beispiele erzählen von der Nettigkeit der Leute hier, ihrer Hilfsbereitschaft und so. Von wegen stur! Jedenfalls komme ich mit allen, Handwerkern, Verkäuferinnen, meiner Postbotin, den Funktionären etc. schnell ins Gespräch, und wir schwatzen über alles mögliche. Man hat es hier nicht eilig, die Leute lassen sich noch Zeit für Gespräche und wirken nicht so abgehetzt wie in Hoy oder gar in Berlin, wo man alle zwei Minuten auf die Uhr blickt. Eben ein kleines Sibirien...
Jetzt sieht auch der Garten reizend aus, es hat ein bißchen geschneit, und der Blick aus dem Fenster ist genau das, was ich mir all die Jahre in Hoy gewünscht habe. Dazu eine himmlische Stille. Meine Nachbarn sind sehr freundlich und rücksichtsvoll (wenn ich denke, wie oft mich meine Nachbarn in Hoy mit ihren brüllenden Radios zur Weißglut gebracht haben!), und neulich haben sie mich zum Essen eingeladen. Essen und Trinken wird hier ganz groß geschrie-

ben, und die Parteileute schwärmen nicht bloß von der großen Perspektive, sondern auch von Schinken, von gutem Bäckerbrot und von Schnaps – natürlich dem Neubrandenburger »Stammarke extra«! Eine muntere Gegend, in der man noch was übrig hat für die handfesten Freuden des Lebens.

24. 12. 68

Jon ist da, seit gestern. Wir genießen – wissend, daß wir dies allenfalls ein paar Tage aushalten könnten – Familienleben, und jetzt – während drüben schon der Geschenktisch aufgebaut ist – sitzen wir in meinem Arbeitszimmer, der Jon ganz vergraben in dem riesigen Ledersessel, den ich seinetwegen angeschafft habe, lesend, und ich in meiner Arbeitsecke, also im Erker, in dem ich auf winzigstem Raum zusammengeschleppt und aufgebaut habe, was ich so zum Arbeiten brauche: Tonbandgerät und die Bänder dazu, Plattenspieler und die Schallplatten, den Schreibmaschinentisch, mein »Archiv« (all das Zeug über Architektur und Städtebau) und meine Lieblings- oder Lehrbücher, die Bibel, ein paar Bücher von Freud, »Gantenbein«, Baldwin, Braines »Weg nach oben«, Sartre . . . Eine gemischte Gesellschaft, das schon . . ., sogar meinen leicht lädierten Lieblingssessel habe ich noch untergebracht; in dem sitze ich abends und lese, manchmal übergruselt, wenn mir einfällt: im Rücken das Fenster, keine Vorhänge, die gegen einen Blick von draußen schützen. Aber gegenüber, im Nachbarhaus, kann ich das ebenfalls erleuchtete Fenster von Müller sehen, stehe also unterm Feuerschutz der Partei, notfalls.
Mir gefällt's jetzt. Verschneit ist der Garten, zauberhaft; hinterm Garten sind hohe Bäume, Tannen, Birken, Erlen, was weiß ich (und darin Hunderte von Krähennestern, und manchmal kriegen die Krähen einen Rappel und stürzen sich schwarz und schreiend über den Garten).

25. 12. 68

Verstimmt und beängstigt, weil mein Arm weh tut. Sieht aus, als wär ein Stich von der Naht aufgeplatzt. An das andere habe ich mich gewöhnt, wenn man's so nennen will. Die Schwäche im Arm, gelegentliche Beschwerden; wieso hatte ich nicht damit gerechnet? Ein halber Mensch. Eine halbierte Frau. Das Entsetzen morgens beim Aufwachen (ich träume jede Nacht von der Zerstückelung), und abends, wenn ich mich ausziehe, dieses Gefühl von Fremdheit: Ich sehe ohne Schrecken auf die Narbe. Das bin ich nicht, das kann nicht gerade mir zugestoßen sein. Es ist aber...

Vor drei Tagen zum erstenmal wieder am Buch gearbeitet. Die letzten Seiten, die ich fand, waren in der Klinik gekritzelt, auf einem Briefblock. Nicht mal schlechte Seiten, fand ich beim Abschreiben. Muß die letzten Kapitel noch mal lesen. Am liebsten würde ich was Neues anfangen, aber diese Franziska-Geschichte muß durchgestanden werden.

28. 12. 68

Vorhin sah ich, wie sich ein Vogel auf einen Zweig des Kirschbaums setzte, wie der Schnee von den Zweigen stiebte, und mir fiel ein, daß ich dies – einen Vogel auf einem beschneiten Kirschbaumzweig – seit vielen Jahren nicht mehr gesehen habe, nicht so nah und unmittelbar, schon gar nicht mit dem Gefühl, daß es mein Kirschbaum ist, von dem ich im Sommer ernten werde. Da sollte ich nun glücklich und zufrieden sein – aber ich denke an ein großes häßliches Mietshaus! Ach, es war nicht mal häßlich . . .

Hier läßt man sich noch Zeit, des langen und breiten zu schwatzen, man ist neugierig und zeigt es auch – ein dutzendmal ist mir passiert, daß ich nach einer Straße fragte und in ein Gespräch verwickelt wurde: Sie sind neu hier?

Wo kommen Sie her? Wie gefällt es Ihnen hier? Und so fort. Folgen betuliche Beschreibungen, wie man wohin gelangen kann, wo der nächste und übernächste Bäcker ist und welcher von beiden den besten Kuchen bäckt. Wirklich lustig.
Inzwischen kenne ich eine ganze Anzahl Straßen und Gassen und natürlich die alten Tore und eine Menge Leute. Und mehr Funktionäre von Kreis und Bezirk, als ich in C. in all den Jahren kennengelernt habe. Sie sind mich besuchen gekommen, haben einen getrunken, mit meinen Uhren gespielt, über alles mögliche geredet. Ach, ich wünschte, es bliebe so wie in diesen ersten Wochen.

31. 12. 68

Es war kein gutes Jahr. Für's nächste wünsche ich mir – wie immer – Frieden und – wie seit vier Jahren – ein abgeschlossenes Buch und – wie seit ich weiß nicht wie vielen Jahren – die Liebe und Treue von Jon. Und daß ich noch lebe, nächstes Jahr um diese Zeit.

1. 1. 69

Mein Genosse Nachbar, der »Zar« von N., wirkt behäbig, ist aber ungemein wendig und wach, mit einer Neigung zu Handstreichen, trotzdem kein Partisan; er hat ein Herz für die Kunst und die Künstler, um die man sich hierzulande nicht nur ideologisch kümmert, sondern auch ofenmäßig.
Außerdem, versteht sich, kloppen sie zusammen Skat, die Schriftsteller und die Funktionäre, aber dafür sind die Neubrandenburger ja bekannt, berüchtigt geradezu. Neulich war G. hier; er gab auf, er sagte, die Kerle spielen wie die Pferdehändler. Kurz und gut, ich muß Skatspielen

lernen, sonst bin ich auch mit drei Nationalpreisen ein zwar recht respektables, aber doch nicht ganz vollwertiges Mitglied der menschlichen Gesellschaft.

Also, mein Nachbar Müller. Was mir gefällt: daß er die große Perspektive sieht *und* den Alltagskram; daß er dir begeistert und mit Sachkenntnis von den Bauvorhaben, Industrien, Rechenzentren erzählt, aber auch den schönsten Weg in die Stadt zeigt – über den Wall und durchs Stargarder Tor – und Tips gibt, wo du am besten einkaufen kannst.

Auch von den anderen Funktionären, auf Kreis- und Bezirksebene, habe ich bis jetzt einen guten Eindruck. Ach, ich hatte es so satt, ich bin schon selbst von Argwohn vergiftet, freue mich zwar, wenn mich einer von diesen Leuten hier besucht, möchte aber gleich wieder meine Freude zurücknehmen, aus Furcht, enttäuscht zu werden, deutele an Sätzen herum . . ., so weit haben sie mich gekriegt – und erinnerst Du Dich, was für ein vertrauensseliges Kind ich war? Und dieser Enthusiasmus! Jeder Mensch dein Freund . . . Kurz, ich wage nicht, Dir von Land und Leuten zu schwärmen, sage nur: nach allem, was ich beobachtet habe, herrscht Freundschaft und Offenheit zwischen Kunst und Obrigkeit. Und ohne Einschränkung: Die Stadt ist schön, die architektonische Lösung – alten Stadtkern und neue Viertel zu verbinden – recht glücklich, und ich weide meine Augen, die so lange nur die Ansammlung starr gereihter Wohnblocks gesehen haben, an den Toren, der Mauer, den herrlichen Bäumen, an Backsteingotik und dem wunderbaren Giebel der Marienkirche. Jedenfalls habe ich kein Heimweh, obgleich ich auf Tränen gefaßt war, geradezu darauf wartete; nur meine Nachbarn vermisse ich manchmal und an gewissen allzu stillen Abenden das Radiogebrüll aus einer Nebenwohnung. Aber das wird sich auch geben, wenn Jon erst hier ist und wenn ein paar Kollegen nach N. übersiedeln.

Januar 1969

Mir gefällt's im *sozialistischen Weimar*. Nach all dem Klinikkram und Umzugschaos habe ich endlich wieder Appetit auf die Arbeit. Nur, der Faden ist gerissen. Arme Franziska, sie ist ja schon steinalt! Ich freue mich, daß Du nächstes Jahr wieder ein Buch herausbringst. Falls ein Belegexemplar übrigbleibt, na, Du weißt schon.
Ja, der »Wanzka«. Ein schönes Buch, das finde ich auch. Aber gehst Du in Deinen Forderungen nicht zu weit? »In meines Vaters Haus sind viele Zimmer«, und der Wellm mag neben Wogatzki wohnen (obgleich ich – subjektiv – den Nachbarn Wellm vorziehe). Manchmal scheint mir, wir müssen erst wieder sehen und respektieren lernen, daß jedes Buch das Buch eines Menschen ist, einer – im besten Fall – integren Persönlichkeit, mit ihrer eignen Art der Betrachtung. Da ist vieles verschüttet; ich merke es an der Verblüffung über den »Wanzka«, die allenthalben zu beobachten ist. Ach, man müßte über so viele Dinge sprechen!

21. 2. 69

Sehr lange habe ich auf einen Brief von Ihnen gewartet, und nun, nachdem ich ihn endlich bekommen habe, stelle ich mich tot . . . aus vielen Gründen: weil Ihr Brief mich in Verlegenheit gesetzt hat (so ein Gefühlsgemisch – aber darauf komme ich noch zurück) und weil ich an diesem verrückten Buch arbeite und weil ich meistens niedergeschlagen oder erschöpft oder mißmutig bin; kurzum: unzumutbar, jedenfalls einem Menschen, der zwanzig Jahre jünger ist als ich. Und nun haben Sie sich auch noch »erneuert« und sind, denke ich, mit aller Kraft und Phantasie wieder an der Arbeit, und ich bewundere und beneide Sie, weil Sie über diese ungebrochene Kraft verfügen und weil Sie sich in Ihrem Beruf, in Ihren Projekten verwirkli-

chen können und weil Sie aus dem vollen leben und weil Sie eine Arbeit haben, die Bejahung des Lebens voraussetzt oder einschließt oder wie immer man das nennen will.
Also dieses Gefühlsgemisch: Da war zuerst Freude über die Chancen, die die Architektur jetzt hat, und darüber, daß Ihre Entwürfe nicht bloß so »durchkommen«, sondern mit Begeisterung aufgenommen worden sind. Der Wermutstropfen: daß an der Bais zunächst mal weitergewurstelt wird wie bisher. Und während beispielsweise in Halle der schimmernde Kristall aufsteigt, werden in der Wohnsiedlung für das Kraftwerk Boxberg Häuser hingehauen, die fatal denen in Hoyerswerda (aus den Jahren 1955 und 1965) ähneln. Mir scheint, die Kluft zwischen oben und unten, will heißen: zwischen den architektonischen Spitzenleistungen, den schönen und durchdachten Bauten, und dem Üblichen, dem Massenartikel Wohnhaus, wird immer breiter. Das ist kein Vorwurf, nicht mal eine Mahnung, die an Sie gerichtet ist, sondern einfach eine Feststellung, die man auch für die anderen Künste, ganz gewiß für die Literatur treffen kann. Leere, wo die gute Mitte sein sollte . . . Übrigens ist es sehr ungeschickt, im Behauptungston so eine Frage hinzuknallen – bloß weil sie mich aus verschiedenen Gründen beschäftigt – und nicht gründlich darüber zu sprechen respektive zu schreiben…, statt mit ebendieser Frage zu warten, bis es mal ein richtiges Gespräch gibt, und Ihnen heute nur schlichtweg zu sagen, daß ich von Herzen froh bin für Sie, weil Sie nach Ihren Wünschen und Vorstellungen bauen können.
Sie dachten, ich würde Ihnen eins von meinen Büchern –? Aber die haben Sie doch – außer, vielleicht, der »Frau am Pranger«, der Geschichte, mit der ich debütiert habe. Eigentlich meine beste Geschichte, trotz Sentimentalitäten und sprachlicher Macken (als ich sie schrieb, war ich ein empfindsames Mädchen von neunzehn Jahren), dafür eine handfeste Fabel, eine richtige Leben-und-Tod-Geschichte. Als ich sie neulich noch einmal durchjätete, war ich gerade-

zu verblüfft von der traumwandlerischen Sicherheit – denn von Theorie hatte ich damals keine Ahnung –, mit der die Geschichte gebaut ist und der Konflikt vorbereitet, dargestellt, gesteigert wird bis zur endlichen Katastrophe. Ein Drama, und am Schluß liegt die Bühne voller Leichen wie bei Shakespeare. Heute kann ich es mir ja leisten, sowohl blöde Witze über das Büchlein zu machen, als auch, andererseits, den Aufbau und ebendiese unschuldige Sicherheit zu bewundern, denn jetzt lese ich es, als wäre es von einer Fremden. Im Herbst kommt die Erzählung wieder heraus, und dann werde ich mir erlauben, sie Ihnen zu überreichen.
Ja, und dann war ich entrüstet über Ihre Bemerkung zur DDR-Literatur, teils aus Korpsgeist (der natürlich kein Argument ist), teils aus Überzeugung, weil es so lesens- und beredenswerte Bücher gibt wie »Buridans Esel« und den »Wanzka«, und, nun ja, teils aus Betroffenheit, da in Ihrem Urteil dieser gewisse bittere Kern (die Wahrheit) steckt. Aber..., und mehr habe ich nicht zu bieten: keine Vorstellung, wie man, was man schreiben sollte; ich suche wie die anderen, rede herum wie die anderen, höre Reden über das große Thema, vielmehr ich höre sie nicht, höre nicht mehr zu, da die Redner selbst außerstande sind zu artikulieren, was denn diese großen Themen sind, und ich habe ein Anliegen, das ich so gut und ehrlich wie möglich vorzubringen versuche, und stecke überhaupt bis zum Hals in Möglichkeiten, guten und schlimmen.
Übrigens bin ich immer noch bekümmert über jene häßlichen Reden, die mich kränken, weil sie ungerecht sind, zumal das Detail »Lob«, über das ich seitdem oft nachdenke. Ich erinnere mich des Gefühls der Rührung, das ich hatte, als Kurt Hager sagte, die Partei freue sich über jedes gute Buch, das bei uns geschrieben wird. (Er hat es so schlicht formuliert, wie ich es jetzt wiedergebe, und vielleicht hatte man gerade deshalb das Empfinden, er habe es einem ganz persönlich gesagt.) Mir scheint, daß mein Verhältnis zur Partei zuweilen das eines Jugendlichen zu einem

strengen Vater ist, gegen den man in ständiger Auflehnung lebt, der alles besser weiß – am ärgerlichsten ist, daß er meist recht hat, aber man möchte doch, bitte schön, seine Erfahrungen selbst machen –, man spielt ihm Streiche, um hinter seinem Rücken die Zunge rauszustrecken, und dabei wartet man die ganze Zeit darauf, daß er einem für die gelungene Arbeit einen freundlichen Klaps auf den Hinterkopf gibt und sagt: Das hast du gut gemacht . . .
Ich glaube auch, daß die meisten von uns eine so heftige wie schüchterne Bereitschaft mitbringen, zu lieben und zu verehren. Dem Absoluten aber, dem Vollkommenen oder scheinbar Vollkommenen gegenüber sind sie skeptisch – obgleich wir doch unseren gewählten Vorbildern und Freunden nichts mehr wünschen als Vollkommenheit. Na, das geht alles ein bißchen durcheinander, aber Sie verstehen mich schon.
Morgen werfe ich mich auf die Hefte, die Sie mir geschickt haben, und mache Auszüge; ich glaube bemerkt zu haben, daß ich Gedanken kritischer und gründlicher aufnehme, wenn ich sie, prüfend, noch einmal für mich aufschreibe.
Gestern mußte ich aufhören. Maschineschreiben ist zur Strapaze geworden, und nach zwei Seiten komme ich mir vor wie eine Puppe mit ausgekugelten Gelenken. Aber nicht bloß deshalb... Ich kann keine Briefe mehr schreiben. Dummheiten und Klagen. Stammeln. Ich weine, ja, jetzt, während ich schreibe. Und dabei habe ich doch alles, was ich mir wünschte, als ich noch in Hoy wohnte, in diesem lauten Haus, Blick auf die ewig gleichen Wohnblocks und einen Rasen, der geschont werden muß. (Und selbst wenn man dürfte, würde man sich nicht zum Sonnen ins Gras legen – nicht unter den hundert Küchenfensteraugen.) Hier: nur die Geräusche einer nahen Baustelle, die aber nicht stören; ich höre sie sogar gern, Laute, die vertraut sind wie die grünen und roten Lichter nachts und die Rapids, die man zwischen den Bäumen sehen kann, hinter dem Flüßchen, das den Garten begrenzt. Also wunderbare Stille..., sonntags,

wenn ich allein bin, ist sie mörderisch, und ich sehne mich geradezu nach den verdammten Radios und vor allem nach meinen Nachbarn, zu denen ich auf ein Schwatzstündchen runtergehen konnte.

Wieder unterbrochen. Früher Morgen. Noch mal ein Ansatz: Diese üble Krebserei hat ganz andere als die ausgemalten Folgen, auf die ich immerhin gefaßt war. Worauf ich nicht gefaßt war: die entsetzlichen Träume jede Nacht, die Todesangst, die mich nie mehr verläßt, das Gefühl provisorischen Lebens, die Unlust, ja Unfähigkeit, weiter als bis übermorgen und gar zur nächsten Woche zu planen. Irgendwas hat sich von Grund auf geändert. Der physische Mangel..., man sieht nichts, preußische Haltung, frühzeitig anerzogen, kommt mir jetzt zustatten, und kein Mensch würde mich für beschädigt oder gar krank halten. Ein Anflug von Sonnenbräune, ein bißchen mehr Fleisch auf den Hüften: das blühende Leben. Also kein Grund für Komplexe. Gelegentlicher Schmerz und die Schwäche in Arm und Hand sind bedauerlich, aber durchaus erträglich. Was mich langsam und sicher umbringt, ist die Angst, die sich abends bis zum panischen Entsetzen steigert (und die andererseits – das ist beinahe noch schlimmer – furchtlos macht, nämlich furchtlos aus Gleichgültigkeit). Professor Gummel hat mir damals gesagt, es gebe eine gewisse Anfälligkeit dafür, daß Zellen bösartig werden, und er sagte es anläßlich eines Gesprächs über das Rauchen, also um zu warnen und abzuschrecken. Seitdem hat sich der Gedanke in mir festgesetzt, daß irgendwann, vielleicht bald, vielleicht später, die nächste Runde kommt. Dieses Wort »Anfälligkeit« wuchert und frißt um sich, und wenn ich nicht irgendeine Möglichkeit finde – ich weiß nicht, welche –, mich davon zu befreien, dann werde ich verrückt oder bringe mich um, weil ich die Angst und das Warten nicht mehr ertrage.

Lungenkrebs ist ja wohl das Nächstliegende, also versuche ich mir das Rauchen abzugewöhnen, quäle mich schauderhaft – wie sich eben Süchtige quälen, und dabei ohne

Überzeugung, weil ich mir denke, daß es ohnehin zu spät ist, nachdem ich nahezu zwanzig Jahre lang ein starker Raucher gewesen bin und, wer weiß, die »lieben Kleinen« schon an der teerschwarzen Lunge knabbern, falls sie sich nicht woanders niedergelassen haben, so daß die Entwöhnungsschinderei zu alledem auch noch überflüssig war.
Genug davon. Ich kann es doch nicht erklären, schon gar nicht verständlich machen. In einer Geschichte, ja, vielleicht (weil ich immer und trotz allem so im Beruf bin, daß ich imstande bin, mir selbst über die Schulter zu sehen, zu beobachten, zu registrieren, mit der gleichen schamlosen Neugier, mit der ich andere beobachte, aushorche, »ausschlachte«), aber nicht in einem Brief . . . Sie bersten vor Vitalität, Sie stecken voller Ideen und Pläne . . . Möglich, wahrscheinlich, daß Sie erraten und sich vorstellen können, welche Haltung, welche Art von Leben, vielmehr: Un-Leben, dieser Angst entspringt. Eine Haltung, die zum Kotzen ist.
Ich wünschte sehr . . ., manchmal so einen Sonntag, an dem man sich trifft, miteinander spricht, meinetwegen Skat spielt. (Ich kann es ja noch lernen, für den Fall, daß Ihnen mal der dritte Mann fehlt.) Sie können ganz unbesorgt sein, Sie werden kein Gejammer hören, keine traurige Miene sehen, erst recht keine bemüht heitere Miene von der Sorte »stilles Heldentum« oder dergleichen Peinlichkeiten. Im Gespräch, im Zusammensein mit Menschen ist es anders, nicht nur, weil man sich »zusammennimmt«; schwer zu sagen . . ., das gute, tröstliche Gefühl von Gegenwart . . . und die Wirklichkeit, die jeder mitbringt und in sich selbst verkörpert.

27. 2. 69

Wir hatten hier die »Festtage des sozialistischen Frühlings« (während es schneit und friert), und die Schriftsteller waren im pausenlosen Einsatz an der Kulturfront. Sehr lustig, auf

Dörfern zu lesen, wo die Leute nett und redselig sind, einen mit Kuchen und Kaffee traktieren und ganz unbefangen ihre Privatgeschichten erzählen. Es hat wirklich Spaß gemacht, zumal ich wieder besserer Laune war, seit Henselmann mir mächtig den Kopf gewaschen hat und in einem langen Gespräch derb, aber liebevoll (und liebevoll waren sogar seine makabren Witze) gegen meine Ängste gekämpft hat. Du weißt ja sicher, daß ich ebenfalls Krebs hatte.
Ich muß daran denken, daß Du früher manchmal das Gefühl hattest, Du seist schon »aus dem Rennen geworfen«, ein Gefühl, das vielleicht zeitweise durch den Preis, durch die Buchveröffentlichung verdrängt worden ist, das aber jetzt, könnte ich mir vorstellen, wieder da ist. So ist es mir auch ergangen. Genau an dem Tag, als ich hierher nach N. ziehen wollte, war die Operation, und danach dachte ich immer: Die Kollegen dort wollen dich jetzt sicher nicht mehr haben, fürchten vielleicht, sich eine Last aufzuladen, so einen halben Menschen, ein lädiertes Etwas . . . Das war scheußlich. Und der Verlag, bildete ich mir ein, wird die Hand von dir abziehen, keinen Groschen (weder im bildlichen noch im wörtlichen Sinn) für dein Buch geben . . . Aber dann war alles ganz anders. Die Neubrandenburger, das heißt Sakowski als ihr Sprecher, riefen in der Klinik an und sagten, sie warteten mit offenen Armen, und der Verlag kam mit Blumen und gutem Zuspruch, und der Schriftstellerverband bot ein Stipendium für die Arbeit an. Du verstehst, was ich sagen will, man ist nicht am Straßenrand, nicht vergessen, nicht fallengelassen, und eines Tages kann man wieder arbeiten. Ja, man arbeitet sogar intensiver als zuvor, weil man auf einmal weiß, wie kostbar Zeit ist. Und die meisten Leute, finde ich, sind freundlich und rücksichtsvoll und versuchen zu helfen, und wenn es dann die gewissen Dinge gibt, Sorgen, Ängste, Stimmungen, wo Hilfe von außen nicht möglich, manchmal auch nicht erwünscht ist – ach, da bringt man eben selber den Mut auf, oder man läßt sich mal eine Weile durchhängen. Wenn schon. Man riskiert ja doch

immer wieder die Dauer, arbeitet hin auf Dauer. Vor zwei Wochen hatte ich so einen Abend – der Jon weit weg, kein Freund in der Nähe, verschneiter Garten, köstliche, mörderische Stille, Sonntagnachmittag –, an dem ich mich beinahe umgebracht hätte. Und am nächsten Morgen habe ich Blumensamen gekauft und in Töpfe ausgesät – Lilien, von denen jeder Fachmann behauptet, daß es Laien nicht gelingt, sie zum Keimen zu bringen. Ich hab's aus reinem Trotz getan, die Lilien waren sozusagen das lutherische Apfelbäumchen für mich, und siehe da: Am letzten Sonntag entdeckte der Jon die ersten hauchfeinen grünen Stielchen in den Blumentöpfen. Vielleicht ist es bloß Unkraut, was sich da hervordrängelt. Macht nichts. Jedenfalls sind es Pflanzen.

Ich rede und rede... Sieh es mir nach. Vielleicht, im besten Fall, muntert es Dich ein bißchen auf; vielleicht findest Du es blöd und ärgerst Dich, und das ist auch nicht schlecht, weil Sich-ärgern eine gesunde Lebensäußerung ist. Was ich dir sagen wollte und in so viel Gerede eingepackt habe, das hast Du sicher verstanden, und daß mein Wunsch, Du mögest bald ganz gesund und wieder produktiv sein, von Herzen kommt, das weißt Du wohl auch.

12. 3. 69

Es ist einfach so, daß ich jetzt, unter dieser seelischen Belastung, eine Scheu davor habe, mit irgend etwas in Berührung zu kommen, was mit Sterben zu tun hat. Vielleicht empfindet Ihr das als brutal in einem solchen Fall, wo es sich um eine Tante handelt, bei der ich früher so gern war – aber es ist auch eine Art von Selbstschutz. Ich brauche mir bloß die Atmosphäre auf einem Friedhof vorzustellen, und schon fange ich an zu heulen. Entschuldigt, daß ich so viel von mir rede, aber ich werde mit meiner Geschichte innerlich einfach nicht fertig. Ich zeige es sonst auch niemandem, ich habe versucht, Euch damit zu verschonen. Nur Professor Henselmann habe ich einmal ausführlich darüber geschrieben; er ist ein verständnisvoller Freund, und seitdem ruft er mich manchmal abends an und redet eine halbe Stunde lang am Telefon, um mir Mut zu machen, auf eine Art, daß ich wieder für ein paar Tage auf der Höhe bin. Er redet mir sogar zu, zu rauchen, solange ich noch an dem Buch arbeite, es sei eine unzumutbare Schinderei, gerade jetzt in der dicksten Arbeit so eine Entwöhnungskur zu machen, und er sagt: Wenn du dein Buch geschafft hast, kannst du dann ja ruhig sterben. Das sage ich mir auch, aber wenn das Buch fertig ist, habe ich den Plan für ein neues, und dann werde ich wohl nicht so einverstanden sein damit, nun beruhigt von der Bühne abzutreten. Ach, das ist schon eine Schweinerei... Kurz und gut, ich weiß nicht, ob ich das ertragen kann, an einem Grab zu stehen, ohne daß ich einen Nervenzusammenbruch kriege oder einen Schreck, der wieder monatelang anhält und mir das Leben versauert. Nun habe ich Euch doch zu all Euren Sorgen und Eurem Kummer noch dieses ganze Zeug aufgeladen . . . Ein richtiger Held, der zur richtigen Zeit schweigen kann, werde ich wohl doch nicht mehr. Seid mir nicht böse, daß ich »ausgepackt« habe, oder, was schlimmer wäre, betrübt über Eure Tochter, die sich mit solchen Gedanken herumschlägt. Es ist nun mal nicht zu ändern. Vielleicht lerne ich allmählich, die Todesangst zu vergessen, wenn der Frühling kommt und mein Garten bestellt werden muß, und vor allem, wenn der Jon endlich hier wohnt, so daß man abends nicht allein ist.

29. 3. 69

Ich bin heilfroh, daß ich mich in den letzten zwei Wochen wieder halbwegs gefangen habe. Vielleicht, weil ich jetzt ziemlich oft Besuch habe, mal von Kollegen, mal von Verehrern (es sind nette und intelligente Männer, die mir zwar den Hof machen, aber vor allem einen Gesprächspartner suchen), und wenn mir die Decke auf den Kopf fällt, verabrede ich mich mit jemandem, und wir setzen uns in eins der netten Cafés und schwatzen und sehen uns Leute an. Das ist es ja, was ich in Hoy so vermißt habe: solche Restaurants mit Fenstern zur Straße und auf der Straße eine Menge Menschen... Am liebsten bin ich im Galeriecafé; das ist im Kulturhochhaus, also direkt an der belebten Hauptstraße, und es ist ganz modern und gemütlich (immerhin ein seltener Fall, daß modern und gemütlich unter einen Hut gebracht werden), es ist nicht überlaufen, aber auch nicht zu leer – kurz und gut, ich hätte Lust, dort mein Stammquartier aufzuschlagen und öfter die Nachmittage zu verbringen, schreibenderweise, versteht sich, denn mir scheint, man kann dort gut arbeiten. Ein einzelner Mensch im selben Zimmer, auch wenn er sich ganz still verhält, kann einen furchtbar bei der Arbeit stören, während einen das Stimmengesumm in einem Lokal überhaupt nicht ablenkt. Manche Schriftsteller haben ihre Bücher von A bis Z in einem Restaurant geschrieben. Na, mal ausprobieren. Wenn es warm wird, werde ich ja wohl doch auf meine Terrasse umsiedeln und unter einem Sonnenschirm arbeiten.

7. 4. 69

Weißt Du noch, wie ich jedes Jahr um diese Zeit gejammert habe, weil ich vom Frühling nichts zu sehen bekomme außer einem Sonnenflecken auf dem Teppich? Jetzt habe ich Lenz jede Menge, sitze heute zum erstenmal mit der Maschine und einem wackligen Tischchen auf meiner Terrasse (Terrasse – wie stolz das klingt!) und blicke auf einen verqueckten Garten, der endlich umgebuddelt werden muß. Zwei Schmetterlinge gaukeln über der Wildnis. Sehr poetisch. Die treiben ihre Liebesspiele, und unsereiner verkracht sich auf Tod und Leben mit seinem Eheliebsten . . .

Dein letzter Brief liegt nun schon seit vielen Monaten auf dem Schreibtisch. Merkwürdig, daß ich Dir nicht schreiben konnte, das heißt niemandem außer einer sehr vertrauten Freundin, vor der ich nicht Haltung zu bewahren brauche, und der Christa Wolf. Wir sind unversehens in einen Briefwechsel geraten, und sie hat mir auch auf eine schöne und kluge Art über allerlei Seelen-Widrigkeiten hinweggeholfen, auch was die Arbeit betrifft (beispielsweise durch einen – unveröffentlichten – Essay über Lesen und Schreiben), sie hat mir ihr Buch geschickt und war neulich zu Besuch hier; bei der Gelegenheit erzählte sie einiges von der Odyssee ihrer »Christa T.«, die zwei Jahre lang von allen möglichen Gremien diskutiert worden ist und nun endlich erschienen ist... Ein Buch, das zwar traurig ist (weil's traurig ist, wenn eine junge Frau stirbt, ehe sie richtig zu leben begonnen hat), aber nicht resignierend...

Apropos Sterben. Das war der Grund, weshalb ich so lange geschwiegen habe. Will heißen: die Angst vor dem Sterben. Jetzt kann ich es schon mit einem laxen Apropos erwähnen, aber all die Monate war es entsetzlich.

Vor ein paar Wochen kam der bekannte Pendelausschlag nach der anderen Seite: ein neues Kapitel am Buch (übrigens miserabel geschrieben, stellte ich gestern beim Korrigieren fest), dann Tag für Tag unterwegs, in Cafés, im Interhotel, sogar in der Nachtbar. (Sowas gibt's hier, denke Dir, eine schwüle Nachtbar, schummrig bis dunkel, zuwenig Frauen, Menge abenteuerlustiger Männer, vorwiegend schwarzbebrillte Ausländer, die herumstreifen und dabei aussehen, als ob sie koksen und Mädchenhandel betreiben – oh, mein braves, ländlich unschuldiges Neubrandenburg!)

Ab morgen versuche ich es wieder mit ehrbarer Arbeit und preußischer Haltung und spiele Schrebergärtner statt Barmieze. Das ist wenigstens gesund, wenn auch nicht kurzweilig, und ich möchte doch noch mein Buch schaffen. Möchte, nicht muß, denn kein Mensch wartet auf das Geschreibsel,

und manchmal kommt es mir vor, ich betreibe diese Sorte von Arbeit nur noch als Hobby, für mich, zu meinem Privatvergnügen... Ach nein, das ist auch bloß ein Versuch, mich selbst zu betrügen, denn wenn es stimmte, täte ich es mir nicht so schwer mit der Geschichte, würde mich auch nicht so plagen mit allerlei Gewissensskrupeln...
Früher war »Kompromiß« für mich ein Schimpfwort. Aber schweigen? Oder Gegenwärtiges ins Historische transportieren?
So, jetzt bin ich wieder umgezogen, zurück an den Schreibtisch, denn die Sonne sinkt, und es will Abend werden, o Herr, und die Stunde der Melancholie naht (denn natürlich werde ich meinem guten Vorsatz treu bleiben und mich heute nicht ins mecklenburgische Babel werfen), und gleich werde ich anfangen, Dir und mir und dem Himmel über uns blöde Fragen zu stellen, etwa der Art: Warum fehlt den Menschen immer irgendwas zu ihrem Glück – mal Geld, mal Erfolg, mal eine glückliche Liebe, mal Sonne, mal Regen? Also, dann lieber einen Schnaps und ein bißchen Musik. Der Jon hat mir eine hübsche Schallplatte mitgebracht, die London Beats. Ich hoffe, es ist kein Zeichen des Infantilismus, daß sie mir gefällt, besonders dieses »Save the last dance for me«. Von Bach zu den Beatles – so tief gesunken ist Deine ergebene Freundin. Hast du die Bücher von Bulgakow und Katajew schon gelesen? Versäum's nicht! Die heißen uns hoffen.

21. 5. 69

Gestern wieder ein herzzerreißender Abschied von Jon. Diese Trennung macht uns ganz krank. Ich bin eifersüchtig auf seine Arbeit – jedenfalls liefert sie mir den Vorwand, meinen Kummer und Zorn abzuladen. Zwei Tage sehen wir uns – ein Abschied von zwei Wochen. Die Ankunft schließt immer schon den Abschied ein . . .

3. 6. 69

Jon fühlt sich nur als Gast in einer fremden Welt: Ich habe Freunde und Bekannte in N., sie rufen an, wir sprechen über Leute, die Jon unbekannt sind, lachen über Ereignisse, von denen er nicht weiß . . .
Ach, ich kenne ihn zuwenig, noch nach acht Jahren halte ich ihn für unerschütterlich, für sicher, über den Dingen stehend (oder neben ihnen, neben sich selbst) – aber er leidet . . . Jon ist in Wahrheit der sensiblere von uns beiden, und ich bin im Kern, bei aller Angst und Unsicherheit, eine zähe, notfalls brutale Person, jedenfalls von stahlhartem Egoismus . . ., gelte dabei als freundlich, charmant, anteilnehmend, zerfließe auch wirklich vor Mitgefühl – aber jetzt verdichtet sich immer mehr der Verdacht, daß mich im Innersten nichts berührt oder nur scheint, wenn es meiner Arbeit dienlich ist. Ich möchte schreiben, nur so kann ich existieren, und, mein Gott, was ich schreiben möchte...
Das Buch muß fertig werden, das enthält wenigstens eine Spur dessen, was ich zu sagen habe, ist andeutungsweise Selbstanalyse (Befreiung?) – aber das genügt nicht, es bleibt im Ansatz stecken, zuviel Rücksichtnahme (auf mich, auf andere . . .), nicht genug Mut, die Existenz aufs Spiel zu setzen . . .
N. wird jetzt Heimat oder ist es schon. In meinem Garten blühen die ersten Blumen . . . Der Jasminbusch ist dicht belaubt, und nächstens wird die Drossel einziehen, die bisher jedes Jahr im Strauch genistet hat. Ach, und der herrliche Wall! Die Krähen sind weggezogen, dafür gibt es jetzt eine Menge wilder Tauben, die frühmorgens, schon vor Sonnenaufgang, zu gurren anfangen. Eine Lust, zwischen den hohen Bäumen entlangzugehen; im Dickicht blühen Maiglöckchen, und manchmal sieht man ganz zutrauliche Eichhörnchen.
Einmal bin ich nachts stundenlang mit B. über den Wall spaziert. Über den Wiesen war ein starker Geruch nach Heu

und irgend etwas, was ich – nach der Beschreibung in einem Gedicht von Bobrowski – Kalmus nenne. Kalmus kenne ich ja nicht. Wir gingen an der Stadtmauer entlang, an der die Wiekhäuschen kleben. Wir setzten uns auf eine Bank und rauchten. Käuzchen schrien, das klingt mir immer noch wie »komm mit«. Die Totenvögel . . .

7. 7. 69

Ab nächster Woche werde ich – jedenfalls ist es so geplant – für einige Zeit in Berlin sein; vielleicht ziehen wir uns auch, also der Regisseur und ich, in irgendein Nest in der Nähe zurück, um ungestört zu arbeiten. Zunächst machen wir einen kleinen Dokumentarfilm, mehr so ein Feuilleton oder wie man das sonst nennen will, und zwar über den Bürgersteig. Das war mal so eine nebenbei geäußerte Idee von mir, die das Fernsehen zu meinem Erstaunen sofort aufgegriffen hat. Du verstehst: so ein freundliches Filmchen darüber, wie sich die Leute auf der Straße benehmen, die sich begegnen, was der Bürgersteig für eine Stadt und ihre Menschen bedeuten kann (Kontakt, Kontakt-Möglichkeiten etc.). Also etwa das, was in Hoy fehlt mangels Läden, Lokalen, kleinen Bars usw. direkt an der Straße. Du solltest bloß mal sehen, wieviel Leute hier unterwegs sind, auch spätabends noch, wie gut sich alle anziehen: Man sieht und wird gesehen, und das ist ein Anreiz, sich hübsch zurechtzumachen. Tatsächlich, es ist geradezu auffallend, wie elegant die meisten Leute hier sind und wie modern sich die Mädchen und Jungen anziehen. Manchmal könnte man denken, man ist in Berlin.

23. 8. 69

Meine Ahnungen, meine Angst . . . Alles ist zusammengebrochen. Die ungeklärten, unausgesprochenen Widersprüche, die sich in einem Jahr angehäuft haben – alles mit einemmal. Ich bin zerstört und wund. Jon kam abends, nachts lief ich weg – um der Wahrheit nicht ins Gesicht sehen zu müssen? –, irrte in der Stadt herum . . .

Ich krümme mich vor Schmerzen. Drei Tage lang habe ich geweint und geschrien, ja, vor Schmerz. Ich bin untauglich für Jon... Ich bin zu anstrengend, er versteht mich nicht mehr...

Was soll ich tun? Ich kann nicht existieren, so, ohne Jon, mit einer zerschlagenen Seele, kaputtem Körper, zerstörtem Selbstbewußtsein. Ich will mich aufraffen, aber ich bin ausgezählt. Keine Reserven mehr. Soll ich um Erbarmen wimmern?

Und jetzt kommen alle, die Bezirksleitung, nette Leute, die helfen wollen. Jetzt, wo es zu spät ist, vielleicht, wahrscheinlich zu spät. Ich bin untauglich. Der Satz hat sich in meinem Kopf festgesetzt. Untauglich. Ich war es schon immer. Ich habe so viel falsch gemacht.

Du lebst in der Welt deiner Vorstellungen . . . Ja, ja, ja. Aber wie soll ich diese Welt verlassen, ohne dabei auch die reale Welt zu verlassen? Ich fühle mich wie gefoltert, wage mich nicht auf die Straße, manchmal kann ich nicht mehr sprechen, nur unartikuliert sprechen. Und das alles habe ich in meinem Buch geschrieben, übergenau, ohne es zu kennen – so zu kennen –, und es stimmt, es wiederholt sich an mir in grausiger Form. Ich sage immer nur »ich«. Und Jon? Wie schlimm ist es für ihn?

Ach, meine stolze Selbständigkeit! Aber wußte, spürte ich nicht immer, daß tief in mir ein zweites Ich sitzt, das verzweifelt um Hilfe schreit? Ich will nicht allein sein. Lieber sterben. Meine Arbeit? Wie kann ich denn an einem Buch weiterschreiben, das eine Liebeserklärung an Benjamin-Jon ist?

8. 9. 69

Ich bin nicht Penelope, die getreulich ausharrt, in der Hoffnung, daß ihr Odysseus irgendwann einmal heimkehrt.

Eines Tages bin ich aufgestanden und habe nein gesagt. O nein, ich bin mir durchaus nicht so sicher, wie ich vor anderen und vor mir selbst tue. Eine Art Trotz vermutlich oder so was wie Stolz – jedenfalls keine Tränen in Gegenwart anderer; ich lasse mir nichts anmerken, bin geradezu munter, tagsüber also, unter Menschen.
Man kann sagen: Ich bin mir dessen bewußt geworden, was geschehen ist. Kein Gedanke mehr an Selbstmord: Es lohnt nicht, deswegen sein Leben wegzuwerfen. Nein, ich bin noch nicht ausgezählt, obgleich ich diesmal zu Boden gegangen bin wie noch nie, so daß ich wirklich dachte, ich könnte nicht wieder aufstehen und einen neuen Tag sehen.

11. 9. 69

Ich habe einen Abenteurer geheiratet und finde einen Mann wieder, der sich nach Häuslichkeit, Kindern, einer fröhlichen, nicht anstrengenden Frau sehnt. Wie ist das möglich? Habe ich wirklich nur meine Vorstellung von ihm geliebt?
Heute, vorhin, vor knapp zwei Stunden haben wir uns getrennt. Für immer und unwiderruflich. Am Telefon. Das ist beinahe zum Lachen. So gehen moderne Katastrophen vor sich: Man sagt sich, nicht mal unfreundlich, am Telefon adieu. Nicht zu ändern. Ich bin heute zum Glück nicht in Heulstimmung und konnte ruhig sprechen.
Ich werde eine verdammt bittere Zeit vor mir haben, soviel ist sicher. Die Große Liebe ist kaputt, ich sitze in einer fremden Stadt, ziemlich allein. Gut, ein paar Freunde, aber eben nicht der eine, zu dem man gehört. Und ich bin nicht mehr jung, ich bin eine Amazone . . ., es ist schon arg.
Herrgott, und dieses Buch! Ich darf nicht drin blättern. Immer Jon (oder vielmehr: Ben), immer die Liebeserklä-

rung für ihn, für ihn, den Geliebten – eben das Bild von ihm.
Das wird ein hartes Stück Arbeit, über soviel Persönliches hinwegzukommen und eben ein Buch zu schreiben. Immerhin habe ich in dieser Woche aus meiner Verzweiflung zwei Seiten anständige Prosa gemacht. Unglaubhaft, wie man so was zustande bringt.

Diese Ruhe kommt mir unnatürlich vor. Oder ist es Befreiung, nicht Schock? Das wird sich zeigen.
Inzwischen muß ich mir immer wieder sagen, vorsagen: Ich war mit Benjamin Trojanowicz verheiratet. Ich habe eine literarische Figur geliebt.

19. 9. 69

Christa konnte ich die ganze Geschichte mit Jon erzählen mit allem, was dazu gehört. Sie bringt es fertig, auf eine Art zuzuhören und Zwischenfragen zu stellen, daß man kaum in die Lage kommt, in Tränen auszubrechen. Sie hat mich bestärkt in dem Gedanken, daß die Ehe sowieso nicht wieder zu retten gewesen wäre. Ich sei so ein Typ, der den anderen mit Haut und Haaren haben will, haben muß – eine Art Leidenschaft, die heute leider aus der Mode kommt. Merkwürdig, daß die gelassene und scheinbar kühle Christa ein so genaues Mitempfinden für die heftigen Gefühle anderer hat, für eine Liebe zum Beispiel, die Jon unheimlich und bedrohlich nennt. Sie meint auch – wie die wenigen anderen, die von der Affäre wissen oder etwas ahnen –, daß dies alles, einmal überwunden, für meine Arbeit von Gewinn sein wird. Aber glücklich werde ich nie sein – was man so unter »glücklich« versteht. Ich glaub's schon selbst.
Gestern abend – bis tief in die Nacht – war ich mit Scharioth bei Sakowski, um über den Film zu beraten, und später fingen sie an, über mich zu reden, in meiner Gegenwart. Das

war nun wirklich ein bißchen unheimlich. Zwei Männer, die einen analysieren (und sie kennen mich beide ganz gut); sie sagten, ich sei eine fabelhafte Schriftstellerin und vielleicht, wahrscheinlich würde ich mal sehr gute Bücher schreiben, aber glücklich würde ich nie sein, schon gar nicht mit einem Mann oder durch ihn, und das sei gut so: genau diese Sorte Einsamkeit und Bitterkeit, die ich jetzt erfahre, würde meiner Arbeit zugute kommen. Was für ein Beruf! Aus dem ganzen Jammer macht man ein paar Seiten anständigen Textes. Wir haben nämlich die ganze Filmkonzeption umgeschmissen und sind mit Helmuts Hilfe (der hat so ein Gespür für das, was einer kann oder nicht zu leisten vermag) auf die Idee gekommen, daß die »Klammer« für den Film der Brief einer Frau sein soll, an ihren Geliebten, der weit weg ist, vielleicht nie zurückkommt...

Das ist doch verrückt, da sitzt man, das Herz in Fetzen, und arbeitet mit daran, aus seinem Unglück eine Filmfabel zu machen. Aber vielleicht ist es nicht verrückt, vielleicht fängt gerade da die Schriftstellerei an: gewissermaßen neben dieser Frau B. R. zu sitzen und zu schreiben und noch zu lachen, wenn man sieht, wie ihre Tränen auf die Schreibmaschine tropfen. Und so ist es gut und richtig, und zum Teufel mit allem anderen.

3. 10. 69

Bitte macht Euch keine Sorgen um mich. Ich bin viel stärker, als man annimmt, vor allem, weil ich meinen Beruf habe, der mir mehr bedeutet als jeder Mann. Das beste ist, ich werde ein fröhlicher alter Junggeselle, umgebe mich mit ein paar gescheiten und lustigen Freunden und richte mir mein Leben ein, wie es mir paßt. Für den Winter habe ich schon allerhand Pläne; und keine Angst, daß ich wieder heirate – mit Ehen habe ich offenbar kein Glück, da bleibe ich schon lieber solo.

6. 10. 69

Ich habe wieder eine Brigade, Bauleute vom VEB Hochbau, und der Brigadier ist ein ganz toller Mann, ein bißchen ähnlich wie mein geliebter Meister Hanke damals im Kombinat. Also Ihr seht, man kehrt ins Leben zurück. Gott, und wenn ich denke, daß ich mich beinahe umgebracht hätte wegen dieser Geschichte!

9. 10. 69

Es dämmert, ich kann schon die weiße Dahlie im Garten sehen. Es ist noch nicht sechs Uhr. Zum erstenmal seit langer Zeit sitze ich wieder in aller Herrgottsfrühe am Schreibtisch, zum erstenmal wieder an meinem Buch. Sieg und Triumph. Ich habe die letzten zwanzig Seiten gelesen, tief erstaunt: Ich habe, bevor es geschah, aufgeschrieben, was geschehen wird. Unser ganzes Unglück ist vorgezeichnet: Da steht, was ich in der Realität nicht wahrgenommen hatte. Ich weiß schon, daß der Schluß des Buches anders sein wird, als ich geplant oder gehofft habe (gehofft, weil ich Franziska bin). Aber alles läuft ja schon seit dem Erscheinen Benjamins auf Abschied hinaus. Das letzte Wort des Romans wird »adieu« heißen. Ich bin befreit, beinahe glücklich. Ich werde wieder arbeiten.

18. 10. 69

Bin ins Bett verbannt worden – irgendeine Verletzung an der Wirbelsäule, es tut schrecklich weh, trotzdem möchte ich aufstehn, etwas tun – ich hasse es, tagsüber im Bett zu liegen, und ich hasse diesen Körper, diesen schwächlichen Körper, den meine ahnungslosen Verehrer eine »schöne Figur« nennen – ja eine Figur, eine Porzellanfigur, und zwar eine lädierte, mit hundert Sprüngen und immer wieder mühsam gekittet.

18. 10. 69

Vati und Mutti sind rührend. Es hat sich so ergeben, daß ich ihnen doch endlich von der Affäre erzählen mußte. Weiß nicht, ob ich's schon aufgeschrieben habe: Mus Reaktion, nachdem sie die Tränen runtergeschluckt hatte: »Mein armes Kind, ich backe dir einen Kuchen.« Das tat sie auch, und gleich in der nächsten Woche schickte sie wieder einen Kuchen. Und ihre Briefe! Sie ist die zauberhafteste Mutter der Welt. Übrigens nehme ich wieder zu, der Kummer bekommt mir, ich esse mehr als früher, und manchmal finde ich selber mich nahezu hübsch. Nein, hübsch war ich nie und werde es nie sein. »Toll interessant« nennt es J. Eine Zeitlang sah ich richtig verhärmt aus (und war es ja auch), dürr, mit hohlen Wangen. Jetzt könnte ich getrost wieder für dreißig oder achtundzwanzig gelten. Kein graues Haar, merkwürdig, ich hatte immer erwartet – in der schlimmen Zeit –, weißhaarig aufzuwachen. Und kein Fältchen um die Augenlider, ich hab's geprüft. Ohne die Zigaretten und den Schnaps hätte ich eine Pfirsichhaut. Was für ein toller Unsinn! Wozu schreibe ich so was? Wichtigkeit, in meinem Beruf. Trotzdem: Ich empfinde mit Genugtuung, ich werde wieder eine Frau, und es gefällt mir, wenn die Männer mich anstarren und mir nachsehen und die Jungs durch die Zähne pfeifen und wenn J. sagt, ich werde noch mit fünfzig Nietenhosen tragen können und überhaupt nie alt werden. Ach nie, alt werde ich wohl sowieso nicht; dieser lästige Körper, dieses *Gefäß* wird mir einen Streich spielen. Wenn ich nur Gefühl und Gehirn wäre – ohne den Ballast von Muskeln, Nerven, Knochen, all das Zeug, das Schmerzen haben, sich verändern, bösartig werden kann . . .

28. 10. 69

Aber ich arbeite wieder. Heute morgen war der Himmel blau, von einem tiefen unbeschreiblich schönen Blau. Da konnte ich mich auf einmal in eine Verliebte versetzen, die lachend aufwacht – lacht und weiß nicht, warum. Aber später? Was die Liebesgeschichte mit Ben betrifft – nein, da muß ich ja immerzu den Jon sehen, all die Szenen sind schon vorausgedacht, und immer sind es Szenen zwischen ihm und mir. Wie soll ich über diese Hürde hinwegkommen? Daß die Geschichte jetzt eine Wendung nimmt, ist sicher. Lewerenz war hier (und er hat frohlockt, er sagte: Du mußtest diesen Mann loswerden, um das Buch schreiben zu können), ich habe ihm eine neue Fassung erzählt, er war begeistert. Wieso »neu«? Seit ich weiß nicht wie vielen Seiten steuert es ja schon auf einen bitteren Schluß zu . . . Ich lese staunend von der Erschaffung eines Geschöpfes, erdacht, weil man es brauchte – als Bruder, als Bild, vielleicht Vorbild –, und nun der Schrecken darüber, daß das Geschöpf der Vorstellung sich selbständig macht, eine unbeeinflußbare Vergangenheit hat und »eine unerwünschte dritte Person ins Spiel bringt«. Ahnung? Oder bloß Zufall?

Herrliche Überraschung: Die Sonja Marchlewska war hier, die alte Freundin, die am Vorabend unserer Hochzeit (mit Dan, meine ich) eine Brandrede wider die Ehe gehalten hat. Diese unverwüstliche Sonitschka! Keine Ahnung, wie alt sie ist – jedenfalls immer noch schön, lebensprühend, lachlustig, heftig. Eine Fackel. Nach wie vielen schweren Jahren, Emigration, Kriege, wieder Emigration, die Zeit in der SU, als sie im Kreml wohnte (was hat sie gesehen, erfahren, erlebt?) – die darf, gelassen sich einbeziehend, von den alten Revolutionären sprechen, und man möchte sich vor ihr verbeugen, nun, ich umarme sie lieber.

8. 1. 70

Die letzte Eintragung, bevor ich nach Mahlow fahre. Bekam gestern ein Telegramm, daß ich ins Krankenhaus aufgenommen werde. Beinahe hat's mich gestört – ich war gerade wieder in der Arbeit am Buch, und es ging ganz gut voran, trotz Rückenschmerzen und gelegentlich traurigen Träumen, in denen Jon die Hauptrolle spielt.

Mahlow, 10. 1. 70

Seit gestern bin ich also hier (der Verlag hat mir einen Wagen geschickt), und vorläufig fühle ich mich todunglücklich und komme mir wie eine Witwe vor. Schon wenn man gefragt wird, wer im Notfall zu verständigen ist . . . Ich habe Eure Adresse angegeben. Na, vielleicht werde ich mich nach ein paar Tagen eingewöhnen. Aber wenn es mir zu öde ist oder wenn ich die strenge Ordnung nicht mehr ertragen kann, dann reiße ich aus, mit oder ohne Genehmigung des Arztes. Ich bin einfach kein Kur-Mensch, viel zu ungeduldig, und überhaupt ist Arbeit die beste Medizin. Zeit zum Arbeiten ist hier ja auch, aber so ohne eine einzige Zigarette – um Gottes willen! Die passen auf wie die Schießhunde, und ich fühle mich schon richtig krank ohne eine Zigarette. Und ausgerechnet an dem Tag, als das Telegramm von Mahlow kam, habe ich einen Auftrag vom »Sonntag« angenommen, über Professor Henselmann zu schreiben. Am 21. Januar muß ich abliefern. Aber erst mal schreiben . . . Seid froh, daß Ihr nie Raucher wart – ohne Spaß: Es ist eine richtige harte Strafe, wenn einem von einem Tag zum andern die Zigaretten entzogen werden.

Mahlow, 20. 1. 70

Ich habe jetzt wieder die Beauvoir gelesen. Welche politische Engagiertheit. Und wieviel stärker sind Arbeit, Beschäftigung mit Politik, Vaterland, Literatur als Intimsphäre, wieviel teilnehmender geschrieben! Allerdings, wer für die Öffentlichkeit schreibt, wählt aus und drängt zurück, was für die Öffentlichkeit weniger interessant ist (in so einem Memoirenbuch; im Roman ist das eine ganz andere Sache). Und gegen Schluß des Buches übermannt sie doch das Persönliche, das erschreckend Persönliche der Tatsache, daß sie altert. Dieser halberstickte Schrei, das Entsetzen über ihr Alter, mehr noch die sanfte, widerstrebende Resignation haben mich genauso erschüttert wie ihr Leiden an Frankreich zur Zeit des Algerienkriegs.

Mahlow, 26. 1. 70

Wenn ich manchmal meine finanzielle Situation überdenke, befällt mich eine Art Panik. Es ist ziemlich hoffnungslos. Und was das Buch angeht: Ich rede und rede und male Bilder, und alles, weil ich mich vorm Schluß fürchte – ich weiß nicht: ob vor einem folgerichtigen (und also bitteren) Schluß oder einfach davor, ein Buch zu beenden, in dem ich gewissermaßen zu Hause bin; Personen aufzugeben, mit denen ich seit Jahren lebe wie mit Bekannten oder Freunden – nein, noch intensiver, denn sie sind ja immer gegenwärtig, dauernder und heftiger sogar als ein Ehepartner. Oder ich fürchte mich, weil ich noch nicht weiß, was ich danach schreiben werde, und ein Buch beenden ist schlimm, wenn man nicht am nächsten Tag ein anderes anfangen kann.

Mahlow, 16. 2. 70

Warum bin ich bloß so schrecklich aufgeregt? Als erwarte mich wieder etwas Neues, als müßte sich plötzlich alles wenden. Eine Euphorie, die bald in sich zusammenfallen wird.

Mahlow, 16. 2. 70

Gottlob, morgen (ich habe Herzklopfen wie vor einer Premiere) fahre ich nach Hause und fange ein neues Leben an – immer mal wieder. Nein, wirklich, auf irgendeine Weise muß ich jetzt alles anders einrichten, um nicht vor Kummer zu sterben. Merkwürdig, daß ein Mann soviel Raum im Leben einer Frau einnehmen kann – und ich dachte, mir wäre die Arbeit das Wichtigste auf der Welt. Ist sie ja auch. Bloß daß sie immer mehr zum Hobby wird (in diesem besonderen Fall, mein Unglücksbuch betreffend) und über kurz oder lang sogar zum Luxus. Nächstens werde ich mir einen Job suchen, irgendeinen Nebenverdienst bei Televisions.

Abends

Vorhin holte ich gerade Luft, um zu prahlen, wie großartig ich wieder beisammen bin, und wie ich mich jetzt auf die Arbeit werfen werde und gegen alle Mißlichkeiten angehen – ja, und nun sind mir die Prahlereien im Halse steckengeblieben. Eben hat mir der Chefarzt behutsam beigebracht, daß mir auch was im Bauche wächst, aber eine böse Frucht. Na, es hat mich nicht geradezu umgeschmissen, wahrscheinlich, weil ich jetzt immer auf Arges gefaßt bin. Die sieben bösen Jahre, und zwei sind erst um, und ich will froh sein, wenn ich die anderen fünf noch schaffe. Aber dann...! Aber dann wird gar nichts sein, nicht mal arbeitsmäßig. Am liebsten möchte ich meinen Beruf aufgeben. Vielleicht hatte ich irgendwann mal einen Hauch von Talent, aber das ist alles verhunzt. Denk nicht, daß ich das Unbehagen an meinem physischen Zustand jetzt auf die Gesellschaft übertrage. Gestern früh, als ich mich noch groß in Form fühlte, habe ich mit Lewerenz am Telefon gezankt und ihm gesagt, es sei geradezu unanständig und ein schlechtes Zeichen, wenn man heutzutage mit einem Gegenwartsbuch herauskommt.

Krankenhaus Neubrandenburg, 10. 4. 70

Eben habe ich »Wem die Stunde schlägt« noch einmal gelesen, zu Ende gelesen mit einer wachsenden Bewegung, und jetzt möchte ich gern mit jemandem darüber sprechen oder ihn bloß anstoßen und sagen: Er war ein großer Mann, er ist doch ein großer Mann, der alte Papa Hemingway. Aber hier ist niemand, dem man das sagen kann. Meine Zimmernachbarinnen sind ganz umgängliche Frauen, eine Alte, die ziemlich komische Oma, die es in jedem Krankenzimmer zu geben scheint, und eine nette weichherzige Frau L., die freundliche Kleinbürgerin par excellence, und sie hat vielleicht nicht mal den Namen Hemingway gehört, trotz ihrer studierten Kinder, die aber mit Mutti über den Haushalt und die Hinterlassenschaft des verstorbenen Großvaters und allerlei Familiäres reden. Es ist ganz interessant, diese merkwürdige Intimität in einem Krankenzimmer, bloß manchmal geht es einem auf die Nerven, oder vielmehr es fehlt was – eben so ein Wort über Hemingway und über ein Buch, das ich zum zweiten – oder drittenmal lese, und wieder mit Tränen, zum Schluß, wenn Robert auf dem Hügel allein bleibt, und wegen des Vorsatzes, mal zu sehen, wie der große Alte das »gemacht« hat, und ihn womöglich zu erwischen, mit all seinem Heroismus und Stierkämpfergetue und Liebe im Schlafsack. Aber nun hat sich die Erde bewegt, sie hat sich doch wieder bewegt, und nichts mehr von Zusehen.

Krankenhaus Neubrandenburg, 12. 4. 70

Am Dienstag komme ich nach Berlin-Buch. Weiß nicht, auf wie lange Zeit. Der Oberarzt hat mir ein Einzelzimmer in der Infektionsabteilung gegeben, damit ich arbeiten kann.

In den zwei Tagen habe ich viel mehr geschafft als sonst zu Hause, vielleicht weil sich hier keine schlauen Ablenkungsmanöver austüfteln lassen. Jetzt ist Besuchszeit, und auf dem Balkon, der an der ganzen Ostseite des Hauses verläuft, gehen immerzu Leute vorbei, und sie starren ins Fenster. Es ist Sonntag. Am ersten Sonntag hier habe ich sehr geweint, weil niemand zu mir kam, aber am nächsten Sonntag kamen eine Menge Leute, und ich war aufgeregt und glücklich. Die Schmidts aus Hoyerswerda, die unveränderlich treuen Freunde (und wie gut, die sanfte Stimme dieser Frau zu hören, und wenigstens diese Menschen sind eine gute Erinnerung, wenn ich an Hoy zurückdenke). Meine lieben Eltern, die Uli mit seinem Wagen hergebracht hat, den weiten Weg. Gott weiß, daß es niemals bessere Eltern gegeben hat. Solange sie da sind, werde ich mich niemals ganz verlassen fühlen. – Die Margarete, die in gewissen Situationen einfach ein Prachtstück ist. – Die Christa, die so ein Talent hat, mit ihrem Lächeln und ihrer Christa-T.-Stimme und ihrem heiteren Ernst immer gerade dann zu erscheinen, wenn unsereiner ganz down ist.
Und vorgestern, just als ich das Heulen hatte (wegen Berlin-Buch und Schmerzen und Arbeit und so), rief sie an und sagte, ich solle die Ohren steifhalten und nicht vergessen, daß es Leute gibt, die sich Sorgen um mich machen und die wünschen, daß ich wieder gesund werde und arbeiten kann.

Berlin-Buch, 18. 4. 70

Ich möchte tausend verrückte Sachen machen, wenn ich hier wieder raus bin, und tausend Kneipen abklappern und auf der Theke tanzen und Blumen säen und an meinem Buch schreiben und eine Menge Männer abküssen und rasend schnell Auto fahren.
Abends singt Schwester Gertrud mit ihrer dünnen und sanften Altfrauenstimme fromme Lieder, sehr schöne Lie-

der, dann sagt sie amen, und dann löschen wir das Licht aus. Gestern abend war mir ein paar Minuten zumute, als ob etwas von dem Frieden, der sie erfüllt, auch in mein Herz einzöge, und ich wünschte, glauben zu können.

Berlin-Buch, 24. 4. 70

Dein Buch ist mir nachgeschickt worden, und ich bin gespannt darauf, was Du, »auf Schönwetter wartend«, geschrieben hast. Mir geht's ziemlich schlecht, seit Anfang Januar ziehe ich durch die Krankenhäuser, und jetzt bin ich wieder auf meiner Krebsstation gelandet – sogar das Zimmer ist mir noch bekannt – und werde auskuriert. Irgendeine Widerwärtigkeit in der Wirbelsäule, die jetzt mit Kobaltkanonen beschossen wird. Eine anstrengende Prozedur, und ich habe einen fürchterlichen Strahlenkater. Na, macht nichts, im Mai kann ich sicher wieder nach Hause.
Du schreibst, Du wirst mir Deine Monolog-Geschichte persönlich überreichen. Darüber würde ich mich sehr freuen. Bring ein bißchen Zeit mit. Du mußt mir ausführlich von Deiner Odyssee mit dem Wissenschaftlerbuch erzählen. Deine Art zu arbeiten flößt mir Respekt ein – so eine stetige und stetig nach oben führende Bahn, während unsereins bloß ein aufflackerndes Lichtlein war, ein Starlet der Literatur.

Berlin-Buch, 6. 5. 70

Gestern gab es das erste Gewitter in diesem Jahr. Ein paar Tage lang war es sehr warm, und ich saß in meinem Rollstuhl draußen auf der Terrasse. Die Birken sind hellgrün, und die Primeln blühen, und die Tulpen haben schon Knospen. Schade, die ganze köstliche Aufbruchzeit, den Vorfrühling, habe ich versäumt.

Bei Professor Gummel habe ich ein Einzelzimmer und kann arbeiten. Bin endlich an der Küchenszene, über die ich schon seit langem nachgedacht habe (eine erlebte Szene), aber es will mir nicht gelingen. Die Poesie, der Schwung (wenn nicht Überschwang) der ersten Liebesszenen in meinem Buch ist zum Teufel, ich schreibe trocken und gleichsam stammelnd. Der Zauber beginnender Liebe vergißt sich wie ein Schmerz, er ist nicht mehr vorstellbar – und leider muß ich empfinden, wenn ich schreibe.

Berlin-Buch, 9. 5. 70

Einmal sah ich ein Mädchen mit langem Haar und Nietenhosen. Sie war noch sehr jung und so angezogen, daß man sich gut vorstellen kann, sie hat vor ein paar Monaten noch mit den Halbstarken an einer Berliner Straßenecke gestanden und ein Kofferradio im Arm gehalten. Sie stand mit ihren Krücken im Foyer, beinahe lässig aufgestützt. Ich glaube, am meisten hat es mich mitgenommen wegen dieser lustigen Nietenhosen; das linke Hosenbein war um den Stumpf hochgeschlagen. Sie hatte Knochenkrebs.
Gestern bekam ich eine Vorladung vom Kreisgericht Hoyerswerda. Der erste Termin soll am 28. Mai sein. Für ein paar Minuten habe ich den Kopf verloren. Jetzt wird es endgültig.
Mit Hilfe von beträchtlichen Mengen Kognak überstehe ich ziemlich gut die Bestrahlungen. Die ersten Male hatte ich gräßliche Angst unter dieser Kobaltkanone. Es war gemütlich wie in einem Inquisitionskeller, Ärztin und Physiker mit Bleischürzen, während ich nackt und bloß dem Beschuß ausgesetzt war . . . Manchmal denke ich, daß ich in Wirklichkeit Krebs habe oder so eine ähnliche Scheußlichkeit; das läßt sich aus allen möglichen Andeutungen oder dem »ich darf Ihnen nichts sagen« und aus der sehr hohen R-

Dosis erraten. Wenigstens zwei Jahre lang soll ich meinen Beruf nicht mehr ausüben. Das ist lächerlich und völlig unmöglich. Womit soll ich mein Dasein rechtfertigen? Und all diese Fürsorge hier? Vielleicht ist es inhuman, ein Menschenleben weniger wert als ein anderes zu finden. Aber wenn ich diesen Aufwand an Arbeit und Geldmitteln sehe . . . für jemanden, der, roh gesagt, zu nichts nütze ist, der eben einfach bloß lebt, existiert... Wenn ich Arzt wäre, würde ich zugrunde gehen an meinen Zweifeln und Gewissensskrupeln. Wir sprechen oft über Euthanasie und ärztliches Ethos. Die Ärzte und Schwestern lehnen die schmerzlose Tötung entschieden ab, sogar Tötung auf eigenen Wunsch eines Menschen, der unter Qualen dahinsiecht. Wieviel wiegt diese Art von Humanität in einer Welt, wo Tag für Tag Hunderte und Tausende gesunder und glücklicher und unschuldiger Menschen unter Bomben sterben?

Wie immer, ich muß nach meinen Möglichkeiten tätig sein. (Aber wieviel Wert hat ein Buch, mein Buch für die Welt? Und schreibe ich aus Verantwortung – nicht vielmehr aus einer verzwickten Art von Egoismus?)

Meine lieben Eltern waren hier; sie haben mir den Vorschlag gemacht, wieder zu ihnen zu ziehen. (Die Armen, Guten, sie haben so viel Kummer mit mir!) Das Haus in der Neuendorfer Straße gehört jetzt ihnen, ich kann ein Zimmer bekommen, werde umsorgt, habe die verordnete Ruhe. Plötzlich empfand ich etwas wie lähmendes Entsetzen bei dem Gedanken, in das Haus meiner Kindheit zurückzukehren, an den Ausgangspunkt... Es käme einer Kapitulation gleich. Eine zerstörte Ehe, ein unfertiger Roman, die Flucht zurück (Effi Briest 1970). Es wäre das Eingeständnis, daß ich im Leben versagt habe. Ich glaube, Mutti hat mich verstanden (natürlich habe ich es im Gespräch anders ausgedrückt), aber Vati, der sehr nervös ist und sich um seine Gesundheit mehr sorgt als meine heitere Mutter um die ihre, hat eine ängstlichere Einstellung zu Leben und

Tod. Später habe ich die Sache – aber schon nicht mehr auf mich bezogen – mit Lewerenz diskutiert, und wir haben, wer weiß, mein nächstes Buch ausgeheckt. Ein Thema, das ich auch mit Christa viel berede (sie kommt her und versorgt mich mütterlich mit Hühnerbeinchen und kaltem Hund und Kognak und Büchern): Eine Gesellschaft entläßt junge Leute mit der hochgezüchteten Vorstellung, »draußen« sei alles aufs beste bestellt; es besteht die Gefahr – Beispiele häufen sich –, daß diese jungen Leute beim ersten ernsten Konflikt (im Privatleben; mit dieser Gesellschaft) aus den Schuhen kippen. (Sofern wir nicht schon eine Generation von Zynikern erzogen haben.)

Berlin-Buch, 5. 6. 70

Am Montag sind wir geschieden worden. F. war zur Verhandlung und erzählte, daß Jon still bis niedergeschlagen war – warum? Jetzt kann er doch, nach seinem Wunsch, wie ein einfacher Mensch leben. (So formulierte er es vor Gericht.) Gestern sprachen wir noch einmal am Telefon miteinander. Keine Spur von Schärfe. Er war leise, zugänglich und besorgt. F. hat ihm meinen Zustand in den schwärzesten Farben geschildert. Seine Stimme . . . Nachher war mir wieder ziemlich elend.

Berlin-Buch, 6. 6. 70

Morgen darf ich nach Hause, zunächst auf vier Wochen. Dann wird die Behandlung fortgesetzt. Diese ganze Rükkensache ist doch ärger als vermutet. In der letzten Woche bin ich noch mal tüchtig gequält worden. Mit irgendwelchen Spritzen, die die Abwehrkräfte im Körper mobilisieren sollen. Muß sich um injizierte Beulenpest gehandelt haben, der Wirkung nach zu urteilen.

22. 6. 70

Ein wundervoller Juni. Jeden Tag Sonne, Hitze, blauer Himmel. Die Blumen im Garten. Die ersten Erdbeeren. Eine Tigerlilie. Die Terrasse, die nachmittags im Schatten des Ahornbaums liegt. Ein Juni wie in der Kindheit, als immer die Sonne schien, jeden gesegneten Sommertag.

Berlin, 29. 6. 70

In der Vorstandssitzung. Bin zu spät gekommen und sitze vorerst am Katzentisch bei der Tür. Aber die Christa habe ich schon von weitem begrüßt und Herrn de Bruyn und Paul Wiens, die bei ihr am Tisch sind.
Irgendein Germanistikmensch mit einem Schnurrbart wie Günter Grass redet Parteiliches über Lyrik und verdonnert Selbstverwirklichung, den Anspruchshelden und Verinnerlichung als spätbürgerlich und revisionistisch und so was. Arme Franziska. An so einem Burschen wird sie sterben. Habe Max Walter im Blickfeld, er schreibt – doch wohl nicht diesen Quatsch mit?

1. 7. 70

Wenn ich manchmal grantig war, dann rechnet es mir nicht zu arg an – es war ja wegen der Arbeit und manchmal wegen der Rückenschmerzen. Zur Zeit bin ich besonders grantig, weil ich mich so entsetzlich mit meinem Manuskript plage. Tatsächlich muß ich das meiste von dem wegschmeißen, was ich in der Klinik geschrieben habe, und anderes muß ich völlig neu schreiben, und das zehrt natürlich an den Nerven. Zum Glück tut mein Rücken nicht mehr so weh, es kommt sogar vor, daß ich den ganzen Tag nichts spüre. Allerdings liege ich auch brav auf meiner Couch und kann dabei ganz

gut tippen. Ich bin heilfroh, daß Ihr mir so viel Arbeit abgenommen habt; was jetzt anfällt, läßt sich in Etappen bewältigen, und ich habe Zeit zu schreiben.
Inzwischen war ich sogar tüchtig leichtsinnig, war einmal in Berlin zur Vorstandssitzung (unser Kulturchef hatte mir seinen Wolga zur Verfügung gestellt) und habe an zwei ausgedehnten Partys teilgenommen. Die eine kennt Ihr ja; bei der zweiten bin ich auch erst am frühen Morgen nach Hause gekommen, und noch dazu mit einem neuen Liebhaber. Diesmal habe ich mich tatsächlich auch verliebt – das ist sehr hübsch (ich kann mir nun wieder richtig vorstellen, wie meiner Franziska zumute ist) und ein bißchen traurig, denn wir haben beschlossen, uns nicht wiederzusehen. Der Mann ist ebenfalls geschieden, und eigentlich gäbe es keine Schwierigkeiten, und trotzdem . . ., ich weiß nicht, ich glaube, ich habe einfach Angst, mich auf so eine Geschichte einzulassen, die ganz so aussieht, als ob sie ernst werden könnte. Vielleicht würde es wieder mit Jammer und Enttäuschung enden; ich bin wirklich schrecklich mißtrauisch und furchtsam geworden. Schade drum. Nun sitze ich eben da und denke ein bißchen an ihn und sage mir, daß die Träume und Vorstellungen schöner sind als die Realität, und meinem Buch kommt's zugute.

4. 7. 70

Heute denke ich den ganzen Tag darüber nach, nein, ich frage mich, ob ich nicht das Leben im wesentlichen bloß aus Romanen kenne. Oder mache ich aus der Wirklichkeit Romane? Was ist überhaupt mit mir los? Vielleicht schreibe ich mein Buch nie zu Ende. Wie meine Franziska: immer nur geträumt von dem, was man sein und tun soll, und die Zeit vergeht, die kostbare Zeit.
Aber gestern abend war ich sehr ausgelassen und glücklich, und ich kann wieder tanzen und habe nicht mal Schmerzen dabei. Auf dem Heimweg haben wir Rosen geklaut.

12. 7. 70

Heute bin ich ganz ordentlich in der Arbeit. Nicht tadeln wegen der Rosen! Schließlich habe ich Eurem Hochzeitstag allerhand zu verdanken – jedenfalls meine im ganzen glückliche Existenz.

17. 7. 70

Mit Henselmann habe ich eine Stunde telefoniert. Ein großes Herz und ein weiter Blick – nach vorn, immer nach vorn. Die zwei großen Probleme der Zukunft (auch schon der Gegenwart, natürlich): die Menschheit ernähren und behausen. Städtebau in hundert Jahren. Er gibt mir immer wieder die Linie, die richtige Marschroute, davon bin ich überzeugt trotz aller gelegentlichen Anfechtungen. Private Schwierigkeiten verlieren an Gewicht. Das Einfache, das schwer zu machen ist – etwas in der Art. Jedenfalls war ich wieder für eine Weile aufgerichtet. Überhaupt treten jetzt meine privaten, also diese albernen Liebesdinge in den Hintergrund.
Jetzt werde ich wieder neugierig, gierig, anderes und Neues aufzunehmen, heftig interessiert an Leben, an politischen Ereignissen. Manchmal verspüre ich wieder Hochgefühle, als wäre ich imstande, wunder was zu schaffen. Oder ist das das Übliche – Depression und Aufschwung in raschem Wechsel? Traurigkeit und Begeisterung, und immer maßlos und ausschließlich, als wäre ich noch mitten in der Pubertät.

21. 7. 70

Heute ist nun mein Geburtstag, aber ich habe keine blendende Laune, obgleich eine Menge netter Leute angerufen haben und mein Cheflektor hier war. Jetzt sitzt der C. hier, meine neue Errungenschaft. Er liebt mich zwar, aber ich bin ziemlich immun, ich meine: überhaupt gegen Liebe. Dieser verrückte C. hat mir einen Heiratsantrag gemacht. Er ist wirklich ein sehr lieber und gütiger Mensch, aber wahrscheinlich wird mir gerade das nicht bekommen. Er ist zu nachgiebig, und ich kann ihm auf der Nase herumtanzen. Na, lassen wir das Thema, es ist unschicklich – erst recht, weil er im selben Zimmer sitzt, während ich über ihn schreibe.

23. 7. 70

Frühmorgens. Endlich scheint mal wieder die Sonne, hoffentlich wird es warm nach all den grauen Tagen. Ich höre Chopin. Eine wunderbare Wiederentdeckung. Gestern den ganzen Abend die Etüden und Préludes. Enthusiastisches Entzücken und tiefe Niedergeschlagenheit. Oder habe ich mich zu sehr in meine Franziska versetzt? Ich habe den Chopin wieder hervorgesucht, weil ich seine Musik für den Kapitelschluß brauche, an dem ich schon lange herumarbeite, immerzu unterbrochen durch Leute, Liebe und dergleichen. Aber ich bin ja immer noch und trotz zehn Jahren Altersunterschied in der Lage der Franziska. Bei McCullers las ich von einem Schriftsteller, der etwa sagt, der Abstieg beginne, wenn man – nachdem man in der Jugend überzeugt war, ein Genie zu sein – sich vornimmt, ein guter Durchschnittsschriftsteller zu werden. Zweifel an meinem Beruf, meiner Tauglichkeit.
Warum brauchen Männer immer Sicherheit?
Am meisten erstaunt mich, daß mein Körper reagiert, gewissermaßen unabhängig von mir selbst. Vielleicht bloß eine physische Erscheinung. Oder es kommt daher, weil die Barriere nicht mehr da ist, diese Hemmung, weil ich eine Amazone bin. Vielleicht hat mein Körper ein besseres und dankbareres Gedächtnis als ich: an einen Augenblick, als

ich vor C. weinte. An jenem Abend, als er zum erstenmal bei mir blieb, habe ich ihm gesagt, daß ich eine halbierte Frau bin. Es fiel mir unglaublich schwer, aber die Scham und der Schrecken, die ich vor mir empfinde, waren plötzlich verschwunden, als er sagte, im Orient werden in besonders schöne Teppiche absichtlich Fehler eingewebt, damit sie nicht durch Vollkommenheit die Menschen einschüchtern, und diese Narbe sei eben mein »Webfehler«. Ein verrückter Vergleich, aber er findet mich schön und vollkommen, er erzählte von diesen Teppichen so gelassen, als wär's die natürlichste Sache von der Welt, daß man auf eine Amazone trifft, ohne einen Augenblick zu erschrecken oder abgestoßen zu sein oder Mitleid zu empfinden. Trotzdem lebe ich die ganze Zeit in Auflehnung gegen ihn, gegen die Selbstverständlichkeit, mit der er mich okkupiert, und seine Eifersucht geht mir auf die Nerven und diese Überheblichkeit der Sanften, wie die kluge Frau Henselmann es nennt, die mörderische Geduld. Mein Junggesellenleben wird ernstlich bedroht, und jetzt wird mir erst bewußt, wie sehr ich daran hänge, trotz gelegentlicher Verzweiflung an einsamen Abenden.
Ich muß morgens allein sein, wenn ich mich mit dem neuen Tag anfreunde oder verfeinde, und ich will kein Männergesicht zwischen mir und dem blauen oder grauen Himmel sehen.

9. 8. 70

Seit drei Tagen bin ich eine vorzügliche Hausfrau; zum erstenmal in meinem Leben wecke ich Obst ein. Scheint auch eine Form von Existenzangst zu sein – seit der ersten Ehe (ich weiß noch, daß ich damals öfter gehungert habe) habe ich eine Schwäche für Vorräte, Hamstern, beruhigende Reihe von Konservenbüchsen.

13. 8. 70

Morgen kommt Dorle zu mir, und wir werden die letzten Kirschen abnehmen und uns einen lustigen Tag machen, mal ganz ohne eifersüchtige Männer, und vielleicht zerre ich sie abends noch in meine Stammbar. Während ich jetzt wieder »Fiesta« lese (aus Gründen der Sprachdisziplin), finde ich mich durch Hemingway bestätigt, der sagt, daß Jockeis und Barkeeper die anständigsten Kerle von der Welt sind. (Was er über Bars sagt, will ich hier lieber nicht wiederholen, sonst denkt unsere empfindsame Mu, ich hänge jeden Abend über einem Tresen.) Apropos Kirschen: Ich brauche Frau B. nicht – ich wecke selber ein. Da staunst Du, was? Mit »Blitz« – man kann sich bloß die Pfoten dabei verbrennen. Jedenfalls steht jetzt schon eine ganze Batterie von Kirsch- und Apfelmusgläsern in der Küche – ein stolzer Anblick, bei dem J. mir sofort die Ehe angetragen hat. Ich darf ja nun wieder; das Urteil ist beschlossen und verkündet, das übrigens, soweit es mich betrifft, bedenklich nach Jagdschein klingt: exzessive Arbeitsweise und extreme Stimmungsumschwünge. Na, es ist ja was Wahres dran.
Inzwischen bin ich in Buch gewesen, und Professor Gummel hat sich sehr gefreut, daß es mir so gut geht – besser jedenfalls, als er erwartet zu haben scheint. Ich brauche auch nicht noch mal ins Krankenhaus, zu dieser Hormonumstellung, soll aber auf jeden Fall sofort wiederkommen, wenn mir irgendwas weh tut. Die Anpassungsschwierigkeiten der ersten Wochen sind auch überwunden; sie waren ziemlich schlimm, manchmal konnte ich überhaupt keinen Menschen sehen, manchmal war ich verrückt nach Trubel und Menschenmengen. Es ist schon ein merkwürdiges Gefühl, nach einem halben Jahr Krankenhaus, wo man doch behütet und isoliert ist, wieder ins normale Leben zu kommen und sich den alltäglichen Anforderungen zu stellen, noch dazu ohne einen Mann oder Liebsten, der einem wirklich seelischen Halt gibt, von dem ganzen praktischen

Kram zu schweigen. Und es ist einfach eine Sensation, nach so langer Zeit (schließlich lag ich ja schon seit Oktober vorigen Jahres hilflos und von Schmerzen geplagt in meiner Wohnung herum) wieder nahezu unbeschwert über die Straße und in Restaurants und überhaupt unter Menschen zu gehen; das kann einen (ohnehin labilen) Menschen schon mal für eine Weile aus dem inneren Gleichgewicht bringen. Aber jetzt hat es sich wieder eingependelt, ich bin fleißig und rechtschaffen und gehe jeden Morgen um halb sechs zum Milchwagen, falls ich nicht die Zeit verschlafe, weil ich ziemlich oft Gäste habe, und zwar anstrengende Gäste, große Diskutierer, Schreiber und Maler und dergleichen Gelichter.
Seht mir meine Geschwätzigkeit nach. Wenn ich mit meinem Buch nicht vorankomme, schreibe ich zu lange Briefe.

16. 9. 70

Jetzt habe ich wirklich ein Verhältnis, übrigens das erste, seit ich mich von Jon getrennt habe, und zum erstenmal bin ich auch etwas verliebt, wie es aussieht, wenn auch mit Skepsis und Vorbehalten und tiefem Mißtrauen und einer ständigen Furcht vor Enttäuschung. Ich meine: Ich wage noch nicht, wirklich ein tieferes Gefühl aufzubringen, und es ist durchaus möglich, daß diese neue Beziehung gerade daran scheitern wird, abgesehen davon, daß mein Partner auch ein schwieriger Bursche ist, auch sehr skeptisch und eigentlich überhaupt kein Gefühlsmensch und überdies ein Mecklenburger, wie er im Buche steht, langsam, dickköpfig, geizig mit netten Worten usw. Er ist Arzt. Wir haben uns zufällig im Hotel kennengelernt, durch einen anderen jungen Arzt, der bei mir öfter zu Hausbesuchen war und meine Bücher kennt, und haben einen Abend zusammen getrunken und geredet, wie es sich nun mal so in Restaurants ergibt, und ich dachte, damit wäre die Sache erledigt (was

mir übrigens ein bißchen leid tat, denn er hatte mir gefallen). Aber am nächsten Tag kam er mich besuchen und von da ab jeden Tag gleich nach Dienstschluß, und wir haben halbe Nächte durch geredet und uns allmählich kennengelernt. Äußerlich ist er das genaue Gegenteil von mir – massig, blond und blauäugig –, und innerlich sind wir auch sehr gegensätzlich, aber wahrscheinlich wirkt gerade das anziehend. Zuerst hat er sich in meine Augen verguckt, dann merkte er, daß man mit mir auch diskutieren kann. Er ist Junggeselle und jünger als ich, aber das weiß er nicht, weil er denkt, ich wäre höchstens dreißig. Mal sehen, wie sich die Sache entwickelt; wie gesagt, ich bin auf der Hut.
Vorläufig braucht Ihr Euch also keine Sorgen zu machen, ich bin ein braver Mensch, und wenn ich eine Weile mit meinem Doktor zusammenbleiben würde, wäre es sehr hübsch, und wenn es schiefgeht, sterbe ich auch nicht daran. Man freut sich halt über jeden freundlichen Tag.
Eben hat mein Doktor angerufen, er muß jeden Augenblick hier sein. Ich freue mich riesig.

24. 9. 70

Ich bin so durcheinander, daß ich gar nicht richtig schreiben kann: schwachsinnig vor Glück. Bin ich noch glücklich? Ich weiß nicht. Auf einmal meldet sich wieder die Angst und die Skepsis, und die Sätze tauchen auf: Das wiederholt sich nicht. Alles hat seinen Preis. Keine Euphorie ist von Dauer. Auch meine natürlich nicht. Diese Woche, in der wir hier zusammen gelebt haben, die wiederholt sich nicht.

Plau am See, 29. 9. 70

Vorhin dachte ich über die Anpassungsfähigkeit der Frauen nach. Mit einem Snob bin ich versnobt, mit einem Dekadent traurig, mit einem Physiker hätte ich vermutlich die Feldtheorie für das größte geistige Abenteuer gehalten – mit meinem geliebten dicken Doktor fahre ich Motorrad und wandere durch die Wälder und lerne wieder Pilze kennen und begeistere mich an der mecklenburgischen Landschaft, weil sie die Landschaft seiner Kindheit ist. Aber vielleicht ist dies alles, was ich hier tue, ein Ausflug zurück in Kindheit – ein versuchter Ausflug, der ewig wiederholte Versuch, den mich die Sehnsucht nach Geborgenheit unternehmen läßt. Und jetzt fühle ich mich zum erstenmal nach langer Zeit geborgen, aufgehoben, beschützt an der breiten Brust meines Geliebten. Gestern habe ich ihn mit einem russischen Ofen verglichen, und irgendwas in der Art ist er auch, breit und warm und sehr russisch, aber russisch ohne Dostojewski: keine Dämonen, keine Finsternis, keine zerrissene Seele. Ach was, wozu analysieren, über Unkompliziertheit und die möglichen Schwierigkeiten im Umgang mit einem unkomplizierten Menschen nachdenken? Er ist, wie er ist, und so ist er gut, und für mich ist es gut, und ich bin zu Hause. Wie lange?

Plau, 2. 10. 70

Das Glück bekommt mir nicht.
Im Grunde fürchte ich, scheint mir, ich könnte irgend etwas für meinen Beruf sehr Wichtiges verlieren. Satt werden, befriedigt sein, einen guten Mann zu haben, der abends zu mir nach Hause kommt und sich ausruhen will . . . Aber wenn ich sein Lächeln sehe, sein liebes, halb verschmitztes, halb verschämtes Jungslächeln . . ., er lächelt und sagt, eine Frau wie ich könne einem Mann nie über werden. Aber Jon bin ich über geworden, und jeder, mit dem ich es zu tun hatte, hat auf seine Art unter mir gelitten.
Nein, es kann nicht gut gehen. Ich bin sehr verwirrt. Rudi ist zu gut und zu gradlinig für mich. Die Verrückten und Angeschlagenen kann ich besser verstehen. Trotzdem pla-

nen wir Zukunft, wenigstens nahe Zukunft, denn weiter mag ich nicht denken. Der Sakowski hat an dem Abend, als wir zusammen an der Premierenfeier unseres Verbandes im Klub teilnahmen (Premiere von drei Büchern: Margaretes, Jochens und Lindemanns) – der S. also hat, als R. einen Augenblick den Raum verließ, zu mir gesagt: »Der ist gut, Brigitte, der ist gut für dich, und den halt fest.« Aber ich habe kein Talent, jemanden festzuhalten, taktisch klug zu sein, einen Pflock zurückzustecken, wie man so sagt.

13. 10. 70

Gott, ich habe ein Talent, mir und anderen das Leben schwer zu machen! Gestern nacht lange Auseinandersetzung über Ehe, Glücksmöglichkeit, Dauer – ich glaube nicht an Dauer, mißtraue unserem Glück. Ich bin zu alt für ihn und zu bitter und zu wenig interessiert an Familie und Häuslichkeit und friedfertigem Leben, obgleich ich mich so sehr danach sehne. Übrigens weiß ich nicht, ob das stimmt. Wenn ich Frieden habe, suche ich Unruhe; wenn ich Unruhe habe, möchte ich Frieden an einer guten, starken Schulter.

30. 10. 70

Die Abende vergehen plötzlich rasend schnell, wir kochen und essen ausgiebig Abendbrot und schwatzen..., ich komme längst nicht mehr dazu, an einem Abend noch zu schreiben, sei es nur einen Brief, und ich habe kein Buch mehr gelesen, jedenfalls nicht zu Ende gelesen, kann mich auch nicht auf anspruchsvolle Bücher konzentrieren. Ich fange an, diese Art Bücher und überhaupt Lesen zu vermissen – früher habe ich drei, fünf Bücher in einer Woche lesen können, und ich brauchte das. Brauchte ich es wirklich?

Was versäume ich? Wozu muß ich unbedingt die Gegenwartsliteratur kennen, womöglich sehr gut kennen, und einen Haufen Bücher aus Pflichtgefühl lesen, obgleich ich ohne sie genauso gut leben könnte? Für die zwei oder drei Seiten in einem mittelmäßigen Buch, die Neues oder Schönes enthalten . . . Warum läßt mein Interesse nach? Irgendein Prozeß geht vor sich, ich weiß nicht, ob diese beginnende Änderung in Lebensanschauung (und Lebensweise) nur damit zusammenhängt, daß ich mit einem Mann lebe, der nicht einfach zu Besuch hier ist, wie es sogar mein letzter Ehemann war; einem, der sich nicht abends in seine Wohnung, seine eigene Junggesellenhöhle zurückzieht. Doch, sicher, das ist eine tiefgreifende und ganz unerwartete Umstellung.

4. 11. 70

In einer halben Stunde fahre ich nach Berlin, zur Untersuchung nach Buch. Auf dem Rückweg werde ich Rudi abholen. Gottlob, daß er dann wieder bei mir ist. Ich komme um vor Schmerzen, aber in seiner Gegenwart wird es bestimmt nicht mehr so arg sein, oder jedenfalls werde ich weniger Angst haben.

7. 11. 70

Professor Gummel war wieder wie ein Vater. Ein großer Chirurg, der sich soviel Güte und Mitgefühl bewahrt hat – oder hat er sie gewonnen im Lauf der Jahre? Kann ein Mensch sich diesen Zuwachs an Anteilnahme leisten, je mehr andere er leiden und sterben sieht?

11. 11. 70

Ich wollte Euch nur sagen, daß am Sonntag um 13.30 im 1. Programm des Fernsehens unser Neubrandenburger

Film noch einmal gesendet wird. Vielleicht habt Ihr Lust, Euch das Werkchen Eurer Tochter anzusehen.

14. 12. 70

Etwas Neues gibt es nicht mitzuteilen. Der Heiratsplan ist ja auch nicht so neu, jedenfalls kommt es mir jetzt so vor. Natürlich ist es ein Risiko. Erstaunlicherweise reden uns auch seine Kollegen zu; aus irgendeinem Grund mögen sie mich alle sehr gern, und sie kommen oft her und schütten mir ihr Herz aus, wenn sie was bedrückt. Aber das kenne ich ja von genug anderen Leuten: Immer bin ich jemandes »seelischer Papierkorb« gewesen. Die Christa hat mir neulich gesagt: mindestens so wichtig wie meine Schreiberei sei meine Art, für andere dazusein; ich hätte viel mehr Leute beeinflußt und in ihr Leben eingegriffen (und zwar positiv), als ich selbst wüßte. Und wenn die kluge Christa so was sagt, muß ja was dran sein.
Wozu über eine Zukunft nachgrübeln, die im dunkeln liegt? Wozu eine Menge Pläne machen, die dann plötzlich durch irgendeinen Schicksalsschlag, eine Krankheit oder sonstwas, über den Haufen geworfen werden? Man kann eben nur hoffen, daß es gut geht und daß es recht lange gut geht. So viel ist jedenfalls sicher, daß Euch Euer neuer Schwiegersohn sehr gefallen wird.

14. 12. 70

Merkwürdigerweise gewöhnt man sich an den Gedanken, ein womöglich kurzbefristetes Leben zu führen: Es ist nicht mal eine dramatische Situation, der Alltag geht halt so weiter, wir gehen einkaufen, planen Sommerferien, haben die üblichen Geldsorgen . . . Wahrscheinlich liegt es auch an dem ständigen Umgang mit Ärzten; sie haben ganz andere Schicksale zu bieten, und der Tod, auch der eigene Tod, hat keine Schrecken für sie, und nach einem Tag im OP finden sie weder Bücher noch Schriftsteller noch deren Probleme sehr wichtig, und da wir ohnehin erzogen sind, uns wie unartige Kinder oder Geranien am Podium zu fühlen, habe ich tatsächlich oft ein schlechtes Gewissen, wenn ich abends mit meinem Eheliebsten und seinen Freunden zusammen bin, die sich tagsüber damit beschäftigt haben, menschliches Leben zu erhalten, während ich über einem Blatt Papier über den Sinn des Lebens meditiert habe.

14. 12. 70

Jetzt fühle ich mich zum erstenmal in Sicherheit, und das ist schön und gefährlich. Ich lasse mich gehen. Irgend etwas muß geschehen, damit ich wieder aktiv werde und nicht mehr so schlaftrunken bin vor Glück und Geborgenheit.

25. 12. 70

Verstehst Du, was das für mich bedeutet: nicht »untauglich« zu sein als Frau, jemanden glücklich zu machen, daß er mehr Spaß an der Arbeit hat und mehr schafft und sich darauf freut, nach Hause zu kommen . . . Manchmal denke ich, mein Glück besteht vor allem darin, ihn zu sehen, wie er mit seinem strahlenden Jungslächeln heimkommt und morgens mit diesem strahlenden Lächeln aufwacht und sich auf den Tag freut, weil er mit Küssen und Kaffee und Parlamentsdebatten über so ernste Dinge wie Milchholen und Speckhamstern beginnt (denn eigentlich spielen wir das alles ein bißchen, Haushalt und solchen Kram).

Jetzt macht es mir Spaß, mit dem Dicken zu planen und an unserer Wohnung herumzurenovieren – all die Zeit hatte ich

es eben so hingehen lassen, provisorisch, für ein provisorisches Leben. Du weißt, wie das ist: zu denken, daß vielleicht nicht mehr viel Zeit bleibt. Trotzdem schreibst Du. Trotzdem fischst Du die »netten Sachen« aus Deinen Arbeiten heraus. Ein Apfelbäumchen pflanzen am Tag vorm Weltuntergang. Ich bin von Herzen froh, daß Du dabei bist, Deine Stecklinge zu sortieren und sachte auszupflanzen; den Untergang wollen wir gelassen abwarten. Ich verstehe jetzt, warum die Ärzte einem nicht sagen, wie's wirklich steht. Erstens: Es gibt kaum einen Menschen, der ein befristetes Leben erträgt, ganz ohne heimliche Hoffnung. Zweitens: Es gibt kaum einen Arzt, der – bis zum letzten Atemzug seines Kranken – die Hoffnung aufgibt, gerade heute könnte ein Wunder geschehen, das Heilmittel entdeckt werden.
Genug von Krankheit! Was Lustiges: Vor ein paar Tagen haben wir uns offiziell verlobt. Nun kannst Du mal lachen über eine nicht mehr taufrische Person, die sich nach drei Ehen zum erstenmal verlobt.

25. 12. 70

Warum gibt es diesmal nicht den alljährlichen Kurzbericht? Was ist mit Deinem Roman? An meinem wird immer noch gestrickt, schamvoll langsam, und ich werde von Schmerzen geplagt wie Hiob – trotzdem ist meine Seele heiter. (Warum habe ich mich nicht mein Leben lang in dicke Männer verliebt, mit runden Köpfen und die nachts gut schlafen?) Ein ganz neues Silvestergefühl. Keine Furcht, etwas versäumt zu haben. Bei Ärzten lernt man, das Bücherschreiben nicht für die wichtigste Beschäftigung der Welt zu halten. Trotzdem: Es lebe die Literatur, auch die ungedruckte!

4. 2. 71

Nun kann ich Dir bloß ein paar Zeilen schreiben statt des gebührend üppigen Briefes. Ich bin wieder ins Bett verdammt und möchte vor Schmerzen heulen wie ein Wolf. Mein lieber Mann pflegt mich mit engelhafter Geduld (ein dicker blonder Engel), aber ich muß doch wieder nach Buch. Wieder diese Tortur . . .

Berlin, 8. 3. 71

Der erste Gruß geht an Mu, weil heute Frauentag ist. Vor allem wünsche ich Dir (und uns allen; ich meine: auch in unserem Interesse), daß Du ein bißchen vernünftiger wirst und Dich mehr an Deine Diät hältst. Wir haben jetzt zwei Ärzte in der Familie, und sie finden beide, daß Du Dich unmöglich benimmst und wissentlich Dein Leben verkürzt. Auch Vati muß ich nochmals dringend mahnen: Nimm alles leichter, reg Dich nicht so auf, Du versäumst nichts, was wichtiger wäre als Deine Gesundheit. Wir wollen doch noch recht lange unsere Eltern behalten, denkt daran und lebt danach!
Von mir gibt es Erfreuliches zu berichten: die Strahlen helfen, die Schmerzen lassen nach, und ich hoffe nur, daß Professor Gummel mir bald, möglichst noch diese Woche, den Bauch aufschneidet, damit ich schnell wieder nach Hause kann. Haltet Euch wacker!

22. 6. 71

Ich hoffe, Du hast Dich einigermaßen erholt, trotz dieses preußischen Medizinmannes. Gott, die Ärzte . . .
Ich wollte Dir nach Friedrichsbrunn schreiben, aber es ging einfach nicht; all die Zeit, seit ich aus der Klinik zurück bin,

konnte ich keine Zeile mehr formulieren, sehnte mich nach meinem Krankenhaus zurück, den weißen Kitteln, der Nichtverantwortung, dem Nichtalltag mit seinen Anforderungen, kurz, nach all dem Zauberbergischen, das so eine Klinik hat. Aber nun arbeite ich wieder richtig – und dann wird mich wahrscheinlich das gleiche Geschick ereilen wie Dich: Änderungen, Streichungen, womöglich neue, überarbeitete Fassungen. Daran mag ich noch gar nicht denken. Aber ich kann mir zu gut vorstellen, wie Dir zumute ist, wenn Du jetzt nach all den Jahren der Arbeit das Buch überliest. Die Freude, die Ansprüche an einen selbst, die Erwartung sind sowieso zum Teufel, wenn man endlich Korrektur liest; wieviel schlimmer, wenn es sich dann noch um so ein amputiertes Werk handelt. Trotzdem: Ich wünsche Dir sehr, daß es ein Erfolg wird. Das Vorinteresse hast Du erstens wegen des Mädchens Ann und zweitens, weil es ein Gegenwartsroman ist. Nach allem, was ich von den Leuten höre, warten sie sehr auf Gegenwartsbücher; vielleicht zur Selbstverständigung, in der Hoffnung auf Fragen, die sie angehen, womöglich Antworten.

9. 8. 71

Du kannst Dir gar nicht vorstellen, wie merkwürdig es für mich war, Deinen Brief zu lesen und von Leuten zu erfahren, die man nun jahrelang nicht gesehen hat, und sich auszumalen, daß Deine Kinder nun beinahe erwachsen sind und sich so oder so entwickelt haben. Ich habe sie alle noch so in Erinnerung, wie sie damals waren, als ich nach N. gezogen bin, und für mich hier ist die Zeit in Hoyerswerda gewissermaßen stehengeblieben, wie ein Bild, das gemalt ist und fertig und sich nicht mehr verändert. Aber gleichzeitig lebe ich mitten in dieser Stadt von damals und in dem Haus und unter den Menschen, wie ich sie damals kannte, denn ich schreibe immer noch an dem Buch und nehme das meiste

aus der Wirklichkeit, bestimmte Dinge, die sich mir ganz fest eingeprägt haben, so sehr, daß ich Eure Gesichter zeichnen könnte oder Deine oder meine Wohnung und die Lampen abends und bestimmte Straßen... Ich habe selten so empfunden wie jetzt, was für ein schrecklich zwiespältiger Beruf die Schriftstellerei ist: Man lebt gleichzeitig in der Vergangenheit und in der Gegenwart, und manchmal kommt mir die Welt um mich herum so unwirklich vor, und ich weiß nicht, ob ich träume oder wache. Vielleicht kennst Du das Gefühl – wenn man alte Briefe oder Tagebücher liest, stundenlang, und hinterher ist man ganz »düsig« – wie sie hier in Mecklenburg sagen – und braucht eine Weile, um in die Gegenwart zurückzufinden. In solchen Augenblicken wird mir so bange, daß ich schnell jemanden anrufen muß, um eine Menschenstimme zu hören, einen Kollegen oder am besten meinen Mann, der immer so ruhig und gelassen ist und solche Stimmungen gar nicht kennt, obwohl er als Student selber Gedichte geschrieben hat. Das vergeht einem wahrscheinlich, wenn man Tag für Tag so viele Leute zu behandeln hat und abends noch wissenschaftliche Literatur durchackern muß (und womöglich einen Haufen Belletristik, den einem das schreibende Weib in die Hand drückt, denn natürlich möchte ich gern, daß wir uns auch über neue Bücher unterhalten können und nicht bloß über Schutzimpfungen und Hygiene und irgendwelche interessanten Gallen und Lebern). Wenn ich ihn »Dicker« nenne, ist das eine zärtliche Übertreibung – er war früher ein guter Sportler und Rettungsschwimmer und schwimmt heute noch wie ein Delphin und schlägt alle, die es auf eine Wette mit ihm ankommen lassen.
Ich bin zur Zeit völlig erschöpft. Die Operationen habe ich mit soviel Bravour überstanden, aber die Folgen . . ., nein, manchmal habe ich es satt, und ohne meinen lieben Mann hätte ich mich wahrscheinlich schon in aller Stille davongemacht. Das Schlimmste ist zur Zeit die Arbeit. Ich habe meinem Verlag mein Ehrenwort gegeben, daß ich Weih-

nachten mit dem Roman fertig bin, denn sonst komme ich erst 1973 in die Druckerei, dort dauert es ein weiteres Jahr, und wenn ich Glück hätte, würde das Buch 1974 erscheinen. Dieses Unglücksbuch! Ich könnte schon längst am nächsten Buch sitzen, aber nun muß ich erst mal zusehen, daß ich dieses endlich schaffe. Du, das kann ich Dir sagen: Wenn das Buch fertig ist, werde ich erst vier Wochen lang schlafen, dann vier Wochen lang saufen, und dann – ach Gott, vermutlich werde ich dann ein neues Buch anfangen, und die Schinderei beginnt von neuem. Man braucht das verfluchte Schreiben eben wie die Luft zum Atmen, nichts dagegen zu machen. Mit Dan telefoniere ich öfter; er ruft immer nachts an, ist noch so ein Nachtarbeiter wie früher. Ich bin heilfroh, daß wir uns so gut verstehen und auf faire Art und Weise auseinandergegangen sind. (Daß ich der schuldige Teil war, habe ich tausendmal bedauert, das kannst Du mir glauben.)
Ich muß schleunigst an meine Arbeit zurück, sonst schaffe ich mein Pensum nicht. Nun bin ich gar nicht auf Deinen Brief eingegangen, wie sich das gehört. Mein armes Mädchen, Du hast auch einen Haufen Kummer . . . Entschuldige, daß ich immerzu von mir erzählt habe.

20. 8. 71

Wir haben jetzt öfter mal Streit, das heißt, meistens versinken wir dann in Schweigen, und jeder zieht sich in sein Zimmer zurück. Wahrscheinlich liegt es einfach daran, daß wir beide so überarbeitet sind – oder ist es in jeder Ehe so, wo beide Partner arbeiten und dann noch den Haushalt zu bewältigen haben? Bei Dorli ist es ja genauso und bei allen Bekannten, die wir haben. Meistens trägt die Frau ja doch die Hauptlast, weil die Männer die tausend Kleinigkeiten des Alltags einfach nicht sehen und sich nicht mal wundern, wenn alles in Ordnung ist und wie am Schnürchen läuft; sie

merken gar nicht, daß wir die Heinzelmännchen sind, die ihnen andauernd nachräumen oder so. Vielleicht kommt auch dazu, daß einem bestimmte Gewohnheiten des anderen, die man zuerst bloß komisch fand, allmählich auf die Nerven gehen – von der Überschwemmung im Badezimmer bis zu Geldfragen. Schwierig ist es schon, mit so einem alten Junggesellen fertig zu werden, zumal wenn man selbst jahrelang wie ein Junggeselle gelebt hat und seine lieben Gewohnheiten hat. Aber denkt ja nicht, daß ich mich beklage oder enttäuscht bin – es handelt sich um ganz normale Schwierigkeiten, die es in jeder Ehe – und sicher auch bei Euch – zu bewältigen gibt.
An Neuigkeiten habe ich sonst nichts zu bieten; es ist eben jeden Tag dieselbe Plackerei, und alles dreht sich um das Buch; wenn diese verrückte Arbeit abgeschlossen ist, werde ich wieder anders leben und Zeit und Gedanken für anderes als für meine Franziska haben.

21. 9. 71

Ich danke Dir schön für Deinen – Euren – Gruß von der Ostsee. Daß wir ewig nichts voneinander gehört haben, ist mir erst anläßlich Deiner Karte bewußt geworden. Ich würde Dir so gern einen richtigen langen Brief schreiben oder, noch besser, mal ausführlich mit Dir sprechen – unmöglich.
Ich weiß nicht, was mit mir passiert ist, und mein Psychiater, der mich geduldig auseinanderpolkt, kommt auch nicht dahinter – jedenfalls lebe ich seit Monaten in einem merkwürdigen Dämmerzustand. Kann nicht mehr schreiben, nicht viel lesen, keine Buchseite aufnehmen, wage nicht mehr auf die Straße zu gehen, mit Leuten zu sprechen, habe dabei panische Furcht vorm Alleinsein, das Gefühl, mich in einer abstrakten Welt zu bewegen.
25. 9. Schon wieder ein paar Tage außer Gefecht gesetzt. Du

weißt ja noch, wie Dir damals zumute war, als Du aus der Klinik kamst. Ungefähr derselbe Zustand jetzt bei mir. Und dabei soll ich im Dezember mein Manuskript abliefern.
Aber ich habe völlig vergessen, was überhaupt in dem Buch steht und warum ich es geschrieben habe und was die ganze Schreiberei eigentlich soll. Vielleicht fällt's mir wieder ein... Ein bißchen Arbeit – Haushalt und Garten, die Frau meines lieben Mannes sein –, das ist doch zuwenig für unsereinen und gar kein richtiges Leben. Ich denke oft an Dich: Du hast es auch geschafft, Dich am eigenen Schopf (herrje, und Du hattest nicht mal einen Schopf!) aus dem Sumpf zu ziehen. Du arbeitest, nicht wahr? Und schreibst und bist guter Dinge; jedenfalls hoffe ich das sehr für Dich. Schreib mir ein paar Zeilen, wenn Du Zeit hast, und inzwischen halt mir die Daumen, daß ich wieder ein positiver Mensch werde.

8. 11. 71

Dies nur als Vorbote eines Briefes. Nein, Du darfst Dir keine Sorgen machen. Du hast einen schönen und klugen Brief geschrieben. Inzwischen ist eine Art Wunder geschehen, ich arbeite wieder (mühselig, aber oft mit Freude – also wie gewöhnlich). Nun, ich werde Dir nächstens erzählen, wenn ich ein Kapitel abgeschlossen habe. Leb wohl, meine Liebe, und Dank für Deine Teilnahme.

29. 12. 71

Schönsten Dank für die traditionelle Neujahrsbotschaft; ich erwidere alle guten Wünsche.
Du, hör mal, sei froh, daß Dir der *Wind* ins Gesicht bläst, daß Du Ärger hast, kritisiert oder gelobt wirst (gelobt zum Beispiel letztens in der »Wochenpost«, die mir zufällig in die

Hände fiel) – kurzum, daß Du ein Buch geschrieben und herausgebracht hast. Ich beneide Dich sogar um die Ärgerlichkeiten. Meine Dame tut seit Monaten gar nichts, will heißen: Die Autorin hat monatelang nichts getan. Solange hat der teuflische Dämmerzustand angehalten, und jetzt weiß ich auch, warum: eine finstere Ahnung, die sich nun endlich bestätigt hat. Ein inoperabler Krebs, und nach gebührlicher Weise müßte ich seit mindestens einem halben Jahr schon tot sein. Aber siehe, ich lebe noch und werde es, mit Kräuterschnaps und Gottvertrauen, noch ein paar Jährchen machen. Na, dies unter uns. Jedenfalls will, muß, kann ich nun wieder arbeiten. Leider bloß noch Fleißarbeit.
Laß es Dir wohlergehen, sei gesund und guter Dinge und schreib getrost Du Dein nächstes Buch.

16. 1. 72

Drück mir bloß die Daumen, daß ich mit diesem verdammten Buch doch noch über die Runden komme. Wäre schade um die vielen Seiten, von denen manche recht hübsch geraten sind, und schade um die viele Zeit. Nur eins spielt keine Rolle, da bin ich sicher: Ehrgeiz, das Verlangen, wieder mal an die Öffentlichkeit zu kommen. Das habe ich mir in all den Jahren abgetan, und es macht mir nichts aus. Ich bin vergessen, na und? Eine wirklich gute Schriftstellerin – wie ich es früher erträumte – werde ich doch nicht mehr, und alles was ich der deutschen Literaturgeschichte zu bieten habe, ist der dubiose Begriff »Ankunftsliteratur«. Graue Vorgeschichte. Offenbar bin ich heute guter Stimmung – ich habe endlich mal wieder geschlafen, sieben Stunden lang.
Schönen Dank für das Rezept. Der Dicke will das Zeug beschaffen. Ich kann mich bloß noch nicht entschließen, mein Haar ganz kurz zu schneiden – bei der Nase, dem Profil? Ich sehe ja unmöglich aus. Liebe Eitelkeit! Aber sag

selbst: Muß man sich aufgeben und alle Eitelkeit aus dem Spiel lassen, bloß weil man auf die Vierzig zumarschiert? Ich finde, man muß schon um seiner selbst willen auf sich halten, nicht erschlaffen, in Gottes Namen Matrone werden – für mich hat das irgendwas mit Selbstachtung und innerer Haltung zu tun, Du verstehst.
Sei bedankt, meine Liebe, Getreue, Hilfreiche, bleib gesund, arbeite.

21. 1. 72

Wissen Sie, ich bin gar nicht so tapfer, wie ich mir und aller Welt vormache, aber ich glaube, die Hauptsache, um den Kopf oben zu behalten, ist, daß man einen wirklich tiefen Grund zum Leben hat – und das ist eben, jetzt vor allem anderen, mein Buch. Ich schinde mich fürchterlich damit, brauche Stunden um Stunden für ein paar Zeilen und bin tagelang für niemanden zu sprechen. Deshalb auch nur dieses kurze Kärtchen – vorerst, bis es wieder besser vorangeht mit der Arbeit. Bitte, sehen Sie es mir nach. Und bestimmt treffen wir uns in Hoy und können lange miteinander sprechen.

25. 2. 72

Mein kokettestes Briefpapier, um gebührenden Dank abzustatten. Daß Sie sich von diesem Prachtstück getrennt haben! Der Pappkopf starrt mich etwas dümmlich an, schon kahl, weil ich meine armseligen Strippen bereits versteckt hab unterm Lockengewölk: Zum erstenmal im Leben sehe ich wohlfrisiert aus und beinahe wie eine Dame. Den ganzen Tag war ich heiter wie lange nicht mehr. *Meiner* Geduld bedarf es beim Kämmen gottlob nicht; schließlich wohnen zwei Friseure hier im Haus, jetzt bin ich erst mal glücklich, weil ich wieder Haare auf dem Kopf habe. Wissen Sie, es ist gut zu wissen, daß solche Menschen wie Sie auf der Welt sind (o weh, eine unliterarische Liebeserklärung – aber auf Stil ist dabei gepfiffen).

3. 3. 72

Ich war zur feierlichen Premiere des »Goya«-Films. Überlang, aber ein sehr guter, allerdings schwer verständlicher Film; wahrscheinlich war ich eine der wenigen, die sich mit den komplizierten Bildern Goyas zurechtfand, und das dank Vatis »Heimbüchern der Kunst«, die ich ja schon als Kind gelesen und betrachtet habe. Merkwürdig, wie tief sich diese schaurigen Blätter eingeprägt haben – ich habe sie jahrelang nicht mehr gesehen, und auf einmal waren sie mir wieder so vertraut und bekannt wie alte Freunde (bloß daß Freunde sich im Lauf der Jahre verändern . . .).
Ich bin bisher nicht zum Schreiben gekommen, weil ich von morgens bis abends vor meinem Manuskript sitze (bis auf die Zeit, die ich mit Einkaufen vertun muß, aber zum Glück lebe ich ja bloß von Milch und gelegentlich einer Stulle).
Du irrst sehr, wenn Du sagst, ich sollte mein Buch mal eine Weile ruhen lassen. Glaub mir, das ist jetzt das Wichtigste für mich auf der Welt. Und da ich Zeit zum Nachdenken habe, ist mir allmählich klargeworden, daß in dieser unfertigen und mühseligen Arbeit die Wurzel all unserer Eheprobleme steckt. Ich werde erst wieder ein fröhlicher und umgänglicher Partner sein (trotz Schmerzen und solchen Widrigkeiten), wenn ich diese Aufgabe bewältigt habe. Aber wie? Mir ist, wie man unter Schriftstellern sagt, »der Atem ausgegangen«. Jedenfalls schaffe ich bedeutend mehr, seit Rudi weg ist. Keine Hausarbeit, ab und zu mal wieder Gespräche mit alten Freunden über Literatur und alle möglichen Probleme . . . Kurzum, ich genieße von Herzen mein Junggesellenleben. Ich kann mir meine Zeit

einteilen, wie ich will. Sagt, was Ihr wollt, für ein Schreib-Weib ist ein Mann ein Störfaktor (auch wenn man ihn ab und zu mal vermißt). Na ja, diese Künstler . . . Aber anderen geht es genauso, ich bin kein Ausnahmefall.
Es ist schon ziemlich spät, ich habe den ganzen Tag gerakkert wie verrückt, mehr als mein Pensum geschafft, aber nun bin ich so tot, daß ich kaum noch geradeaus denken kann. Und so geht das Tag für Tag, aber ich kann nicht anders, und wenn ich dabei draufgehe – ich muß weiterschreiben und in absehbarer Zeit fertig werden (wir haben jetzt so eine freundliche kulturpolitische Strähne, und ich habe mir doch allerhand in dem Buch geleistet), aber natürlich bin ich mir darüber klar, daß es die reinste Selbstzerstörung ist, was ich jetzt betreibe, nur noch rauchen, so gut wie gar nicht essen, höchstens mal eine kurze Ruhepause im Liegestuhl auf der Terrasse.
Seit ich allein bin, läuft der Haushalt wie am Schnürchen, alles ist in wunderbarer Ordnung, ich muß nicht in der Küche rumputzen, muß nicht um halb fünf mit der Arbeit aufhören, weil ein hungriger Mann ins Haus gestürzt kommt..., ich fürchte, ich bin ein unheilbarer Junggeselle. Eine alte Liebe von mir ist wieder aufgetaucht, ein phantastisch begabter Dichter, und wir haben uns wieder wunderbar verstanden, eine ganze Nacht und den folgenden Tag diskutiert, geredet und geredet, über Schreiben natürlich, und das hat mir so gut getan . . ., endlich mal wieder ein Partner, mit dem man wirklich über unsere geliebte, verfluchte Arbeit sprechen kann und über alle möglichen Dinge, für die mein Dicker einfach zu irdisch ist, Ihr versteht schon – er hält Schriftsteller ein bißchen für Spinner (sind wir ja auch, zugegeben).
Übrigens scheint der Kram, den ich da jetzt schreibe, doch was zu taugen. (Ich dachte doch die ganze Zeit, ich schreibe bloß noch – Pardon – Scheiße.) Wir haben neulich eine Lesung gemacht, im kleinen Kreis, und J. hat gejubelt: Das ist Literatur! Der Dr. K. war ganz erschlagen, fand's

ungeheuer anspruchsvoll, und wir hatten dann noch eine riesenlange Diskussion, und ich habe wieder ein bißchen Mut geschöpft: Offenbar liefere ich da ein ganz ordentliches Stück Arbeit.
Jetzt ist aber wirklich genug geredet. Ich falle gleich tot um, außerdem fällt mir ein, daß ich noch nichts gegessen habe.
Gedenkt Eurer armen Schreiberlingstochter und betet für mein Buch.

1. 4. 72

Ich schicke Dir das unselige dreizehnte Kapitel, weiß aber nicht, ob es zu Ende ist. Für mein Gefühl noch nicht rund, Du verstehst – vielleicht zurück zu dem Brief von Schafheutlin, ein Aufhänger, den ich bräuchte. (Ein anderer fällt mir nicht ein: die Stadt, im Zeitraffertempo der Sommer . . .) Aber Trojanowicz vertut die Chance Franziska (F. als Handelnde, T. nur als Betrachter). Nein, das wär das nächste Kapitel. Nochmal Yul Brynner – eigentlich alles klar. Bloß schreiben . . . Müßte schnell gehen, aus mehreren Gründen. Hab's satt und bin erschöpft; schlimmer: Offenbar hat es mich wieder erwischt, in einem anderen Wirbel. Die Zeit wird knapp, fürchte ich, wahnsinnige Schmerzen, wir sind wieder bei Morphium. Bete für mich, daß ich nicht wieder nach B. und unter diese verdammte Kanone muß. Nochmal spiele ich nicht mit.
Entschuldige das Gekritzel, ich bin in Eile, will, muß in die nächste Runde, trotz allem. Leb wohl.

11. 4. 72

Ich will Dir lieber sofort ein paar Zeilen schreiben, bevor ich's wieder aufschiebe wegen der Scheißarbeit, womöglich

neuerlichem Klinikaufenthalt . . . Ich liege im Bett, schauderhafte Schmerzen, der Dicke ist sehr lieb (wie immer, wenn ich hilflos bin), spritzt Morphium und tröstet mich mit frommen Märchen. Herrgott, und ich hab eine Angst – wieder in ein Krankenhaus, wieder unter diese gespenstische Kanone, wieder bloß ein Aufschub . . .
Einigermaßen schwierig, unter diesen Bedingungen zu arbeiten, muß aber sein, jetzt erst recht. Leider geht's auch mit der Arbeit schief, war übrigens zu erwarten – Du erinnerst Dich, daß ich Dich damals nach dem Prozeß von L. gefragt habe... Da habe ich nun, während Rudi zu seinem Lehrgang war, geschuftet bis zum Umfallen, alle Reserven an die Front geschmissen, und jetzt ist das 13. Kapitel fertig, und Lewerenz sagt, es sei wirklich ein 13., sei eine MG-Salve, sei schlechterdings unmöglich, und mein Gutachter Ebert tröstet mich zwar, was Sprache und Stil angeht (kein Qualitätsabfall, wie ich immer befürchtete), aber das ist bloß der Löffel Zucker ins Wermutglas: also unmöglich, das kann man nun doch nicht, nein: Das hat es nicht gegeben – darauf lief es hinaus. Kurz und gut, das Kapitel ist gestorben . . ., dabei habe ich schon (wackerer, unausrottbarer Selbstzensor) durch die Kommentare der jüngeren Franziska das Ärgste abzufangen versucht. Du kannst Dir denken, mit welchem Elan ich jetzt weiterschreibe, nachdem dieser Versuchsballon, kaum aufgestiegen, mit einem – dank der Nettigkeit meiner Betreuer – gedämpften Knall geplatzt ist.
Gar so milde wehen die Frühlingswinde nun doch nicht . . .

12. 5. 72

Einen Tag nachdem Rudi abgereist war, hatte ich einen neuen Anfall – weiß der Teufel, was da im Rücken kaputtgegangen ist –, konnte überhaupt keinen Schritt mehr laufen, und den ersten Tag war ich ziemlich verzweifelt. Aber am

zweiten Tag stellten sich meine Freunde und Rudis Kollegen ein, und seitdem wurde ich rührend versorgt. Eigentlich sollte ich ins Krankenhaus, aber da habe ich mich geweigert, weil ich arbeiten muß. Ich bin froh, endlich mal allein und ungestört zu sein... Im übrigen kümmern sich J. und Frau Lindemann um mich, auch meine Nachbarin und überhaupt eine Menge Leute, von denen ich das gar nicht erwartet hätte.
Inzwischen kann ich wieder ein bißchen herumhumpeln, und meine Laune ist beträchtlich gestiegen, zumal ich jetzt sehr viel schaffe. Ich habe nun mal nichts anderes mehr im Kopf, und Lewerenz will unbedingt das Buch haben, und ich bin auch ziemlich ermutigt, weil unser Dr. Crepon (der hier das Zentrum für Literatur leitet) das Buch gelesen und mir gesagt hat, es gehörte zum Besten, was er kennt, und ein Schriftsteller, der so etwas zustande gebracht habe, könne es sich leisten, ein paar Jahre lang nichts mehr zu tun. (Aber das hält man ja doch nicht durch.) Hoffentlich kriege ich nun auch den Schluß so gut hin und verschludere ihn nicht durch die Hetzerei.

27. 6. 72

Nur ein paar Zeilen, mir geht's nämlich hundeschlecht, deswegen auch mein Schweigen.
Sogar das Arbeiten ist mir vergangen, außerdem bin ich ja nur dun von den Spritzen.
So geht die Schaukel auf und ab . . . Jetzt bist Du also wieder oben, und ich freue mich sehr für Dich, daß es gut geht mit der Arbeit. Laß Dich nicht wieder runterboxen, von nichts und niemandem. Sobald ich wieder auf den Beinen stehe, schreibe ich Dir. Aber diesmal ist mir der heitere Mut ziemlich flötengegangen. Auf die Dauer steht man's nicht durch. Ich leiste nichts, ich bin jedem nur zur Last.

2. 7. 72

Ihr wißt ja, daß ich genau seit dem Tag, als Ihr hier wart (und für den ich mich noch einmal ganz herzlich bedanken möchte), fest zu Bett liege.
Dein Anerbieten ist sehr lieb, und der Haushalt hätte eine richtige Hausfrauenhand auch mal wieder nötig, aber ich bin doch dagegen, weil es die reinste Ausbeutung ist – und überhaupt finde ich, daß wir in dem Alter sind, wo die Kinder ihren Eltern helfen sollten und nicht umgekehrt.
Aber wenn Ihr Euch noch mal so eine Stippvisite zutrauen würdet . . . Das war damals wirklich ein schöner Tag. Ich möchte mal soviel Mumm haben wie Ihr.

29. 12. 72

Auf Deinen Jahresbericht hatte ich schon gewartet (unsere gegenseitigen hergezeigten Bilanzen sind ja Tradition geworden). Meine sieht neben Deiner aus wie ein Teerofen neben einem blühenden Kirschbaum. Zwei Monate habe ich mich mit Sterben beschäftigt. (Gottlob, man merkt nichts davon, treibt bloß so hin wie unter Wasser.) Weitere sechs Monate in Buch, Pferdekur nach neuester amerikanischer Machart, die den dicksten Eskimo vom Schlitten haut. Jetzt bin ich wieder zu Hause, kann nicht mehr laufen, nur mühsam die Hände bewegen und heule vor Schmerzen, wenn mich mein Mann mit Betäubungsmitteln rettet. Bei allem Mut (der allerdings mehr und mehr nachläßt wie auch die Zuversicht, das Ende des neuen Jahres noch zu erleben) – diesmal habe ich in der Klinik ein jämmerliches Kapitelchen geschafft. Trotzdem soll »Franziska« nun fertigwerden (rigoros gekürzt). Ich wünsche Dir und Deiner Frau alles Gute, bleib gesund – und vor allem – fang ein neues Buch an.

Anhang

1933 21. Juli in Burg bei Magdeburg geboren. Besuchte dort die Schule bis zum Abitur.

1947 Im Alter von 14 Jahren an Kinderlähmung erkrankt. Nach einem Krankheitsjahr bleibt ein leichtes Hinken zurück.

1951 Nach dem Abitur zwei Jahre als Lehrerin tätig, dann u. a. als Buchhändlerin, Sprechstundenhilfe, Reporterin.

1953 Erste Ehe; sie wird 1958 wieder geschieden. Beitritt in die »Arbeitsgemeinschaft Junger Autoren« des Schriftstellerverbandes in Magdeburg.

1955 Erste Veröffentlichung: *Der Tod der schönen Helena*, Erzählung (Verlag des Ministeriums des Inneren).

1956 *Die Frau am Pranger*, Erzählung (Verlag Neues Leben, Berlin); *Kinder von Hellas*, Erzählung (Verlag des Ministeriums für Nationale Verteidigung).

1959 Heiratet in zweiter Ehe den Schriftsteller Siegfried Pitschmann (»Dan«), den sie 1958 bei einem Arbeitsaufenthalt im Schriftstellerheim in Petzow (bei Potsdam) kennengelernt hatte.

1960 Umzug nach Hoyerswerda im Bezirk Cottbus, wo das größte Braunkohlenwerk der DDR, das Kombinat »Schwarze Pumpe«, errichtet worden war. Brigitte Reimann und Siegfried Pitschmann arbeiten dort – im Zuge der unter dem Schlagwort »Bitterfelder Weg« bekanntgewordenen Kulturrevolution – als »Autoren an der Basis«. Sie leiten den »Zirkel Schreibender Arbeiter« des Betriebes. Brigitte Reimann arbeitet einmal wöchentlich in einer Rohrlegerbrigade mit.

Das Geständnis, Erzählung (Aufbau-Verlag, Berlin und Weimar); Hörspiele *Ein Mann steht vor der Tür* und *Sieben Scheffel Salz* (gemeinsam mit Siegfried Pitschmann), ausgezeichnet mit dem Literaturpreis des Freien Deutschen Gewerkschaftsbundes.

1961 *Ankunft im Alltag*, Erzählung (Verlag Neues Leben). Literarische Verarbeitung der Erfahrungen, die sie in Hoyerswerda bei der Arbeit ›an der Basis‹ gewonnen hatte. Nach diesem vieldiskutierten Buch wurde eine ganze Etappe der DDR-Literatur als ›Ankunftsliteratur‹ benannt.

1962 Fernsehspiel *Die Frau am Pranger.* Literaturpreis des Freien Deutschen Gewerkschaftsbundes für *Ankunft im Alltag.*
Beginn der Arbeit am *Franziska*-Roman.

1963 *Die Geschwister*, Erzählung (Aufbau-Verlag). In den Vorstand des Deutschen Schriftstellerverbandes (DSV) gewählt. Mitglied der neugegründeten Arbeitsgruppe Literatur des Zentralkomitees der SED sowie einer ebenfalls neugebildeten Kommission für Jugendfragen beim Politbüro.
Moskau-Reise als Delegierte des DSV (zusammen mit Christa Wolf).

1964 Nach der Scheidung von Siegfried Pitschmann 3. Eheschließung. Sibirienreise.

1965 Mit dem Heinrich-Mann-Preis der Akademie der Künste ausgezeichnet, dem angesehensten Literaturpreis in der DDR.
Das grüne Licht der Steppen, Tagebuch einer Sibirienreise (Verlag Neues Leben).

1968 Umzug nach Neubrandenburg. Seit Anfang des Jahres Krebsverdacht. Kurz vor dem Umzug erste Operation in Berlin-Buch.
In Neubrandenburg ständiger Wechsel zwischen Wohnung und Krankenhaus.

1969 Nach der Trennung von ihrem dritten Ehemann Weiterarbeit am *Franziska*-Roman unter starken physischen und psychischen Beeinträchtigungen.

1970 Mehrere Krankenhausaufenthalte.

1971 Vierte Ehe. Nach einer neuen Operation endgültige Diagnose: inoperabler Krebs.

1972 Weiterarbeit am *Franziska*-Roman.

1973 20. Februar in Berlin gestorben.

1974 Der Roman *Franziska Linkerhand*, Brigitte Reimanns Hauptwerk, wird aus dem Nachlaß ediert.

Anmerkungen zu dieser Ausgabe

Die vorliegende Sammlung von Briefen und Tagebuchauszügen ist in der DDR im Stammverlag von Brigitte Reimann, dem Berliner Verlag Neues Leben, anläßlich ihres 50. Geburtsjahres aus dem Nachlaß ediert worden, unter dem Titel *Brigitte Reimann in ihren Briefen und Tagebüchern.* Herausgeber sind der langjährige Lektor Brigitte Reimanns und jetzige Cheflektor im Verlag Neues Leben, Walter Lewerenz, dem die nachgelassenen Tagebücher zur Verfügung standen, sowie Elisabeth Elten-Krause, Mitarbeiterin des Literaturzentrums Neubrandenburg, das die Briefe u. a. aus dem Nachlaß Brigitte Reimanns sammelt.

Da die Adressaten der Briefe von den Herausgebern nicht genannt wurden, wird der Leser einige Mühe haben, jeweils nach Inhalt und Schreibweise zu erschließen, welcher Empfänger in Betracht kommt bzw. ob er einen Brief- oder Tagebuchauszug vor sich hat. Auch wurden Auslassungen nicht gekennzeichnet. Vielfach handelt es sich jedoch um *Auszüge*; die Entscheidung darüber, was aufgenommen und was weggelassen wurde, oblag allein den Herausgebern der Originalausgabe.

Unter den Briefen sind die zahlreichen an die Eltern deutlich zu unterscheiden durch den burschikosen, bewußt kindlich-naiv gehaltenen Ton, der oftmals in krassem Gegensatz zu gleichzeitigen Tagebucheintragungen steht. Wenige Briefe sind, wie aus dem Inhalt deutlich wird, an die einzige Schwester und die beiden Brüder gerichtet sowie an den zweiten Ehemann, *Siegfried Pitschmann (»Dan«).* Die übrigen Briefpartner sind vor allem Schriftstellerkollegen, mit denen Brigitte Reimann befreundet war; herausragend hier die sehr intimen Briefe an *Annemarie Auer* (der Briefwechsel ist in Teilen vollständig abgedruckt in dem Band *Was zählt, ist die Wahrheit*, Briefe von Schriftstellern der DDR. Halle 1975).

1963 treten zwei neue, wichtige Briefpartner hinzu: der Stadtplaner *Prof. Hermann Henselmann*, mit dessen Hilfe Brigitte Reimann sich für ihren *Franziska*-Roman in das Gebiet der Architektur einarbeitete (die Hauptfigur des Romans, mit autobiographischen Zügen ausgestattet, ist Architektin), und der Schriftsteller *Prof. Alfred Kurella*, der als Leiter der Kulturkommission beim Politbüro der SED die Kulturpolitik der DDR in den 50er und 60er Jahren wesentlich beeinflußt hat.

Die folgenden Einzelanmerkungen beschränken sich auf Namen und Begriffe, die dem westdeutschen Leser nicht geläufig sind. Die vorangestellten Ziffern beziehen sich auf die Seitenzahl.

11 *AG:* Arbeitsgemeinschaft Junger Autoren des Schriftstellerverbandes in Magdeburg

21 *nach R. zu fahren:* Rheinsberg

30 *NL:* Verlag Neues Leben, Berlin

32 *MdI:* Verlag des Ministeriums des Inneren, Berlin

40 *BZ:* »Berliner Zeitung«

49 *Petzow:* In Petzow (bei Potsdam) befindet sich eines der Heime des DDR-Schriftstellerverbandes. Brigitte Reimann war dort mehrfach zu Erholungs- und Arbeitsaufenthalten.

61 *unseren Umzug nach Hoyerswerda... bezahlt der Verband:* gemeint ist der Deutsche Schriftstellerverband *(DSV)*, dem Brigitte Reimann seit 1956 angehörte. Der Umzug erfolgte im Rahmen des sog. *»Bitterfelder Weges«*, der 1958 in der DDR eingeleiteten (später weithin wieder aufgegebenen) Kulturrevolution zur Aufhebung der Trennung von Kopfarbeit und Handarbeit, Kunst und Leben.

80 *LDPD:* Liberaldemokratische Partei Deutschlands

84 *NDPD:* Nationaldemokratische Partei Deutschlands

Hans Garbe: ein sog. Aktivist, dem es gelungen war, in einem Berliner Großbetrieb mit einer Maurerkolonne einen ringförmigen Brennofen neu zu mauern, ohne daß der bei 1000° C arbeitende Ofen kalt gestellt werden mußte. Literarisch bei Brecht (»Büsching«-Fragment), Heiner Müller (»Der Lohndrücker«) und Eduard Claudius (»Menschen an unserer Seite«) verarbeitet.

94 *NBI:* »Neue Berliner Illustrierte«

100 *ZK:* Zentralkomitee der »Sozialistischen Einheitspartei Deutschlands« *(SED)*

104 *MTS:* Maschinen-Traktoren-Station; mit Beginn der Landwirtschaftskollektivierung in der DDR errichtete staatliche Betriebe.

BMK: Bau- und Montage-Kombinat

106 *ND:* »Neues Deutschland«, Zentralorgan der SED

110 *DSV:* Deutscher Schriftstellerverband (jetzt: Schriftstellerverband der DDR)

118 *jener aufregende Sonntag in Westberlin:* Bau der Mauer am 13. 8. 1961

122 *FDGB:* Freier Deutscher Gewerkschaftsbund

159 *NDL:* »Neue Deutsche Literatur«, Monatsschrift für Literatur und Kritik, herausgegeben vom DDR-Schriftstellerverband in Berlin

170 *Gewi:* Gesellschaftswissenschaft, Schulfach

171 *Professor Kurella:* Alfred Kurella (1895–1975), Schriftsteller und Kulturpolitiker, lebte im Exil und danach bis 1954 in der Sowjetunion, 1955–1957 Leiter des Literaturinstituts in Leipzig, 1957–1963 Leiter der Kulturkommission beim Politbüro der SED.

Professor Henselmann: in den 50er und 60er Jahren der führende Architekt in der DDR, (»Stalinallee«, Fernsehturm am Alexanderplatz). Vgl. Aufnahme des Briefwechsels S. 166, v. 11. 6. 63

152 *Der Parteitag:* Auf dem VI. Parteitag der SED von 1963 wurde eine weitreichende Kursänderung der Wirtschaftspolitik der DDR beschlossen (»Neues Ökonomisches System«) mit dem Ziel der Modernisierung und Rationalisierung des Wirtschaftssystems auf der Grundlage eines wissenschaftlich fundierten Systems der Steuerung und Leitung zum Zweck größerer Effektivierung der Volkswirtschaft.

RGW: Rat für gegenseitige Wirtschaftshilfe; Organisation zur ökonomischen Integration sozialistischer Länder.

166 *Bitterfelder Weg:* Vgl. Anm. zu 61

173 *Abusch:* Alexander Abusch (1902–1982), Publizist und Politiker, war 1958–1961 Kulturminister der DDR, 1961–1971 Stellvertretender Ministerpräsident.

225 *GUM:* Moskauer Kaufhaus

246 *von der Vorstandssitzung des Schriftstellerverbandes zurückkam:* Im Dezember 1965 hatte das 11. Plenum des ZK der SED scharfe Kritik an einigen DEFA-Filmen sowie an Autoren wie Wolf Biermann, Heiner Müller, Stefan Heym u. a. geübt. Darauf beziehen sich dieser und der folgende Brief.

247 *Gysi:* Klaus Gysi wurde 1966 Kulturminister (bis 1973).

267 *Annemarie Auer:* Literaturkritikerin und bedeutende Essayistin, mit Brigitte Reimann eng befreundet und Adressa-

tin einiger ihrer interessantesten Briefe, mit geradezu ›feministischem‹ Einschlag; vgl. etwa die Briefe v. 3. 3. 63; 24. 3. 63; 2. 7. 63 u. ö.